U0136236

韋煙灶

臺灣史研究名家論集

（初編）

蘭臺出版社

作者簡介（依姓氏筆劃排序）

王志宇 1965 年出生於臺灣彰化縣田中鎮，1988 年移居臺中。現為逢甲大學歷史與文物研究所專任教授，曾任逢甲大學歷史與文物研究所所長、臺灣古文書學會理事長、臺灣口述歷史學會理事等職。專攻臺灣史、臺灣宗教及民俗、方志學，並對近代中國史頗有涉略，著有《臺灣的恩主公信仰》、《苑裡慈和宮志》、《儒家思想的實踐者－廖英鳴先生口述歷史》、《寺廟與村落－臺灣漢人社會的歷史文化觀察》等書，編有《片雲天共遠》、《傳承與創新－逢甲大學近十年的發展，1998-2007》、《閩臺神靈與社會》、《大里市史》等書，並著有相關論文三十餘篇，也參與《集集鎮志》、《竹山鎮志》、《苑裡鎮志》、《外埔鄉志》、《臺中市志》、《南投縣志》、《新修彰化縣志》、《大村鄉志》、《續修南投縣志》等方志的寫作，論述豐碩。

汪毅夫 男，1950 年 3 月生，臺灣省臺南市人。曾任福建社會科學院研究員，現任中華全國臺灣同胞聯誼會會長，福建師範大學社會歷史學院兼職教授、博士生導師，享受國務院特殊津貼專家。撰有學術著作《中國文化與閩臺社會》、《閩臺區域社會研究》、《閩臺緣與閩南風》、《閩臺地方史研究》、《閩臺地方史論稿》、《閩臺婦女史研究》等 15 種，200 餘萬字。曾獲福建省社會科學優秀成果獎 7 項。

卓克華 文化大學史學碩士，廈門大學歷史博士。曾先後兼任過中山、空中、新竹師範、中原、中國醫藥、中國技術、文化等等大學教職，現在佛光大學歷史系所為專職教授。先後擔任過臺灣眾多縣市的古蹟審查委員，現為文化部古蹟勞務主持人之一。早年專攻臺灣經濟史，近二十年轉向古蹟史、宗教史、社會史，撰寫古蹟調查研究報告書超過八十本，已出版學術著作有《清代臺灣行郊研究》、《從寺廟發現歷史》、《寺廟與臺灣開發史》、《古蹟·歷史·金門人》、《竹塹媽祖與寺廟》、《民間文書與媽祖廟之研究》、《臺灣古道與交通研究—從古蹟發現歷史卷之二》，著作等身，為臺灣知名學者。

周宗賢 臺灣臺南市人，生於 1943 年。文化大學史學碩士。曾任淡江大學歷史系教授、系主任、主任、所長，內政部暨文建會古蹟評

鑑委員。現任淡江大學歷史系榮譽教授，臺北市、新北市文化資產審議委員。學術專長為臺灣史、臺灣民間組織、臺灣文化資產研究、淡水學等，著有《逆子孤軍——鄭成功》、《清代臺灣海防經營的研究》、《黃朝琴傳》、《臺南縣噍吧哖事件的調查研究》、《淡水輝煌的歲月》等。是臺灣知名的臺灣史、臺灣文化資產研究的學者。

林仁川　1941 年 10 月出生於龍岩市。1964 年復旦大學歷史系本科畢業，1967 年研究生畢業。教育部文科百所重點研究基地——廈門大學臺灣研究中心首任主任、教授、博士生導師，享受國務院特殊津貼專家。曾兼任福建省人大常委會常委、廈門市政協副主席。現任兩岸關係和平發展協同創新中心教授，廈門市炎黃文化研究會會長。主要著作有《大陸與臺灣歷史淵源》、《閩台文化交融史》、《臺灣社會經濟史研究》、《明末清初私人海上貿易》、《閩台緣》等多部專著。編寫十三集大型電視專題片《海峽兩岸歷史淵源》劇本和國家級博物館《中國閩台緣博物館》、《客家族譜博物館》展覽文本。在國內外各種刊物上發表學術論文近百篇。多次承擔國家文化出版重點工程、國家哲學社會科學重大項目、教育部文科重點項目，均任課題組長。主持編寫《現代臺灣研究叢書》、《圖文臺灣》、《中國地域文化通覽——臺灣卷》、《臺灣大百科全書——文化分冊》。曾多次榮獲全國及省部級哲學社會科學優秀成果獎。

林國平　歷史學博士，兩岸協創新中心福建師範大學文化研究中心首席專家，福建師範大學社會歷史學院教授、博士生導師，福建省高等院校教學名師，享受國務院特殊津貼的專家。主要從事閩臺民間宗教信仰研究，代表作有《林兆恩與三一教》、《福建民間信仰》、《閩臺民間信仰源流》、《籤占與中國社會文化》等。

韋煙灶　學歷：國立臺灣師範大學文學博士【地理學】（2003）
現職：國立臺灣師範大學地理學系教授
學術專長：鄉土地理、水文學（地下水學）、土壤地理學、地理教育
主要著作（專書）：《鄉土教學與教學資源調查》（2002）、《臺灣全志：卷二土地志（土壤篇）》【與郭鴻裕合著】（2010）、《與海相遇之地：新竹沿海的人地變遷》（2013）
研究領域：早期的研究偏向於自然地理學，奠定後來地理研究之厚實知能。2004 年以後的研究重心逐漸轉向鄉土地理、歷史

地理（閩客族群關係）與地名學研究，已發表相關學術期刊論文約 40 篇。

徐亞湘　臺北藝術大學戲劇系教授、中國文化大學戲劇系兼任教授、《戲劇學刊》主編、中華戲劇學會理事、華岡藝校董事。學術專長為臺灣戲劇史、中國話劇史、中國戲劇 及劇場史。著有戲劇專書《日治時期中國戲班在臺灣》、《日治時期臺灣戲曲史論──現代化作用下的劇種與劇場》、《Sounds From the Other Side》、《臺灣劇史沉思》等十餘冊。

陳支平　1952 年出生，歷史學博士。現任廈門大學人文與藝術學部主任委員、國學研究院院長，兩岸關係和平發展協同創新中心首席專家，兼任中國西南民族學會會長、中國明史學會常務副會長、中國朱子學會副會長、中國民族學與人類學研究會副會長等學術，職務。主要著作有《清代賦役制度演變新探》、《近 500 年來福建的家族社會與文化》、《明史新編》、《福建族譜》、《客家源流新論》、《民間文書與明清賦役史研究》、《歷史學的困惑》、《透視中國東南》、《民間文書與明清族商研究》、《臺灣文獻與史實鈞沉》、《史學水龍頭集》、《虛室止止集》等，編纂大型叢書《臺灣文獻彙刊》100 冊等。2006 年胡錦濤總書記訪問美國時，曾把《臺灣文獻彙刊》作為禮品之一贈送給耶魯大學。是書 2009 年入選「建國 60 周年教育成就展」。

陳哲三　1943 生，南投縣竹山鎮人，東海大學歷史系歷史研究所畢業，逢甲大學歷史與文物研究所教授，退休。先治中國現代史，著有：《中華民國大學院之研究》（臺北，商務印書館，1976）、《鄒魯研究初集》（臺北，華世出版社，1980）、《中國革命史論及史料》（臺北，商務印書館，1982）、《問學與師友》（臺中，大學圖書供應社，1985）等書。後治臺灣史，著有《竹山鹿谷發達史》（臺中，啟華出版社，1972）、《臺灣史論初集》（臺中，大學圖書供應社，1983）、《古文書與臺灣史研究》（臺北，文史哲出版社，2009）。教學研究之餘，又主修《逢甲大學校史》（未刊稿，1983）、《集集鎮志》（南投，集集鎮公所，1998）、《竹山鎮志》（南投，竹山鎮公所，2001）、《南投縣志》（南投縣政府，2010）、《南投農田水利會志》（南投，南投農田水利會，2008）等書。

陳進傳　1948 年生，台灣宜蘭人。淡江大學歷史系、歐洲研究所畢業，

曾任宜蘭大學副教授、教授，嶺東科技大學教授，現為佛光大學文化資產與創意學系教授。早年先治明史，著有論文多篇，其後研究轉向宜蘭史，並曾擔任宜蘭縣文化、文獻、古蹟、藝術各種委員會委員及宜蘭縣政府顧問，撰述《清代噶瑪蘭古碑之研究》、《宜蘭傳統漢人家族之研究》、《宜蘭擺厘陳家發展史》（合著）、《宜蘭本地歌仔─陳旺欉生命紀實》（合著）、《宜蘭布馬陣─林榮春生命紀實》（合著）、《宜蘭的傳統碗盤》（合著）等及論文約 80 篇。

鄭喜夫　台南市籍澎湖人，民國三十一年生。財校財務科畢業、興大歷史所碩士。高考會審人員考試及格。曾任臺灣省及北、高二市文獻會委員，內政部民政司專門委員。編著有臺灣史管窺初輯、民國連雅堂先生橫年譜、民國邱倉海先生逢甲年譜、清鄭六亭先生兼才年譜、重修臺灣省通志財稅、文職表、武職表、武職表三篇、南投縣志商業篇、臺灣當代人瑞綜錄初稿等書十餘種。

鄧孔昭　1953 年生，福建省三明市人。1978 年廈門大學歷史系畢業。後留系任教。1982 年轉入臺灣研究所。先後任助理研究員、副研究員、研究員、教授。1996 年起，兼任臺灣研究所副所長，2004 年改為副院長。2012 年退休。現為兩岸關係和平發展協調創新中心成員。
已經出版的著作有：《臺灣通史辨誤》、《鄭成功與明鄭在臺灣》等。

戴文鋒　1961 年生，臺南人，國立臺灣大學歷史學學士、國立成功大學歷史語言研究所碩士、國立中正大學歷史研究所博士，日本國立一橋大學言語社會研究科客員研究員，國立臺南大學臺灣文化研究所教授兼所長。學術領域為臺灣史、臺灣民俗、臺灣民間信仰、臺灣文化資產，重要專著有《府城媽祖行腳》、《萬年傳香火、世代沐法華──萬華寺廟》（以上 2002）、《萬華觀光案內》（2004）、《走過·歷史·記憶──鏡頭下的永康》（2008）、《萬年縣治所考辨》（2009）、《東山鄉志》、《在地的瑰寶──永康民俗祭儀與文化資產》、《永康的歷史遺跡與民間信仰文化》（以上 2010）、《九如王爺奶回娘家傳統民俗活動之研究》（2013）、《重修屏東縣志·民間信仰》（2014）、《山谷長歌──噍吧哖事件在地繪影與歷史圖像》（2015）等十餘冊。

目 錄

臺灣史研究名家論集——總序

　　《臺灣史研究名家論集》（初編）即將印行，忝為這套叢刊的主編，依出書慣例不得不說幾句應景話兒。

　　這十幾年我個人習慣於每學期末，打完成績上網登錄後，抱著輕鬆心情前往探訪學長杜潔祥兄，一則敘敘舊，問問半年近況，二則聊聊兩岸出版情況，三則學界動態及學思心得。聊著聊著，不覺日沉西下，興盡而歸，期待半年後再見。大約三年前的見面閒聊，偶然談出了一個新企劃。潔祥兄自從離開佛光大學教職後，「我從江湖來，重回江湖去」（潔祥自況），創辦花木蘭出版社，專門將臺灣近六十年的博碩論文，有計畫的分類出版，洋洋灑灑已有數十套，近年出書量及速度，幾乎平均一日一本，全年高達三百本以上，煞是驚人。而其選書之嚴謹，校對之仔細，書刊之精美，更是博得學界、業界的稱讚，而海峽對岸也稱許他為「出版家」，而不是「出版商」。這一大套叢刊中有一套《臺灣歷史文化叢刊》，是我當初建議提出的構想，不料獲得彼首肯，出版以來，反映不惡。但是出書者均是時下的年輕一輩博、碩士生，而他們的老師，老一輩的名師呢？是否也該蒐集整理編輯出版？

　　看似偶然的想法，卻也是必然要去做的一件出版大事。臺灣史研究的發展過程，套句許雪姬教授的名言「由鮮學經顯學到險學」，她擔心的理由有三：一、大陸學界有關臺灣史的任務性研究，都有步步進逼本地臺灣史研究的趨勢，加上廈大培養一大批三年即可拿到博士學位的臺灣學生，人數眾多，會導致臺灣本土訓練的學生找工作更加雪上加霜；二、學門上歷史系有被社會科學、文學瓜分，入侵之虞；三、在研究上被跨界研究擠壓下，史家最重要的技藝——史料的考訂，最後受到影響，變成以理代証，被跨學科的專史研究壓迫的難以喘氣。中研院臺史所林玉茹也有同樣憂慮，提出五大問題：一、是臺灣史研究受到統獨思想的影響；二、學術成熟度仍不夠，一批缺乏專業性的人可以跨行教授臺灣史，或是隨時轉戰研究臺灣史；三、是研究人力不足，尤其地方文

史工作者，大多學術訓練不足，基礎條件有限，甚至有偽造史料或創造歷史的情形，他們研究成果未受到學術檢驗，卻廣為流通；四、史料收集整理問題，文獻資料躍居成「市場商品」，竟成天價；五、方法問題，研究者對於田野訪查或口述歷史必需心存警覺和批判性。

　　十數年過去了，這些現象與憂慮仍然存在，臺灣史學界仍然充滿「焦慮與自信」，這些焦慮不是上文引用的表面問題，骨子裡頭真正怕的是生存危機、價值危機、信仰危機，除此外，還有一種「高平庸化」的危機。平心而論，臺灣史的研究，不論就主題、架構、觀點、書寫、理論、方法等等。整體而言，已達國際級高水準，整個研究已是爛熟，不免凝固形成一僵硬範式，很難創新突破而造成「高平庸化」的危機現象。而「高平庸化」的結果又導致格局小，瑣碎化、重複化的現象，君不見近十年博碩士論文題目多半類似，其中固然也有因不同學門有所創見者，也不乏有精闢的論述成果，但遺憾的是多數內容雷同，資料重複，學生作品如此；學者的著述也高明不到哪裡，調研案雖多，題材同，資料同，析論也大同小異。於是乎只有盡量挖掘更多史料，出版更多古文書，作為研究創新之新材料，不過似新實舊，對臺灣史學研究的深入化反而轉成格局小，理論重複，結論重疊，只是堆砌層累的套語陳腔，好友臺師大潘朝陽教授，曾諷喻地說：「早晚會出現一本研究羅斯福路水溝蓋的博士論文」，誠哉斯言，其言雖苛，卻是一句對這現象極佳註腳。至於受統獨意識形態影響下的著作，更不值得一提。這種種現狀，實在令人沮喪、悲觀，此即焦慮之由來。

　　職是之故，面對臺灣史這一「高平庸化」的瓶頸，要如何掙脫困境呢？個人的想法有二：一是嚴守學術規範予以審查評價，不必考慮史學之外的政治立場、意識形態、身份認同等，二是返回原點，重尋典範。於是個人動了念頭，很想將老一輩的著作重新整理，出版成套書，此一構想，獲得潔祥兄的支持，兩人初步商談，訂下幾條原則，一、收入此套叢書者以五十歲（含）以上為主；二、是史家、行家、專家，不必限制為學者，或在大專院校，研究機構者；三、論文集由個人自選代表作，

求舊作不排除新作；四、此套書為長期計畫，篩選四、五十位名家代表作，分成數輯分年出版，每輯以二十位為原則；五、每本書字數以二十萬字為原則，書刊排列起來，也整齊美觀。商談一有結論，我迅即初步擬定名單，一一聯絡邀稿，卻不料潔祥兄卻因某些原因而放棄出版，變成我極尷尬之局面，已向人約稿了，卻不出版了。之後拿著企劃書向兩家出版社商談，均被婉拒，在已絕望之下，幸得蘭臺出版社盧瑞琴女史遞出橄欖枝，願意出版，才解決困局。但又因財力、人力、市場的考慮，只能每輯以十人為主，這下又出現新困擾，已約的二十幾位名家如何交待如何篩選？兩人多次商討之下，盧女史不計盈虧，終於同意擴大為十五位，並不篩選，以來稿先後及編排作業為原則，後來者編入續輯。

我個人深信史學畢竟是一門成果和經驗累積的學科，只有不斷累積掌握前賢的著作，溫故知新，才可以引發更新的問題意識，拓展更新的方法、理論，才能使歷史有更寬宏更深入的研究。面對已成書的樣稿，我內心實有感發，充滿欣喜、熟悉、親切、遺憾、失落種種複雜感想。本叢刊初編自有遺珠之憾，也並非臺灣史名家只有這十四位，此乃初編，將有續編，我個人只是斗膽出面邀請同道之師長友朋，共襄盛舉，任憑諸位自行選擇其可傳世、可存者，編輯成書，公諸同好。總之，這套叢書是十四位名家半生著述精華所在，精采可期，將是臺灣史研究的一座豐功碑及里程碑，可以藏諸名山，垂範後世，開啟門徑，臺灣史的未來新方向即孕育在這套叢書中。展視書稿，披卷流連，略綴數語以說明叢刊的成書經過，及對臺灣史的一些想法，期待與焦慮。

卓克華

2016.2.22 元宵　於三書樓

臺灣史研究名家論集——推薦序

　　臺灣史研究的興盛，主要是從二十世紀八十年代開始的。臺灣史研究的興起與興盛，一開始便與政治有著密切的聯繫。從大陸方面講，「文化大革命」的結束與「改革開放」政策的實行，使得大陸各界，當然包括政界和學界，把較多的注意力放置在臺灣問題之上。而從臺灣方面講，隨著「本土意識」的增強，以及之後的「臺獨」運動的推進，學界也把較多的精力轉移到對於臺灣歷史文化及其現狀的研究之上。經過二三十年的摸索與磨練，臺灣歷史文化的學術研究，逐漸蔚爲大觀，成果喜人。以大陸的習慣性語言來定位，臺灣史研究，可以稱之爲「臺灣史研究學科」了。

　　由於二十世紀八十年代以來臺灣史研究的興起與興盛，大體上是由此而來，這就造成現今的中國臺灣史研究的隊伍，存在著兩個明顯的特徵。其一，大部分的所謂臺灣史研究學者，特別是大陸的學者，都是「半路出家」，跨行或轉行而來，並沒有受過比較系統而嚴格的臺灣史學科的基礎訓練，各自的學術參差不齊，惡補應景和現買現賣的現象頗爲不少。其二，無論是大陸的學者，還是臺灣的學者，對於臺灣史的研究，似乎都很難擺脫政治性的干擾。儘管眾多的研究者們，依然希望秉承嚴正客觀的歷史學之原則，但是由於各自政治立場的不同，大家對於臺灣歷史文化的關注點和解讀意趣，還是存在著諸多的差異，有些差異甚至是南轅北轍的。

　　儘管如此，從學術發展的立場出發，臺灣史研究的這兩個特徵，也未嘗不是一件好事。不同的政治立場、學術立場；不同的學術行當、學術素養，必然形成多視野、多層次、多思維的學術成果。即使是學術立場、觀點迥異的學術成果，也可以引起人們的不同思考與討論。借用大陸的一句套話，就是「百花齊放」，或者「毒草齊放」了。百花也好，毒草也罷，正是有了這般林林總總的百花和毒草，薈分蔚分，百草豐茂，在兩岸學者的共同努力之下，形成了臺灣史研究的熱潮。

　　蘭臺出版社有鑑於此,聯絡大陸和臺灣的數十位臺灣史研究學者,出版了這套《臺灣史研究名家論集》。在這部洋洋大觀的名家論集中,既有較早拓荒性從事臺灣史研究的鄭喜夫、周宗賢、林仁川等老先生的論著,也有諸如王志宇、戴文鋒等年富力強的中生代的力作。在這眾多的研究者中,各自的政治社會立場姑且不論,僅以學術出生及其素養而言,既有歷史學、語言文學的,也有宗教學、戲劇學、地理學等等。研究者們從各自不同的學術行當和研究意趣出發,專研各自不同的研究專題,多有發見,多有創新。因此可以毫不誇張地說,這套《臺灣史研究名家論集》,在一定程度上體現了當今海峽兩岸臺灣史學術研究的基本現狀與學術水平。這套論集的出版,相信對於推動今後臺灣史研究的進一步開拓與深入,無疑將產生良好積極的作用。

陳支平

2016 年 3 月于廈門大學國學研究院

自序

　　本書以專書論文的形式呈現，共選擇九篇已發表及未發表的學術論文，主題方向雖有差別，然而整體研究內容可定位為「歷史地理學研究取向的臺灣閩客族群關係研究」。這一系列研究約初發在十年前，在教學相長與嘗試錯誤的過程中，研究觀點與研究方法逐漸成熟，從原創構思到推升一篇篇論文的成形與發表。各篇的內容與論點，難免有出現雷同或是重複的地方，但主題意識具獨立性，所討論的議題具有貫串的結構性。

　　本書的第一篇〈梅縣經連城至福州渡臺的一條特殊客家移民路線—「臺灣番薯哥歌」的詮釋〉，利用文本的解讀與比對，田野及歷史文獻的佐證與原鄉實地考察，確認了「臺灣番薯哥歌」所描述的粵東—閩西—福州渡臺這條移民路徑的真實性。對於部分清代粵東客家移民，為何要捨近路而求遠路渡臺的理由，提出學理上的論證，期望能拋磚引玉，等待更多元的史料及事證出現，以解其迷。第二篇〈以閩、客式地名來重建台灣漢人原鄉閩客族群歷史方言界線〉，基於視地名為語言的活化石，利用閩、客式地名的比對，重建百餘年前或者更久年代的閩西南與粵東地區之閩、客歷史方言區界線，是作者一系列研究，用以界定清代閩粵移民家族渡臺之初的客、閩族群歸屬的最重要理論基礎。第三篇〈詔安客家族群空間分佈的歷史地理詮釋〉，嘗試透過地圖操作、歷史與地理文獻的整合分析，來呈現詔安客原鄉—詔安二都的區域特色，並嘗試解析詔安客家原鄉之地域漢人入墾的時程。

　　第四篇〈從原鄉地緣關係來看新竹地區三山國王廟之空間分布特性〉，嘗試以地緣的角度探究新竹地區世居家族祖籍與三山國王信仰的聯結關係，以鄉鎮行政區為空間單位，將該行政區的三山國王廟間數與世居家族原籍對應進行統計分析，以驗證三山國王廟信仰強度與世居家族祖籍地緣分布的關聯性，統計結果發現是具有統計的關聯性。第五篇〈清代汀州府永定客家移民在新北三芝的分布及其空間意涵〉，新北三

芝地區之清代永定移民家族分布的區位介於漳、泉兩大閩南社群之間，這種族群分布的區位特性並非巧合，而是在渡臺之前已經具備閩、客雙語溝通能力，語言溝通能力是這些家族渡臺之初，相當重要的維生能力與優勢。第六篇〈桃竹地區姜姓宗族源流與分佈的考察〉，挑選新竹地區具代表性的姜姓宗族，以族譜為資料基礎，配合原鄉考察，進行家族遷移過程的史地分析，並以此為個案研究，以釐清過去臺灣閩、客族群關係研究的諸多迷失議題。

　　第七篇〈新竹沿海地區的地理環境變遷與區域發展〉，採用傳統區域地理學的研究途徑，以累積約十五年的廣泛研究調查，針對新竹沿海地區之區域特色，進行綜合與統整論述。第八篇〈新竹、苗栗沿海地區惠安頭北人分布的區域特色〉，探討「頭北人」移入新竹、苗栗沿海地區及其文化調適過程，臺灣學界迄今尚無專論，希望藉由細察臺灣泉州系移民內部之區域文化差異性，以理解竹、苗沿海地方史以及當代社會文化現象的傳統基礎。第九篇〈彰化永靖及埔心地區閩客族群裔之空間分布特色及其分析〉，係利用閩、客式地名所繪製的原鄉閩客歷史方言圖，將訪查到的永靖及埔心的世居家族祖籍放到此歷史方言區圖中，藉以推斷彰化永靖及埔心兩鄉世居家族的族群歸屬，並進而統計各族群及社群的人口比例及分布特色。

　　本書能順利付梓，承蒙卓克華教授的邀約與推薦，蘭臺出版社提供「臺灣歷史研究名家論文集」的出版機制，承「語言、地理、歷史跨領域研究工作坊」研究群洪惟仁、陳淑娟、許世融、鄭曉峯及程俊源等諸位教授的相互砥礪，部分篇章承蒙合著人徐勝一、曹治中、范明煥及呂展曄等諸位老師的合作與授權，並承陳俐安與楊懿玲小姐協助校稿，在此一併申謝。

　　對於本書的研究議題研究、素材更新及編輯工作，作者雖已量力而為，然而囿於學養的侷限性，某些論點有時難免會落入一己之見，各類疏漏也恐難免，尚請諸位先進不吝指正。

　　　　　　　　　　　　　　　　韋煙灶　謹識 2015 年 04 月 10 日

地理學取向的臺灣族群研究

本系韋煙灶教授近十年來，投入臺灣閩客族群關係的研究已有相當的成果，發表相關學術論文三十餘篇（本）。本書收錄的九篇論文係韋教授這系列研究的部分成果，雖然各篇有獨立的主題意識，然而透過討論議題的貫串，不僅全書整體架構嚴謹且圖文並茂編排有敘，其所運用的研究途徑，均充分展現地理學者的學術涵養。

清代臺灣分類械鬥既多又頻繁，族群的劃分與分布成了臺灣閩客族群研究必須解決的課題，但以往常以省府（州）縣來劃分族群屬性的基準，清代方志中粵籍往往被視為客人，閩籍則歸為閩南；日治時期戶籍欄內的「福」、「廣」似乎承繼了這種思維，從而許多相關研究陷入了「福即閩、粵即客」的迷思，使得臺灣閩客族群界定與指稱對象的爭議一直持續至今。

方言區界線通常被認為是族群邊界重要的表徵，然而在清代閩、客原鄉（閩西、閩南與粵東地區）方言空間分布態勢不易回復的情況下，韋教授運用地理學者擅長的研究途徑，以閩、客式地名所繪製之「閩客歷史方言分區圖」，作為重建清代臺灣漢移民原鄉之歷史方言區界線，此亦以界定清代閩粵移民家族渡臺之初，應歸客或是歸閩的最重要理論基礎。其次，本書另一個貢獻是：運用臺灣在地的大量族譜資訊及微觀的田野調查，透過宏觀的地圖對比及原鄉的實地訪查等研究途徑，獲得更精闢地解釋了清代臺灣閩客族群分布的區域規律性，此不但可以進一步瞭解臺灣拓墾過程中，閩客族群的互動，並釐清了閩粵省籍互動糾葛的關係。

欣見本系同仁在各研究領域上的努力與創新，本書的出版當能厚實本系的學術研究成果，也能激勵後進對於學術研究的熱忱。更期待韋教授日後能提供及分享更多的學術創見。

國立臺灣師範大學地理學系主任　歐陽鍾玲　謹識

語言歷史地理學的先鋒

　　接到台灣師大韋煙灶教授寄來《韋煙灶：臺灣歷史研究名家論文集》一大疊影印原稿，囑爲他的新書寫〈序〉，我一則以喜，一則以憂。喜的是我的親密道友要出新書，宣揚我們的「語言歷史地理學」理念，豈不是學術界的一件喜事！而韋教授給我這個榮幸替這本大著寫序，豈不是喜上加喜！而憂的是，地理學並非我的專業，我怎麼敢不揣窮陋？更糟的是我的《臺灣語言地圖集》產期將至，天天都在陣痛，已經自顧不暇，哪有時間和心情？本想把拙著的初稿趕出來再說，可是韋教授的大著即將臨盆了，等不及了！不得不毅然把拙著擱著，花一個禮拜的時間，把整本書的原稿，加上一些相關的論文，有韋教授的，有本書引用的，仔細拜讀一過。雖然大部份論文都已經讀過，我仍然重新研讀。這篇序，就算是我惡補幾天的心得報告吧！說得膚淺，請道友們別見笑了！

　　我是語言學者，和地理學沾上一點邊，是因爲我研究「語言地理學」。我注意到韋教授是 2008 年讀到他和曹治中教授發表的一篇〈桃竹苗地區臺灣閩南語口音分布的區域特性〉，這篇地理學家的語言地理學研究，和我們的調查結果相當吻合，是一篇夠水準的論文。然後我爲他獨創的祖籍地理學研究方法以及一系列的研究論文所吸引，而成爲親密道友。地理學界我最尊敬的有兩位先生，陳國章教授和施添福教授。施添福教授的臺灣開發史研究替我解決了很多有關語言地理學歷史解釋上的難題，陳國章教授是少數把語言學融入地理學研究的地理學者之一，他可能是台灣第一位進行過語言地理學研究的地理學家。作爲兩位先生的高足，韋教授可以說是集其大成，把語言、歷史、地理融合在一起，進行「語言歷史地理學」的研究。

　　而「語言歷史地理學」這個研究取向正是台中教育大學的歷史學者許世融教授和我的共同理念。我們認爲語言、歷史、地理的研究必須交集，語言學者、歷史學者、地理學者必須進行跨領域合作。韋教授是地

理學專業，許教授是歷史學專業，我是語言學專業，我們三個親密道友，組成鐵三角，於 2008 年申請到一個「兩岸閩客交界地帶語言、地理、族群遷徙跨領域調查研究」的國科會計劃，我擔任計劃總主持人，韋教授和許教授各擔任子計劃主持人，並邀請社會方言學家陳淑娟教授擔任協同主持人。2010 年我屆齡退休，改由韋教授總主持至今，成員又增加了鄭曉峯、程俊源兩位教授。這個計劃除了分工、合作進行跨領域研究之外，還舉辦「語言、地理、歷史跨領域研究工作坊」，廣結道友，廣徵論文，每年舉辦兩、三次會議，至 2015 年 1 月已經舉辦了 13 次，發表論文共約 100 篇。所有工作坊議程都已經上傳工作坊網站（http://www.uijin.idv.tw/ogawa/），當次的論文、活動花絮都可以上網瀏覽或下載。

　　我曾經在第 10 次工作坊發表〈建立語言歷史地理學〉的演講，說明建立「語言歷史地理學」的必要性；第 11 次工作坊發表〈台灣地理語言學研究史的分期及其特色〉，介紹我們的研究成果，至於「語言歷史地理學」的研究理念及操作方法並未詳談。韋教授這本《論文集》不但展現了他的研究成果，並且詳細討論了方法論，除了各篇論文散見的「研究方法」之外，請讀者特別注意第二篇和第九篇。前者詳細討論台灣漢人原鄉「歷史方言地圖」的理論與方法，後者以彰化永靖及埔心地區閩客族群裔的空間分布為例，詳細討論如何建立族譜資料庫，如何為新鄉與原鄉進行地理空間定位，如何為原鄉語種定性，如何還原移民初期的語種分佈，重建語言地理發展史的方法。

　　台灣的語言地理學研究濫觴於小川尚義發表的〈臺灣言語分布圖〉（1907），但是根據許世融（2011）的考證，本圖是一張漢人祖籍分布圖，不是真正的「語言分布圖」。小川先生把「閩粵」之分誤當成「閩客」之分了。實際上「福建」籍民之中，汀州是客語分佈區，漳州也有客家人，說客語；「廣東」籍民之中潮州、惠州大部份是閩南人，移民台灣的不全是客家人（詳參洪惟仁 2013〈族群地圖與語言地圖的史實鑑定：從小川地圖（1907）說起〉）。

　　無論是統治者或民間，自來關心的是籍貫不是語言，更不是現代台灣人關心的所謂「族群」。日治時代的戶口調查中對於漢人「種族」或「民族」的調查（1901, 1926），其實都是籍貫調查，不是語言調查，也不是「族群」調查。

　　缺乏詳細而精確的族群資訊，給關心族群問題的現代台灣人很多想像的空間。於是坊間出現了所謂「來自饒平即為客家人」、「來自詔安即為客家人」、「信仰三山國王的都是客家人」……甚至因為與汀州交界的漳州四縣有少數客家人，就推論漳州移民一半以上都是客家人等謬論。

　　近年來透過田野調查與學術研究，台灣及移民原鄉的福建、廣東詳細的語言、族群研究文獻紛紛出爐，人們開始了解漳州府南靖、平和、雲霄、詔安，潮州府饒平，惠州府海豐、陸豐有閩、有客，閩客分布狀態逐漸明朗，閩客交界地帶的雙語區也明白了……，這是許多語言學家、地理學家的研究成果。而在所有研究者之中，韋教授可以說是最用心，最勤勞，最有理論與方法的一位學者。他和他的團隊走遍台灣閩客交界地帶，蒐集了大量可以空間定位的世居家族族譜、祠堂、廟宇中有關移民原鄉的紀錄（參見本《論文集》各篇論文的附錄），並踏遍閩粵原鄉，確認其使用語言，透過新鄉與原鄉的語種比對，空間定位，重建移民初期的台灣語言、族群分布，繪製了很多閩客分布地圖，甚至個別族群、個別家族的遷徙路線都清楚地描述出來。台灣族群、語言地盤的演變史呼之欲出！

　　只有科學的調查研究才能破解民間似是而非的奇談怪論，韋教授實事求是的語言歷史地理學研究，為人文科學研究立下一個典範！

洪惟仁

梅縣經連城至福州渡臺的一條特殊客家移民路線——〈臺灣番薯哥歌〉的詮釋

徐勝一、韋煙灶、范明煥

摘要

近年新竹地區出現一份〈臺灣番薯哥歌〉的手抄文件，內容與兩百年前粵東、閩西客家移民有關。歌詞敘述長途跋涉的艱辛，埋怨臺灣生活的困窘，乃立書勸告家鄉親友切莫過臺灣。

〈臺灣番薯哥歌〉記載一條特殊的移民路徑，從梅縣松源出發，步行經過上杭縣中都鎮、連城縣席湖營、到永安縣小陶鎮，由此改搭小船，水路輾轉到福州長樂，在此等待洋船及好風。出海後經過一晝夜抵達臺灣北部海岸，大夥趕忙搶灘登陸，開始更多苦難的生活。

這條粵東先民移民路線，他們不辭遠道跋涉閩西之艱苦，取道閩江水路從福州出海，與傳統路線從韓江出海者大相逕庭，令人費解。考其原因，可能與早期連城宣紙商貿發展、閩西墟市活動、潮鹽挑運、臺灣農耕時序、季風行船安全等諸因素有關。它是一條多元性的交通孔道，也是連結陸路與水路貿易的一條古道；在特殊的社會經濟環境裡，它也是客子「春來秋回」與臺灣開拓史密不可分的一環。

關鍵詞：連城宣紙、閩西墟市、潮鹽北運、客子春來秋回、臺灣番薯哥歌

1. 引言

　　日本學者三田及沼崎對臺灣史有濃厚興趣，他們收集到一本有關客家人渡臺的手抄歌詞，兩人將研究心得發表成文〈關西范家所藏的「臺灣歌」手抄本〉[1]。他們認爲范林安是抄錄者、渡臺原因不明、創作年代爲 1723-1874 年間、番薯哥有濃厚的落葉歸根意識形態。因爲歌詞是以客家語法寫成，三田等人乃將歌詞本贈與黃榮洛作後續研究，黃榮洛乃連同其他地方文史資料，出版《渡臺悲歌：臺灣的開拓與抗爭史話》專書[2]。其後曾學奎碩論也仔細詮釋〈渡臺悲歌〉及〈臺灣番薯哥歌〉之內容，其碩論附載的原始文件，對後續研究頗有貢獻[3]。以上三篇文章及其整理出來的相關資料，對後續研究很有參考價值，本文在這些既有研究成果與基礎上，繼續探究番薯哥歌的秘奧。

　　黃榮洛書中刊出的〈渡臺悲歌〉與〈臺灣番薯哥歌〉兩份文件，其內容分別透露兩條客家人渡臺的路線。前者敘述陸豐客家從河田出發經今揭西縣橫江口，搭小舟沿榕江南河到潮汕後，轉到饒平柘林港，在那兒等待好風再轉搭乘洋船渡臺；後者則敘述了梅縣客家從松源出發，經上杭縣中都鎮、連城縣席湖營及金雞嶺、抵永安縣小陶鎮，並在此改搭船到永安縣城，沿河順流來到福州南臺島、烏龍江、蘭圃嶺，最後在福州長樂的宮廟裡等候洋船渡海。兩份文件除了移民路徑不同外，很大部分內容雷同，都在埋怨客頭謀利不仁、哀嘆臺灣生活艱難、勸阻家鄉親友切莫過臺灣。

　　限於篇幅，本文僅就梅縣番薯哥這條特殊的路徑，作爲探討主題。從梅縣到臺灣，較便捷的路徑一般是沿韓江順流到潮汕出海，這是最省時又省力的途徑。但是番薯哥卻選擇往東北先走陸路，再搭船沿河流到閩江口出海。他們如此長途跋涉，又挑箱擔籠翻山越嶺，所爲何來？本

---

[1] 三田裕次、沼崎一郎，〈關西范家所收藏的「臺灣歌」手抄本〉，《臺灣風物》，1987，第37 卷第 4 期，頁 97-106。

[2] 黃榮洛，《渡臺悲歌：臺灣的開拓與抗爭史話》（臺北：臺原出版社，1989 年）。

[3] 曾學奎，《臺灣客家渡臺悲歌研究》（新竹：新竹師範學院中文學系碩士論文，2003 年）。

文目前尚無正確答案。

　　番薯哥經過的地點，如松源、東都墟、席扶營、金雞嶺、小陶店、烏龍江、南布嶺、砂榕地、及歇腳的宮廟、齋公庵等地方，僅只松源、小陶店、烏龍江三處可在現今的地圖上找到；松源為梅縣北邊古鎮、小陶店即永安縣的小陶鎮、烏龍江為閩江南支。藉由這三個有意義的地名，推斷這是一條粵東經閩西到福州出海的路徑。循此線索，詩中地名經考察後，逐漸變得明朗化。

　　2012 年 11 月 19 日至 23 日，本文作者從福建龍岩搭公路車出發，經連城文亨、永安小陶鎮、福州長樂等地，訪查沿途地形地物，並請教地方耆老，結果令人興奮與滿意，番薯哥歌詞敘述的地名與地景，均可依序驗證正確。然而，粵東居民為何捨近求遠，不從韓江口渡臺，而要從閩江口出海，到底存在甚麼秘密，是本文想要探討的焦點。

2. 〈臺灣番薯哥歌〉內容分析

　　收錄在黃榮洛書中的〈臺灣番薯哥歌〉是范林安的手抄本，原無歌題，黃榮洛名之，歌詞共 252 句 1,764 字，其內容描述嘉道年間梅縣人的渡臺路線。到底范林安是何許人？留待後文討論。此節我們先說明番薯哥的家鄉、沿途旅行見聞、渡海過程、在臺生活狀況及思鄉情懷等，摘錄相關內容並討論如下：

2.1 辭別父母兄弟

客頭都說臺灣好，賺銀如水一般般，朋友親戚都去來，船銀花邊四兩三，分明兩兩是實價，客頭賺了二兩三，……………，一別父母並兄弟，二別妻兒隔兩鄰，三別宗族並朋友，四別墳墓並崗山，父母再三多囑咐，我兒正去二三年，為人須當守本分，戒酒除花莫賭錢，叮嚀言語說不盡，
即時分別淚連連，強硬心腸就來去。

客頭（帶路人）渲染移民臺灣的好處，賺錢如取水一般容易，鼓勵親友渡臺謀生。船費收取四兩三花邊銀[4]，比行情價二兩超收了二兩三，……出發前辭別父母、兄弟、妻兒、鄰居、親友，拜別祖墳及故鄉。臨行前父母叮嚀說：你此行去臺灣，多則二三年便要回鄉了，應守本分戒除酒色莫賭錢。說不盡的叮嚀與囑咐，離別心情難受，強忍住淚水，離別了家鄉。

關於歌詞中的「客頭」，梅縣人稱為「水客」（即僑批員）。據羅應祥調查[5]，解放前梅州人從事水客職業的有千餘人，他們奔走國外僑胞及家鄉親人之間，他們有時還先行墊支新客盤纏費，然後從其親友處回收，僑眷感激不盡。這種職業已消失多年，在潮汕人的海外移民史上，水客扮演著重要的角色。

客頭或水客與移民者談妥交易後，他們開始找「紅頭船」載客「過番」。《公案簿》記載 1824（道光 4）年 2 月，紅頭船從潮州府澄海縣樟林載客出發，在海上航行 26 天後，抵達吧城（雅加達），那條船上有 503 名搭客，加上船員共 619 人。更大的船可載客 800 人以上，連船員超過 1,000 個人。潮州人向東南亞的移民，這時達到高潮。在這期間，通過「紅頭船」方式移民海外者近百萬人[6]。

2.2 沿途經過的地名及地景

番薯哥所經過的地方與日程，原稿中有些明顯誤抄處，校正後說明如下：

> 行了幾日到松源，六日來到中都墟，半月來到席湖營[7]，湖營過去金雞嶺，挑箱擔籠實難行，一月來到小陶店，客頭請船亂紛紛，船錢多少無定價，十個客人蔭一名，水路行程多兇險，鵝叫一聲十八灘，五日水路永安縣，水手撐船叫艱難，換船搭渡到南臺，

---

[4] 花邊銀係西班牙殖民政府在墨西哥鑄造，清初在臺海流通。
[5] 羅應祥，《飄洋過海的客家人》（開封：河南大學出版社，1994 年）。
[6] 〈客頭〉，收錄於「揭陽百科」：www.jieyang.baike.com（2013/01/14 點閱）。
[7] 原稿作席扶營，應為「席湖營」之誤。

　　一共船錢四百三，南臺過去烏龍江，烏龍過去甚艱難，渡資加減由他算，撐過前頭蘭圃嶺[8]，十日來到砂榕地，客頭尋屋亂翻翻，幾多歇在宮廟裡，幾多住在齋公庵。

　　移民隊伍走了數日到達梅縣松源，第六日來到上杭中都鎮，半個月後來到席湖營，過了席湖營北邊村尾，要爬過金雞嶺，一個月到了小陶鎮。在這小鎮登上小船，水路凶險[9]，費了五天到達永安縣城，然後換船搭渡到南臺島（今福州市倉山區），閩江南支分流又稱烏龍江，江底岩石堅硬，要小心撐過蘭圃嶺，第十天才抵達砂榕地。客頭忙著找地方安頓大夥渡臺者，一部分人暫歇在宮廟裡，一部分人住在齋公庵。

　　松源古時多松樹，故名，是閩粵二省五縣九鄉的各類商販集市之處，是宋代以來南北商貿大鎮。而松源北邊的中都鎮，距上杭縣治臨江鎮約 50 公里，是明末清初上杭熱鬧的墟市之一，清代時中都往北汀江接舊縣河，可通小船至連城南端的朋口，往南經汀江接韓江可到大埔及潮汕地區。連城耆老云，民國初年不少勞動者肩挑土特產，從連城文亨到朋口及新泉等地換取潮鹽及洋雜貨，有的年輕力壯者甚至放流木筏到潮汕販賣，往返間可賺取豐厚利潤。宋時中都為上杭七里之一的來蘇里，明末紳士富商在南面修建集市「瓜墩墟」，清乾隆嘉慶年間，又興建了一座文館，使得中都墟因此成為來蘇里的中心都市，民國之後，來蘇里的中都又劃分成為上都、中都、下都。

　　「席湖營」之名稱源於宋朝，宋時連城縣置北團、南順團、姑田團、席湖團。今連城縣文亨鎮之湖峰村，及為以前席湖營所在地，雖已改名民間仍習慣稱之為「席湖營」。金雞嶺在連城縣文保村境內，席湖營東北邊，地勢陡峭，古代是連城到姑田及小陶必經之處，移民隊伍挑箱擔籠，要翻山越嶺，爬過古道，確實辛苦。太平天國曾攻佔此處，清軍因此設防，今 G205 國道繞嶺而過。

---

[8] 原稿作南布嶺，似為閩侯縣東「蘭圃營」之別讀。
[9] 這段文川溪臨岸有二、三百公尺高的陡坡，水流湍急暗流多。

圖 1.1. 席湖營（湖峰村）520 餘年的
老樟樹

圖 1.2 席湖營往金雞嶺之古道

圖 1.3 金雞嶺古道上的休息亭

圖 1.4 古道休息亭內置有土地公

圖 1.5 翻越金雞嶺的步道

圖 1.6 已廢置之小陶鎮碼頭

圖 1.7　現今永安市之沙溪溪畔　　圖 1.8　福州市往長樂市之烏龍江大橋

「小陶店」即小陶鎮，是閩西粵東及贛南交通必經之地，在永安治西南 45 公里、文川溪上游，為小船航運起點，水運在 1957 年結束，今碼頭已廢棄。文川溪流到永安市匯合九龍溪成沙溪，繼續東北流，在南平市匯合富屯溪及建溪成為閩江主流，轉往東南流至福州出海。小陶出產筍乾、毛竹等，以毛竹綑成排筏，可順流而下到福州，返程則走路回家。以下為這次考察拍攝的照片，在此貼上供大家參考。

「烏龍江」為閩江南支，流過福州倉山區南面，據該地居民說，以前因水流湍急加上河床裸露堅硬花崗岩，舟船航行該處必須小心，現已築壩並改善當地水運問題。所以番薯哥記下當年的境遇：

> 南臺過去烏龍江，烏龍過去甚艱難，渡資加減由他算，撐過前頭蘭圃嶺，十日來到砂榕地，客頭尋屋亂翻翻，幾多歇在宮廟裡，幾多住在齋公庵。

「砂榕地」意即福州或長樂。1065 年福州太守張伯玉，在福州遍植榕樹，「榕城」之名由此而來。福州東面之長樂市太平港，明初為鄭和下西洋船隊停泊處，如今已淤積成平地，發展成街市與住宅。長樂市區中心的南山公園，始建於 1088 年（北宋元佑 3 年），歷經宋元明數代營建，特別是明代鄭和七下西洋待港候風期間，全面整建，亭、臺、樓、閣、塔、寺等建築眾多，成為佛、道教者朝拜聖地。園內的三峰塔及天

妃宮，遠近聞名，1985 年爲紀念鄭和下西洋開航 580 周年，在舊址上
另建鄭和史蹟陳列館，南山公園亦改稱鄭和公園，公園內尚有慈濟宮、
郭公廟、五靈公等寺廟。番薯哥所言之「砂榕地」，推斷係指福州長樂
市，爲當年移民隊伍歇腳等候洋船之處，即爲鄭和公園內的宮廟與齋庵。

　　由此看來，梅縣的松源，上杭縣的中都、臨江，連城縣的朋口、席
湖營、金雞嶺、姑田、小陶、永安市區，都是粵東閩西交通走廊上的重
要口站，也是通往海岸大都會必經之地。這條番薯哥走過的路線與墟
市，是交通上重要的節點，因此被記錄下來了。今依照其走過的路徑及
地點，繪製如圖 13 所示：

圖 1.9 砂榕地（太平港）已成長樂街　　圖 1.10 太平橋、大榕樹、嘉慶 3 年
　　　　市住宅　　　　　　　　　　　　　　　　修橋石碑

圖 1.11　長樂市鄭和公園三峰塔　　圖 1.12　鄭和公園之鄭和史蹟陳列館

（原天妃宮址）

2.3　砂榕地等候洋船渡海

移民隊伍暫歇在港口邊，沒有睡具又缺銀錢，等待洋船時間一久，許多困窘情況逐漸發生了：

> 又無床時又無帳，聽見蚊蟲哭青天，烏蠅狗虱官蟬惡，日夜無眠真可憐，不知何日開船去，一月半月實難堪，柴米用秤真是貴，一斤柴米十二三，米價一斤廿五六，……………，等船不開日多久，幾多賣了衣和衫，幾多典了男和女，幾多當了釵和簪，……………，無水食時口無泉，忽然吐出幾多痰，刑船刑得十分苦，茶水如金一般般，不會食時不會坐，又被虱蟆咬萬口。

　　旅途中最難受的事，除了挑箱擔籠、經歷不少兇險及忙亂之外，等待洋船開航那段時間，生活起居更難受，無床無蚊帳，飽受蚊蟲跳蚤叮咬，日夜難眠。此外，在港口等船耗費時日，盤費不夠，需要賣衣衫、典當釵簪、甚至賣子女，換得柴米油鹽等生活所需物資。上船之後，風浪大，暈船嘔吐，茶水變得昂貴，不能進食又不能安坐，受盡苦難折磨。

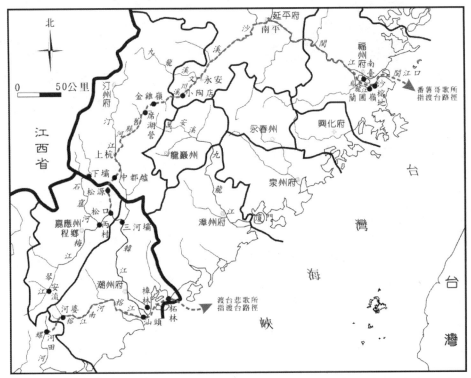

圖 1.13　〈臺灣番薯哥歌〉與〈渡臺悲歌〉所述之粵民渡臺路徑示意圖

資料來源：改繪自譚其驤總編，《中國歷史地圖冊－第八冊清時期》（北京：中國地圖出版社，1996），頁 42-45。

2.4　臺灣中北部海岸登陸

經過一晝夜航行，終於抵達臺灣海岸，許多預想不到的困難接踵而來：

　　一日一夜見玉山，看見玉山臺灣地，彼時到岸叫上山，不顧水流

和深淺，如癡如醉走上山，就問親戚來探問，哀求房屋歇一晚，求親托戚引生理，百件生理百般難，早知今日多磨苦，當初不該來臺灣，‥‥‥‥‥‥‥‥‥‥。

　　洋船從福州起航一日一夜後，就看見玉山了（可能是雪山，雪山主峰海拔 3,886 公尺，在苗栗泰安鄉），靠岸邊時，大夥不顧海灣的水流及深淺，如癡如醉像是發瘋一般，搶著登陸。上岸後又急著找尋在臺親友的下落，央求暫歇一晚，並請教指引如何謀生賺錢的方法，結果大多不能順遂，事與願違，後悔當初聽信客頭之言，冒然渡臺使得生活陷入困頓之中。

　　從福州出發，往東南航行一晝夜，以帆船速度估計，距離不超過二百公里[10]，船上看到的山峰，可能是雪山而不是玉山，也就是說大夥登陸地點可能在新竹至苗栗間的海岸。因為這一帶海岸連著山坡地，而且沿海漳、泉住民居多，內陸住民則客籍居多。據臺灣北部客家傳說，他們先祖渡臺登陸口岸，有臺北淡水、新竹舊港、苗栗中港及後壟等處。又因桃園至新竹北部海岸礁石多，臺灣中部海岸又多暗沙，不利停船登陸，新竹苗栗間的港口較適合登岸。《淡水廳志》記載[11]：

　　‥‥‥南崁港、許厝港、紅毛港，皆砂石相錯，大船難近，遇風沖礁，雖極堅洋船必破。至滬尾港、竹塹舊港、香山港，皆港門一線，大船雖可出入，必須乘潮遙立望燈，小舟帶引，方可出入，否則有淺涸之患，至鹽水港、中港、後壟、吞霄各港，又暗砂延亙十餘里，水道紆回，岸邊小船尚須熟悉者，乃敢傍岸，況其他耶？房裏[12]之土地公港、及大安港、淺而狹，五百石以上商船無有也（此二處港口多卵石無砂）．總而論之，雞籠一口，出入較易，必須設防；其次大安．此外各口甚險，舟船不易近云。

　　早期客家人渡臺，在淡水、新莊、三重一帶落腳者，與在地閩南人常起衝突或械鬥，寡不敵眾，便往南遷至桃園定居。在紅毛港、竹塹港、

---

[10] 依明代祝允文《前聞記・下西洋》估計，寶船速度每日平均不超過 180 公里。

[11] 陳培桂，《淡水廳志》（南投：臺灣省文獻委員會，1987 年），頁 19。

[12] 今之苑裡鎮房裏里，距苑裡街上約 1 公里，昔日為道卡斯族蓬山八社故地。

中港、後壟港、鹿港登陸者，多數遷往丘陵地從事農墾，時間長了，客家人逐漸分布在桃竹苗地區以及臺中的部分鄉鎮。

2.5 渡臺盤費與臺灣工資

〈臺灣番薯哥歌〉記載有關盤費、船費等錢銀事項，簡錄如下：

> 出發前約定價：船費花邊銀四兩三，分明兩兩是實價，客頭賺了二兩三。
>
> 小陶店到南臺：一共船錢四百三
>
> 南臺到閩江口：烏龍過去甚艱難，渡資加減由他算。

起程前約定船費為花邊銀四兩三，但是小淘到南臺要加收四百三文，南臺到長樂要交些小費，合計約為五個花邊銀。「花邊銀」與「佛面銀」是清代流通於臺海的西班牙銀幣。1772-1825 年（清代中葉）以後至割臺與日為止，臺灣北部大多通用佛銀[13]。

據連城耆老說，民國初年的挑夫，肩挑六十斤貨物走三十公里，一日酬勞一塊大洋，一般的工人的月工資當時是五至十個大洋。若以此計算，番薯哥當年辛苦肩挑重物，勞動一個月所得，其報酬應可支付渡臺費用，而且還有剩餘。至於在臺灣的幫傭所得，番薯哥有如下的經驗：

> 臺灣買賣是學老，大家貿易笑連連，一色名為銀一毫，當我唐山
> 六十文，花邊臺灣使不得，來往只使佛頭銀，廣人買賣寔稀少，
> 往來只是賣柴擔，⋯⋯⋯⋯⋯⋯，臺灣耕田事何樣，浸種落秧
> 係隔年，臺灣耕田甚艱苦，缺少手腳請長年，請個長年非小可，
> 每年工銀廿二三，做著長年無容易，浸種犁耙百事能，農工百件
> 曉揮發，園頭園尾要周全，正二月來就蒔插，割耙轆軸鬧喧天，
> 犁田耖地長年事，零工脫秧並蒔田，臺灣零工是何樣，
> 恰以牛驢一般般，三季工銀亦非少，每人算來七八元。

番薯哥剛到臺灣時，發現做生意買賣的是閩南人，花邊銀不能在臺

---

[13] 陳國棟，〈飛鴻雪泥－荷蘭時代到清朝統治前期的臺灣貨幣〉，收錄於「臺灣歷史博物館」：www.mypaper.pchome.com.tw/r95341046/post/1313040062（2013/01/14 點閱）。

灣使用，必須用佛頭銀。此外，臺灣耕田農活，農曆一、二月就插秧了，極度缺少幫手或長年（長工），長年工一年可得廿二、三圓，零工三季得七、八圓。這些描述與渡臺悲歌的情境完全相似，悲歌載：「身壯之人銀拾二，一月算來銀一圓，四拾以外出頭歲，一年只堪五花邊，……，客人頭家還靠得，學老頭家甚是難，……。若然愛走被作當，再做一年十二元，……，自古臺灣百物貴，惟有人工不值錢，一日人工錢兩百，明知死路都敢行。」

悲歌歌詞內容，也說年輕人工資一年十二元，若做零工則每日兩百文，折一年七元多；墾戶頭家有客家人也有閩南人；計算工資，悲歌用花邊銀，番薯哥用佛頭銀。

據《石窟一徵・卷五日用》云：「市肆所用佛頭鬼頭皆洋錢也。……今市所行佛頭，文為瓶爐幕為番婦面，蓋從呂送來者，此與花邊皆通行。花邊者，邊如排齒無鬼頭，蘇州所謂雙樹也；一種為番王面者，其帬（按：同裙）腳微異，謂之番公子，市肆不行，惟近省各屬無甚區別。」

花邊銀及佛頭銀均屬西班牙在墨西哥鑄造的銀幣。花邊銀鑄於1732-1771 年間，而佛頭銀流通的時間為 1772-1825 年間。前者因背面壓了花邊，因此被臺人稱為「花欄」或「花邊」銀，後者因正面印有國王圖像（Carolous IV），形似佛頭，直徑約為 3.96 公分，重約 26.75 公克。

2.6 生活艱難與思鄉情懷

當時渡臺者以年輕人居多，萬一染上疾病，缺少親戚朋友看顧，在無錢無食無助情況下，生命任由老天宰割，甚為悽慘。想起家鄉還有白髮高堂及待援妻兒，則更是不堪回首了。困窘情況描述如下：

亦有病得幾日好，亦有病得一半年，若無親兄並胞弟，扛在禾寮草埔邊，恰似六畜瘡瘟氣，或生或死命由天，此時自坐追想起，眼中流出淚漣漣，一來想起無伙食，二來想起無文錢，三來想起無自唱，四想高堂變白髮，五想妻兒隔海邊，……………，

　　　此書原來大概說，細微曲節未周全，
　　　若問此書何人造，臺灣君子造一篇。

　　歌詞結束前，補上一句簡單自我介紹「若問此書何人造，臺灣君子造一篇」，其語意含混，比〈渡臺悲歌〉的「借問此書何人作，原鄉陸豐近河田」，更為隱晦不明確。前者似乎暗示作者是一個或一群讀書人，文章內容則是根據經驗者口述而編寫的；後者則明指作者是一位陸豐河田人。分析兩篇歌詞的文風、語體、形容詞、社會經濟、工作環境等，推側兩篇文章的執筆者同屬一人。此外，〈渡臺悲歌〉是描述陸豐客家人的移民路線，而〈臺灣番薯哥歌〉則是描述梅縣一群客家的特殊移民路線。

3. 〈臺灣番薯哥歌〉的作者與創作年代

　　三井及沼崎兩人指出歌本是范林安抄錄的，歌本中又夾有關西庄一九番地范美信的名片，因此三井等人認為范林安與范美信是關西范家人，但關係不明。據范美信孫兒輩言，三十多年前記者來訪，即知臺灣手抄歌一事，但未聽聞其祖父提及歌詞作者之相關問題，其祖父讀寫漢文，也有抄抄寫寫之習慣，但多次搬遷寄放他處手稿，今已不見蹤影。據新埔范美信鄰居云，未曾聽聞他去過日本。

　　又據《范氏大族譜》載范美信 1899 年生，叔父范開隆 1892 年生。范開隆日據時代執業代書、經營煤礦業、陶瓷製造、及香料生產等，後來居住日本廣島[14]，後代也僑居海外。推測這本歌詞為范家宗親所抄錄，范林安是否為宗親的筆名抑或另有他人，不得而知。

　　據范林安抄錄冊子中有一首〈臺灣番薯盛茂之用〉云：「追原此物出番邦，流落東京滿地舖，葉向青天承雨露，根從黃土結珍珠，……」；及另一首〈外境傷懷〉云：「秋風吹動漏藍裳，獨出茅齋實勘傷，孤影他鄉難樂土，隻身客邸易愴惶，……」。這兩首歌詞為當年旅日年輕人，

---

[14] 馮阿水、莊吳福主編，《范氏大族譜》（臺中：創譯出版社，1790 年）。

在異地靜夜傷懷所作，抄錄者為范林安，范美信家中曾有手抄本。

　　三篇文章中，〈臺灣番薯哥歌〉記載清朝中葉梅縣居民渡臺之經過，後兩篇則記述另一留日學生在東京之見聞與生活體驗。本文認為范林安抄錄這些文章的時間約在 1920~1940 年間。本文認為〈臺灣番薯哥歌〉與〈渡臺悲歌〉之創作在西元 1835 年左右。

　　〈臺灣番薯哥歌〉與〈渡臺悲歌〉內容，除了述說兩條不同的遷移路線外，兩首歌詞的語法語詞、思考模式、及處世態度，甚為近似，應屬同一人所作。創作年代相仿，但從西班牙銀幣之出現與使用情況推測，前者故事時代背景稍後，約為清朝嘉慶道光年之事。其相同處有三：一、兩者均為七言歌詞，用於山歌仔及三角戲（生、旦、丑）之吟唱。二、語體及形容詞用法相同，而且文章均以八行紙抄錄，上下各一行，左右半頁各八行共 224 字。三、歌詞中有許多彼此抄襲之處，列表如下：

表 1.1 〈臺灣番薯哥歌〉與〈渡台悲歌〉相似內容之比較

〈臺灣番薯哥歌〉	〈渡臺悲歌〉	說明備註
三街六巷人混雜，一半漳州一半泉。	臺灣本系福建省，一半漳州一半泉。	臺灣的族群比例
叮嚀言語說不盡，即時分別淚連連。	涓定良時和吉日，出門離別淚連連。	告別故鄉心情
手拿芛蘭禾槌棍，開眉笑眼笑連連，田中零工稱師阜，芛蘭橙仔列兩邊，手執禾槌微微笑，恰如玉女降下凡，巧言花語來講唱，弄得零工喜歡歡，三手禾排打一下，就丟阿妹茅蘭邊，	手拿芛蘭禾槌棍，開眉笑眼喜歡歡，甜言細語稱師阜，芛蘭橙仔擺兩邊，手執禾槌微微笑，恰如玉女降下凡，花言巧語來講笑，弄得零工喜歡歡，一手禾排打四下，就丟去妹芛蘭邊，	農忙時，田間工作的描寫（兩文互抄）
船銀花邊四兩三，	客頭講愛四花邊，	船資使用花邊銀
若問此書何人造，臺灣君子造一篇。	借問此書何人作，原鄉陸豐近河田。	作者簡介

　　上表所列僅為部分歌詞，可以推測兩篇文章是同一作者，成文時間

約在清代嘉慶道光年間。若考量花邊銀及佛頭銀流形狀況，以及《渡臺悲歌》的背景，此外，黃榮洛先生收集的這兩篇歌詞本，均在新竹縣的鄉鎮出現，其原稿或手抄本能流傳及保存兩年百之久，顯示新竹地區與梅縣及陸豐之間，具有密切的地緣關係與文化傳統。

4. 從福州渡臺的可能原因

　　這段歌詞描述沿途所經過的地名、地景、與行程，本文實地訪問與察核，確認此故事為真確合理。從谷歌地圖估計陸路松源到中都 40 公里、中都到席湖營 130 公里、席湖營到小陶 60 公里；水路小陶到永安 50 公里、永安到長樂 350 公里；海路從長樂搭洋船出閩江口至新竹舊港約 210 公里。這群移民從松源開始到小陶鎮，陸路走了 230 公里，水路 400 公里，海路 210 公里，全程共 840 公里。

　　連城地勢較高，為文川溪（閩江上游支流）、九龍江、舊縣河（汀江上游支流）之發源地，分別流向福州、漳州、潮州出海。連城的土特產及海港城市的先進生活用品，在此匯集與貿易。推測番薯哥們便是利用這條特殊的古道，將潮州貨物（如潮鹽及洋雜貨）傳送到連城銷散，又將連城的土特產運送到福州去，來往之間，定可賺得到渡臺盤費，這也是番薯哥們長途辛苦跋涉的原因吧！

　　古時挑夫一般每天至少可走 20 公里，我們就以這個速度來思考，番薯哥從松源走到小陶鎮的距離為 240 公里，12 天便可完成，他們卻費了 30 天在路途上，不盡讓人覺得，番薯哥們利用趕集方式，從甲地到乙地做點買賣交易，藉此賺取盤費。據粵東耆老說，昔日農閒時有年輕人挑賣洋雜貨，從蕉嶺到武平或江西售賣，花時十數日至數十日。又如數十年前，當臺灣實施出入境管制時，有些年輕華僑趁便從日本或香港，帶入高級免稅品入臺委託出售，獲利甚豐，謂之「跑單幫」。番薯哥從席湖營走到小陶鎮 120 公里，照理只需三五天功夫，卻花時半個月，他們可能做點商業販售的活動。

　　〈臺灣番薯哥歌〉歌詞描述了渡臺路徑、旅途及抵臺後之生活狀

況，雖然有些情節過於渲染及怨懟，但大體上內容仍算真確。若非親身經歷過，很難把松源至福州間六百公里旅途上的地名、日程、及景觀等，作如此真確的描述。

一般而言，嘉應地區居民若欲渡臺，依理應沿韓江至潮汕出海較為便捷。從松源往南水路到松口、三河、抵潮汕共 230 公里，海程潮汕到新竹海岸 500 公里，全程 730 公里。

比較松源到福州渡臺與到潮汕渡臺兩條路徑：前者陸路長而辛苦、海路則短而較安全；後者陸路極短、而海路遙遠危險性較大。張侃認為清代客家移墾臺灣的方式是多元的，有獨立承墾的、有招墾的、有依附團體偷渡的。由此觀之，移民團體可各視其移民目的、經濟條件、工作地點與性質等，也可採取多元化的渡臺路徑[15]。

松源到福州路徑，有些路段已荒置，在客家渡臺史上，從未被提及討論過。為何這批番薯哥要如此艱辛跋涉、翻山越嶺，從梅縣到福州渡海。本文不揣孤陋，茲舉數項推測就教專家們。（1）清朝一代汀州地區，官定食用潮鹽，潮鹽北運的影響，使得鹽務廣達嘉應州與汀州地區，番薯哥們可能協助挑鹽賺取傭金。（2）這條古道墟市旺盛，至今不衰，土特產及洋雜貨買賣，客子們可藉此賺得渡臺船費與盤費。（3）這批粵東移民，可能延襲康熙年間客子春來秋回習性，在早春之際趕往臺灣北部，幫忙墾戶從事農耕，從福州渡臺，季風航海及農業活動時序吻合。（4）從福州到桃竹海岸僅 210 公里，比潮汕到新竹 500 公里短甚多，海上航行時間短，海難風險相對減小。

以上所列諸項可能性，僅屬推測而已，茲就連城宣紙的商業活動、閩西的墟市、潮鹽北運、閩西墟市、客子春來秋回、及航海安全等方面，略加整理說明如下。

4.1 連城宣紙的商業活動

[15] 張侃，〈清代汀籍客家移民臺灣綜述〉，《閩西客家外遷研究文集》（福州：海峽文化出版社，2013 年）。

鄧金坤根據康熙《連城縣志》、清嘉慶《大埔縣志》、及民國版《上杭縣志》之記載，對連城宣紙的商業活動，作了很詳細的訪問報導[16]。連城紙區地處三江上游境內，清初宣紙外運的水路渡口有三；（1）九龍江萬安渡口：船隻流經漳平、華安至漳州石碼（今龍海市石碼街道），換船可到廈門、泉州。（2）舊縣河朋口渡口：貨物從連城肩挑或用獨輪車送到朋口，順流經上杭磯頭、上杭縣城、永定峰市、大埔茶陽至潮安。因汀江棉花灘附近河道，礁多流急，各處商旅行舟至此，必起岸步行，轉雇肩挑過山 10 里，進入廣東石上後改搭輕舟，經大埔潮汕而出海。（3）文川溪小陶渡口：乘舟 120 里至永安，經南平通福州。

姑田經下口湖至小陶全程 50 里；據說挑紙工早上 5 點開始趕路，中午可到小陶，卸貨後再挑上其它貨物回來，當日可回到姑田。此路是最熱鬧、最繁忙的商貿之路，被稱為「走小陶」。他們走的是羊腸小道，新手挑工挑兩擔，老手挑工挑三擔，[17]挑至上船地點，然後轉運它處，足見舊社會工人之辛苦，體力勞動之沉重。

姑田經曲溪、李屋、席湖營到朋口有 100 里；挑紙往返要三天，中途在席湖營住宿。1934 年後連汀龍公路和永連公路通車，大部分的宣紙和物資用卡車運輸了。但在山區仍無公路，原料和物資還是用肩挑，據鄧先生云：幼時親眼所見一二十人的挑擔隊伍。

這三條水路中的南北兩個渡口，朋口與小陶，即是本文番薯哥所走過路線的中轉站。連城往南，宣紙肩挑到舊縣河朋口渡口，轉運到潮州銷售；番薯哥恰恰反其道而行，從松源肩挑貨物或潮鹽往北走，到連城之席湖營或姑田，卸下南貨後，改挑土特產或宣紙到小陶，在此搭船沿文川溪往北，順流而下到福州。這段水路商貿興隆，在沙縣（今沙縣一中）、建甌南雅鎮、及福州（上杭路）設有汀州會館，專供商旅休憩之用，可知當年河運發達盛況；在臺灣的淡水及彰化市，也設有汀州會館。

---

[16] 鄧金坤，〈連城宣紙的商業活動〉，收錄於「姑田門戶網」：onlinelc.com/simple/?t23109（2013/01/14 點閱）。

[17] 這是客家地區挑擔特有方法，即先挑一擔往前走一段距離後擱置路邊回頭挑第二擔，待第二擔超越第一擔一段距離後再擱置路邊回頭挑第三擔，如此周而復始輪流挑三擔前進，因為像羊拉屎一樣，是一粒粒放，民間稱為「羊屎律」。

4.2　閩西的墟市

實地考察連城的席湖營、金雞嶺、及姑田等地，據當地耆老羅先生[18]云：早年連城對外交通不便，農產品及日用品要靠人力，肩挑到鄰近鄉鎮趕集交易，挑工每日可走 30 公里，每人約挑重 60 斤，僱工每日可得 1 塊銀元酬勞。連城出產黃糖、玉扣紙、雞鴨鵝蛋、及白米；至於布疋、日用品、及食鹽等，則仰賴海岸城市。

連城縣境內，主要墟市包括新泉墟、朋口墟、莒溪墟、席湖營墟、北團墟、文陂墟、塘前墟、姑田墟等處，每處一月市集 6 次，隔鄰永安縣的小陶鎮每月逢 4 日、9 日有趕集，輪流排定日期趕集。據云這種墟市習俗，早期很少更動，解放後變更頻繁。

連城生產雞鴨蛋、白鵝、甘蔗、花生，帶回永安的筍乾、姑田的玉扣紙（宣紙）、寧化的大米、朋口的食鹽及白糖。姑田宣紙可經朋口帶到潮州與廣州販售，小陶出產的筍乾及毛竹（以毛竹綑排）可順流而下到福州。

番薯哥在這條古道上，不論是受僱挑運潮鹽或是「跑單幫」營運墟市買賣，都能賺到一些渡臺路費。從其行程上，席湖營經金雞嶺到小陶鎮，僅 60 公里而已，三四天便可抵達，卻費了了半個月之久。猜測番薯哥們可能在這些墟市趁便做小買賣（每月六次墟市）或「跑單幫」，他們必須配合各地墟市日期，尤其小陶鎮每月兩日的墟市，或是配合開船日期，所以才說「半月來到席扶營，扶營過去金雞嶺，挑箱擔龍實難行，一月來到小陶店」，原因在此。

4.3　潮鹽北運

有清一朝，汀贛諸縣採食潮鹽。《石窟一徵》對潮鹽北運記載大意云：「潮州鹽村生產的煮鹽，在韓江廣濟橋下兌交散貯薑船，逆水行舟至三河壩駁鹽，之後有的自金沙廠艾子壩駁運至下壩者。其間接運者有

水客、揮手、篙戶之分；鹽船也有薑船、高頭船、母船、上山船之類」。當時鹽務繁雜，鹽政規定甚嚴，而蕉嶺縣之石窟河，也是因應載鹽而修建的人工河道，潮鹽可由水路運往嘉、汀、贛[19]。潮鹽北運的年代，水路不能到達的地方，就要靠挑伕肩運了，因此食鹽在內陸是非常昂貴的。根據陳鋒[20]研究，長蘆鹽（天津）運往直隸行銷，其鹽價、搬運費、帑利銀、慈善事業費等，每包（引）鹽合計銀六兩五錢，在銷地賣價則為十二兩五錢，以此計算，利潤率高達 90%。但若考慮到各種因素的綜合計算，例如扣除鹽店的營業費、大小官吏的節禮銀（規例銀）、各種應酬費用等，其純利為 14%。可見食鹽在內陸極昂貴，官商利潤層層剝削後，還有一成多純利。

謝重光[21]在其專書中，引《宋史・食貨志》對「榷鹽弊政」有詳細而獨到的見解：「虔、汀二州民盜販廣南鹽，主要是潮、惠二州沿海之鹽。他們都是農民，所以要等到秋冬田事畢後才出動，數十百為群，持甲兵旗鼓，與巡捕吏卒鬥格，從北宋到南宋持續了很長時間。」

潮鹽的運銷地域，基本上是按照韓江流域來劃定的。明末清初以後，閩西藍靛種植區、煙草種植區、土紙基地及經濟林區的形成，相信都與潮鹽運銷有關。正是由於這些勞動人口，才使得永定條絲煙銷售規模「南到新加坡、北到張家口」。

以地理位置言，小陶鎮是閩粵贛的交通樞紐，運出汀州土特產如藍靛、烤菸、白鵝、河田雞、宣紙及京莊紙等，除了運回潮鹽外，也換回潮汕地區與福州地區的日用品（又稱洋雜貨，如針線、鈕扣、髮箍、洋貨等），相信當時閩西人是熟悉這條往來潮州及往來閩中到福州的路線，而挑夫及商人也慣常藉由此交通路徑而勞動謀生。當他們聽聞臺灣是移民好地方時，便利用鹽運雇傭或沿途墟市趕集的機會，一路勞動交易、販售異地物品，賺取渡臺盤費，算好時序季節，藉此從福州出海。

[19] 周雪香，《明清閩粵邊客家地區社會經濟變遷》（福州：福建人民出版社，2005 年）。
[20] 陳鋒，〈近百年來清代鹽政研究述評〉，收錄於「漢學研究中心」：
www.ccs.ncl.edu.tw/Newsletter_98/1.pdf（2013/01/14 點閱）。
[21] 謝重光，《客家、福佬源流與族群關係研究》（北京：人民出版社，2013 年）。

4.4　春來秋回的環境規律

從地理及氣候角度言，選擇福州渡臺，有兩項合於邏輯的解釋：其一、福州距新竹海岸約 200 公里，帆船順風一晝夜便可抵達，海程短、曝險短、較安全。以季風規律言，臺灣海峽從九月至五月盛行北風，季節長、風速風向穩定，屬於順風「好風」。其二、臺灣北部新竹地區農田，插秧期約在 2 月下旬至 3 月中旬間，一期稻作收穫自 6 月下旬至 7 月上中旬。從歌詞之言「**正二月來就蒔插，……，六月收割真可憐。**」，可推定番薯哥是在臺灣中北部居住及工作。

客子們若要趕上臺灣插秧播種的農耕活動，則一、二月就要出發了，即是春來之謂。至於秋回則意指十一、十二月二期稻作秋收之後，想回鄉探親的客子們，便可搭上秋初冬之順風帆船回粵東老家了[22]。圖 1.14 為澎湖測站（1991-2000）的風向風速分布圖（稱之為風花圖，如圖 1.14 所示）。

4.5　福州渡臺比潮汕渡臺安全

臺灣海峽六月至八月是西南風季節，季節短、風力弱、且較不穩定。從潮汕海岸揚帆渡臺，算是好風，但因海程遠加上夏天風向多變，無動力帆船曝險機會大。譬如 1819 年彭林祥 20 歲時，攜帶家人老幼共 16 人，由河婆鎮五雲洞綿延揭陽經汕頭，買舟以作渡臺之舉，一葉輕舟航海四個餘月方到竹塹舊港（今新竹市舊港里），當時川資用盡，登陸後寄居新竹樹杞林（今竹東鎮）雞油林農業渡日[23]。

---

[22] 苗栗頭份東庄之饒忠山兄弟（原籍汀州府武平縣岩前城伏虎庵〔伏虎禪師廟〕三角街），約於 1750 年渡臺定居頭份。定居之前，「……渡海來台，到本鎮一帶耕佃，只作季節性遷移，而未定居，每年歲末賣穀還鄉，置產贍家，春初又復來台，習以為常」。見陳運棟總編，《臺灣饒氏大族譜》（苗栗：祭祀公業法人苗栗縣饒忠山，2012 年），頁 553。

[23] 莊吳玉圖總編，《彭氏大族譜》（桃園：百族姓譜社，2008 年），頁 288。

　　從梅縣經汕頭到新竹，雖然陸路極短，適於老幼婦孺，但只能在六、七、八月有西南風才能橫渡臺灣海峽，海程長（500 公里）、季節短、風場不穩定，海上容易曝險。若從福州出海，從松源至小陶鎮，雖然可受僱挑擔貨物，也可從小陶壓貨載運到福州，從中賺點渡臺盤費，沿途倍感艱辛，然而，從福州到新竹海岸（僅 210 公里）順風一晝夜，兩相比較，各有優缺點。

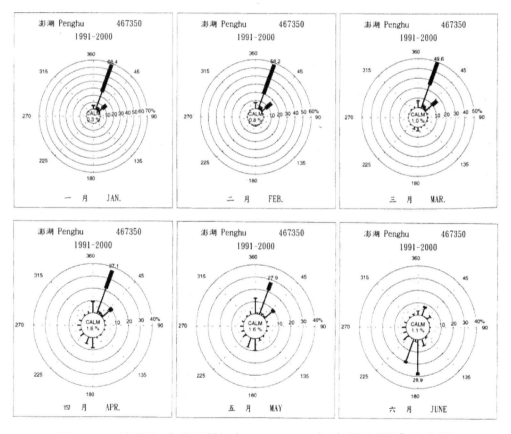

圖 1.14　澎湖氣象觀測站（1991-2000）之風向風速分布圖

5. 找尋番薯哥

　　細讀番薯哥歌詞，故事生動場景真實，然而這群番薯哥，最終是回到唐山原鄉呢？還是在臺灣落地生根呢？他們後裔在哪裡？

　　首先，番薯哥一群梅縣年輕人，他們在松源集合出發。離家前，父母叮嚀說「我兒正去二三年，為人須當守本分，戒酒除花莫賭錢」，這句話說明年輕人此行是到臺灣做短期農活幫傭的，兩三年後會回家鄉的，有點像春來秋回的客子。清朝嘉道年間，桃竹苗墾殖事業，從海岸拓展至內陸及淺山地區，必定急需年輕勞力幫忙農耕活動，詩歌後段生動敘述農忙生活狀況，可以證之。歌詞中許多段落描寫的場景，為桃竹苗地區的自然環境與人文環境；譬如（1）他們從福州乘船一晝夜便抵達臺灣，然後搶灘涉水上岸。（2）插秧及收割季節符合北臺灣農活。（3）原住民出草，以及閩客墾戶雜處，新竹淺山地區特有現象。（4）佛頭銀在北臺灣流通，時間在嘉慶道光年間。

　　上述故事主人，為清朝中葉渡臺的嘉應州客子，在旱荒困窘時期，他們仍延襲先人們從清初便已形成「春來秋回」的謀生方式。

5.1　康雍年間「春來秋回」的客子

　　《諸羅縣志‧卷八風俗》云：「佃田者……潮人尤多，厥名曰客，多者千人，少亦數百，號曰客莊。……唯潮之大埔、程鄉、鎮平諸山客，……各莊佃戶，山客十居七、八，靡有室家，漳、泉人稱之曰客仔」，《臺灣縣志》云：「客莊潮人所居之莊也，北路自諸羅山北上南路自淡水溪而下，類皆潮人聚集以耕，名曰客人，故莊亦稱客莊，每莊數百人，少者亦百餘」，藍鼎元《平臺記略》云：「廣東潮[24]惠人民，在臺種地傭工，謂之客子。所居庄曰客庄。人眾不下數十萬，皆無妻孥，時聞強悍。然其志在力田謀生，不敢稍蒙異念。往年渡禁稍寬，皆于歲終賣穀還粵，置產贍家，春初又復之臺，歲以為常」。

　　上述為臺灣史料記載了康熙五十七年至雍正十一年間，往來粵東及臺灣的客子活動，以及客庄在臺的分布概況。當時的客子，指大埔、饒平、程鄉、鎮平諸山客，及潮惠地區居民，渡臺目的是傭雇佃田，「往年渡禁稍寬，皆于歲終賣穀還粵，置產贍家，春初又復之臺，歲以為常」，

---

[24] 1732（雍正11）年陞程鄉縣為嘉應州（此前為潮州府屬）。

是為「春來秋回」之客子。

據《石窟一徵·卷三教養》云：

> 邑地狹民稠，故赴臺灣耕佃者十之二三，赴呂宋喀喇吧者十之
> 一。……又呂宋有屬國曰米時哥，其地多鑄花邊銀、無產物，海
> 船來粵者，惟載銀錢而已。……地土沃饒畜產蕃孳，置莊者謂之
> 莊家，佃種者謂之場工。邑中貧民往臺灣為人作場工，往往三四
> 十年始歸至家，尚以青布裹頭，望而知為臺灣客也。往臺灣者例
> 由本縣官給照至泉州、廈門，海防同知驗放，方准渡海，然盤費
> 過多、貧不能措者，往往在潮州樟林徑渡臺灣。

《鎮平縣志·名宦》云：「鎮人以地狹人稠，多就食于臺灣，而海
防例嚴，苦無以渡。邑令魏公燕超請於上官，并移咨閩省，准鎮人給照
赴臺灣耕作，每歲資入無算。」《畿輔通志·卷六十六舉人》魏燕超柏
鄉人，康熙丁卯科。

藍鼎元（1680-1733）在所撰的《鹿洲初集·卷十二》〈福建全省總
圖說〉提到：「自廣東入閩由分水關，過詔安、漳浦，從漳州、興化一
路直達省城，雖不通河棹，又有坡嶺，弗利輪轅，然閩地坦夷僅此途千
里而已。其廣東又有小路，由三河大埔踰石上入上杭。水淺舟小，滿載
不過三四人，鞠躬桎足行者苦之，然經連城，踰小淘，順流下延平，逕
達省城，仕宦商旅多由焉。」可見這條由粵東嘉應地區通往福州的經商
路線，自清初已有。

由此觀之，臺灣在康雍年間便已有嘉應「春來秋回」之客子，一百
年後一群番薯哥仍沿襲著傳統，往臺灣謀生。前後之渡臺路線是否相
同，不甚可考，但以「春來秋回」之傳說，他們無法初春從潮汕直接渡
海到臺灣，因為只在六、七、八月才有好風可渡洋，其他月份則北風偏
多、橫渡臺灣海峽有困難；秋收冬藏後，正值盛吹北風、從臺灣可以順
風回到潮汕家鄉。臺灣番薯哥的遷徙路線，不是虛構的。

5.2 巧合與迷思

　　「春來秋回」的客子，臺灣史料雖有記載，而從福州出海者，目前還沒找到實例。所以致之者，其一、可能客子已回原鄉居住，其二、居留臺灣者，一般族譜甚少記載渡臺年代及登陸港口等資料，時間久了便淹沒了。下列有兩項巧合故事，可供參考。

　　約於 1966 年中壢遠東唱片行[25]，出版一張名爲〈青春妹（下）〉[26]的黑膠唱片，是關西楊玉蘭與古圓妹對唱的客家山歌仔。在行政院文建會「國家文化資料庫」發行項目表單裡，填寫「敘號：021。內容地點：從臺灣地區到大陸福州。創作地點：從粵東到臺灣地區。」男女歌詞如下：

> 男：老妹恁靚白雪雪，嘴唇紅像石榴花，牙齒白嘟生冬粉，恁好
> 　　人才像牡丹
> 女：十指寫言給哥知，老妹心焦因為你，火燒龍船有水救，火燒
> 　　心肝無藥醫
> 男：阿哥心焦妹也知，老妹心焦哥若望，老哥心焦落身肉，無人
> 　　搭信分妹知
> 女：三條龍船回福州，龍船不離拋繡球，繡球打到哥身上，阿哥
> 　　難捨妹難丟

　　這是一首七言山歌詞，唱出客家年輕男女愛慕情懷，然而其中一句「三條龍船回福州」，顯得特別奇特，爲何關西客家女孩要回福州相親？若非巧合，則山歌仔的作詞者，可能熟悉〈臺灣番薯哥歌〉故事並藉此發揮。

　　此外，另一首梅州山歌〈十尋親夫過臺灣〉[27]，內容也頗耐人尋味，似乎意味著從連城出發也可過臺灣。全首歌詞如下：

> 一尋親夫過臺灣，打算出門愛借錢，先日話郎容易轉，誰知今日
> 見郎難。
> 二尋親夫就起程，包袱傘子緊隨身，辭別伯叔並兄弟，出外尋夫

---

[25] 今改名爲海山唱片，地址：桃園縣中壢市中央西路一段 120 號 7 樓，電話：03-4268177
[26] 唱腔可從下列網頁聆聽 www.taiwan.ihakka.net/music_021.htm。2013/01/14 點閱。
[27] 劉佐泉，《觀瀾溯源話客家》（南寧：廣西師範大學出版社，2006 年）。

正苦情。

三尋親夫到三河，三河司官盤問多，妹子低頭唔敢講，衫祺遮問說親哥。

四尋親夫出三河，使去盤錢十分多，街頭人問誰家女，拋頭露面唔奈何。

五尋親夫到潮州，看見潮州百般有，咁好東西無心看，急急忙忙趕路途。

六尋親夫到連城，行到城裏二三更，睡到五更做個夢，夢見親哥打單行。

七尋親夫到廈門，廈門接客亂紛紛，三更半夜落船上，幾多辛苦為夫君。

八尋親夫坐火船，幾多辛苦不堪言，海浪打船風又大，頭暈胸悶無人憐。

九尋親夫離船艙，唔知親哥在哪方，唔知親哥哪只屋，見郎唔倒心就慌。

十尋親夫到臺灣，一見親夫開片天，兩人牽手來去轉，恰似三島遇神仙。

〈十尋親夫過臺灣〉為客家原鄉山歌，唱出少婦尋找渡臺親夫的心歷路程。她曾經到過的地方，包括三河壩、潮州、連城、廈門等處。這些地方恰恰是粵東與閩西客家人渡臺的主要節點。雖然歌詞創作時間在有「火船」之後，婦人訪查過三河壩、潮州、廈門、及連城等地。其中，連城是客家遷徙必經之地，也是客貨商家往來之地。

〈十尋親夫過臺灣〉歌詞裡提及連城，距梅州兩百公里之遙。婦人尋找渡臺親夫，找到連城來，由此可知番薯哥渡臺時，也是尋著這條古道走法，最終從福州出海。相信這是一條特殊的渡臺路徑，其形成原因值得探究。

6. 結語

〈臺灣番薯哥歌〉為七言寫成的歌詞，適用山歌吟唱及三腳戲演

出，與另一民間流傳的〈渡臺悲歌〉，兩者之歌詞風格及使用詞彙極為近似，推測為同一人所作，成文約在嘉慶年間，在西元 1835 年左右。內容除了遷移路徑不同外，其餘描述當時臺灣社會現象，譬如百物騰貴、生意難做、生活艱苦、以及惡劣的生活環境、農耕工具與稻作季節等，如出一轍。

　　依常理言，梅縣居民若想渡臺，選擇潮汕出海，幾乎可以免除陸路肩挑擔籠之苦，全程走水路及海路，以船代步，比從福州出海省時又省力。客子們捨近路而求遠路，必有其原因。早期客家移墾臺灣是多元化的，對於弱勢經濟條件的移民者而言，特別在原鄉出現災荒的年代、或臺灣需要勞力孔急的時候，便可能選擇以辛勞換取酬勞、以時間換取金錢的方式，走過這條梅縣經福州渡臺的謀生路線。

　　本文雖然提出多項考量因素，如旅途盤費、耕種時序、季風航海、海道安全等問題及看法，但仍屬主觀推斷層面，必須等待相關史料及事證出現，才能把這個故事說得更動聽，盼望各方賢達不吝指教。

參考文獻

三田裕次、沼崎一郎，〈關西范家所收藏的「臺灣歌」手抄本〉，《臺灣風物》，第 37 卷第 4 期（1987 年），頁 97-106。

林衡道編，《臺灣史》。臺北：眾文圖書公司，1988 年。

吳中杰，〈臺灣福佬客分布及其語言研究〉。臺北：國立臺灣師範大學華語文教學研究所碩士論文，1999 年。

范明煥，〈臺灣客家源流與區域特徵－臺灣族群社會變遷研討會：族群臺灣〉，《歷史月刊》第 133 期（1999 年），頁 87-95。

洪傳祥，〈大員廈門航路上帆船側風航行的優勢〉，《建築學報》第 56 期（2006 年），頁 107-132 頁。

侯真平、吳鳳斌、（荷蘭）包樂史等，《公案簿》。廈門：廈門大學出版社，2009 年。

韋煙灶，〈新竹地區閩、客族群祖籍分佈之空間分析〉，「語言文化分佈與族群遷徙工作坊（2012）臺師大場」，臺北：臺灣師範大學地理學系，2012 年。

韋煙灶，〈新竹客家話各音系的空間分佈與竹塹社之漢語方言使用能力之關聯性探討〉，《竹塹文獻雜誌》第 54 期（2012 年），頁 1-23。

徐勝一、洪致文、白偉權，〈以海浪反演之海面觀測風場數據解讀鄭和航海圖〉，「第二屆海峽兩岸鄭和學術研討會」，上海：上海鄭和研究中心與中華鄭和學會，2013 年。

徐勝一、范明煥、韋煙灶，〈清初陸豐客家渡臺時空背景之研究－渡臺悲歌與渡臺帶路切結書的聯想〉，「臺灣語言文化分佈與族群遷徙工作坊」，臺北：臺灣師範大學，2012 年。

莊吳玉圖主編，《范氏大族譜》（陸豐黃護寨昌睦公派下）。1977 年。

莊吳玉圖主編，《彭氏大宗譜》。桃園：百族姓譜社出版，2008 年。

張侃，〈清代汀籍客家移民臺灣綜述〉，《閩西客家外遷研究文集》。福州：海峽文化出版社，2013 年。

馮阿水、莊吳玉圖編，《范氏大族譜》。桃園：創譯出版社，1970 年。

黃釗，《石窟一徵》。臺北：商務印書館，1970 年。

黃香鐵（黃釗），《石窟一徵》。臺北：臺灣學生書局，1970 年。

陳映真，〈客籍貧困傭工移民的史詩──「渡臺悲歌」和客系臺灣移民社會〉，《人間雜誌》，第 39 期（1989 年），頁 36-47。

陳培桂，《淡水廳志》。南投：臺灣省文獻委員會，1993 年。

陳健銘，〈從歌仔冊看臺灣早期社會〉，《臺灣文獻》，第 47 卷第 3 期（1996 年），頁 61-110。

黃榮洛，《渡臺悲歌：臺灣的開拓與抗爭史話》。臺北：臺原出版社，1989 年。

曾學奎，〈臺灣客家渡臺悲歌研究〉。新竹：國立新竹教育大學臺灣語言與語文教育研究所碩士論文，2003 年。

曾澤祿，《臺灣貨幣的精神與文化》。臺北：南天書局，2004 年。

潘英，《臺灣拓殖史及其族姓分布研究（上）》。臺北：自立晚報社文化出版部，1992 年。

劉佐泉，《觀瀾溯源話客家》。桂林：廣西師範大學，2005 年。

羅兆宏，《羅氏族譜續編》，新竹縣湖口鄉上威公派下，1993 年。

羅應祥，《飄洋過海的客家人》。開封：河南大學出版社，1994 年。

譚其驤總編，《中國歷史地圖冊－第八冊清時期》。北京：中國地圖出版社，1996 年。

謝重光，《客家、福佬源流與族群關係研究》。北京：人民出版社，2013 年。

銘謝

　　本文能夠收集到相關資訊,並順利完成田野調查工作,實賴幾位閩粵友人的協助。首先,感謝嘉應學院及龍岩學院,多次舉辦客家學術研討會,讓我們實地了解梅州及汀州的自然環境及人文環境,深化我們對原鄉客家地區的認識。這次田調時間僅只短暫三四天而已,但收穫巨大,許多問題能迎刃而解,要歸功於沿路幾位貴人的幫助,他們是(1)連城文亨的羅積瑤先生,帶領我們走訪席湖營、金雞嶺、姑田鎮。(2)小陶鎮老農羅行昌先生,提示文川溪碼頭位置與歷史。(3)福州長樂的蔣裕農先生,帶領參觀太平港鄭和公園附近的宮廟及道觀。(4)福州往廈門動車列車上遇到的陳如清先生,說明早期烏龍江水道行船艱難的原因。(5)廈門大學歷史學系周雪香教授,提供潮鹽北運及閩西商業發展史資訊,可以更合理解釋這條奇特的渡臺遷徙路線。(6)新竹關西坪林的范揚隆先生,提供范美信家族歷史。本文作者有幸遇到這幾位貴人,他們是有問必答、有答必中的好幫手。感謝他們!

以閩、客式地名來重建臺灣閩、客族群原鄉之歷史方言界線

韋煙灶、曹治中

1. 前言

「華萊士以生物地理學的論點，提出著名的華萊士線；本文以文化地理學的語言與地名研究為依據，探討並重建閩西南與粵東地區之閩、客歷史方言界線，呈現百餘年前在臺漢人原鄉的閩、客方言之區域分布概況，也具有清代漢人渡臺之初族群歸屬之辨識功能。」

過去部分社會大眾及學界對於清代漢籍移民的原鄉在族群屬性與方言使用上多所混淆，邱彥貴、吳中杰歸咎於清代當時的省籍觀念與化約後的分類方式所造成[1]，由於清代臺灣長久歸福建省管轄，而大部分的客家移民來自廣東省，因此臺灣的客家人就被模糊成自廣東而來；日治時期臺灣總督府進行人口調查，在戶籍的種族欄中將「本島人」中的漢人區分為「福建」與「廣東」兩類，殖民地政府似乎也繼承民間這種以閩、粵省籍作為判定閩、客族群屬性的指標，更強化上述「從廣東渡臺的移民後代就是客家裔，福建來的即是閩南裔」的觀念。事實上，移自福建西南部（閩西南）的家族，有不少是客家裔；同樣地，移自廣東東部（粵東）的家族，也有不少是在原鄉就是說閩南話。

近年來由於兩岸交流頻繁，臺灣社會大眾與學術界已經對於閩西南地區與粵東地區的族群分布與方言結構，有較正確的認識。廣東中山大學地理學者司徒尚紀認為從文化的觀點而言，廣東省可分為三個文化區：講粵語方言為主的「廣府文化區」，講客家話為主的「客家文化區」，以及使用閩南方言為主的「閩南文化區」，粵東內陸各縣屬於客家語區，沿海各縣屬於閩南語區[2]。莊初昇與嚴修鴻調查福建西南部的閩客過渡

[1] 邱彥貴、吳中杰，《臺灣客家地圖》（臺北：果實出版社，2001年）。
[2] 司徒尚紀，《廣東文化地理》（廣州：廣東人民出版社，2001年）。

區，認為龍岩市的西部各縣，以及漳州市的南靖、平和、雲霄和詔安四縣的西部是閩南語與客家語的交界地帶，這四縣的西部有許多鄉鎮是屬於客家語區，但這裡的客家人多半會說閩南語[3]。

2. 清代臺灣漢人原鄉之閩、客方言區分界線

清代福建省東南部的泉州府各縣、永春州之永春、德化兩縣，漳州府之龍溪、海澄、長泰、漳浦等四縣（清代在臺漢人之原鄉行政區域及位置，請參圖 2.1，以下同），龍巖州之漳平縣，屬於純閩南話區；西南部汀州府之寧化、清流、長汀、武平、永定、上杭等六縣均屬客家話區，移民渡臺後均不會有族群身分界定的混淆問題；但移自福建漳州府雲霄、詔安、平和與南靖等四縣，龍巖州之龍巖縣就會有族群歸屬認定的困擾。

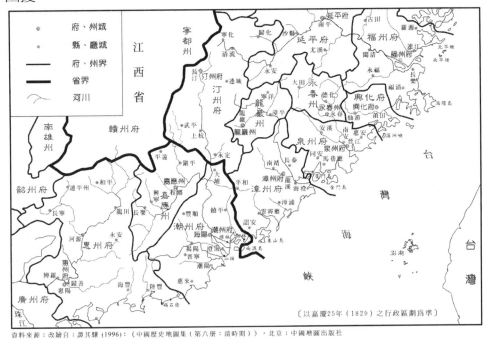

資料來源：改繪自：譚其驤 (1996)：《中國歷史地圖集（第八冊：清時期）》，北京：中國地圖出版社

圖 2.1 清代臺灣漢人主要移民祖籍地行政區圖

[3] 莊初昇、嚴修鴻，〈漳屬四縣閩南話與客家話的雙方言區〉，《福建師範大學學報》，第 3 期（1994 年），頁 81-94。

資料來源：韋煙灶〈詔安客家族群空間分佈的歷史地理詮釋〉，《中國地理學會會刊》，第 50 期（2013 年），頁 64。

　　清代廣東省嘉應州各縣與潮州府大埔縣為純客縣，移民渡臺後的族群身分認定不成問題；但潮州府之海陽、澄海、潮陽等沿海縣分原本為純閩南話區，理論上移民渡臺後不會有族群身分界定的混淆問題，但受臺灣民間人士及學術界長久形塑的「移民自廣東省者即是客」之刻板印象影響，反而使得對這個地區的移民裔的族群身分產生混淆。潮州府之饒平、豐順、揭陽、普寧與惠來等五縣，以及惠州府的海豐與陸豐兩縣，則因位於閩客交接地帶，其渡臺移民之族群屬性，必須從個別家族原鄉的確切位置（位於客家語區或閩南語區）來判定。

　　位於上述閩西南與粵東地區的閩客交接地帶各縣的渡臺移民裔，在移民渡臺之初的確切「閩、客方言分界線」在哪裡？雖然當代閩西南與粵東的閩、客方言界線，已經透過詳實的田野調查加以確認，然而，此閩、客方言界線是否可作為二、三百年前移民渡臺時的閩客界線？地名是語言的活化石，利用地圖上諸多閩、客式地名的比對，重建閩西南與粵東地區之「閩、客歷史方言分區圖」（圖 2.2；圖 2.3），以呈現百餘年前或者更久年代的在臺漢人原鄉之閩、客方言之區域分布概況。

　　表 2.1 所列舉的閩、客式地名詞所對應出的地名通常較具草根性，也較少經過雅化，其地名為「遠近馳名」，地名起源較早，大部分應是百年前或者更久年代形成的「老地名」。這種區域分界線劃分法，係取其質性的異質資訊（閩、客式地名）相鄰兩點連線之中央位置作為分界線（稱為「閩、客語弱界線[4]」，如圖 2.2、圖 2.3 所示），並忽略零星分布的「例外」資訊。一旦分界線畫好之後，就將清代在臺漢人原鄉區隔成閩西南與粵東地區之閩南歷史方言區與客家歷史方言區對應的兩個

---

[4]　羅杰瑞著、張惠英譯，《漢語概說》（北京：語文出版社，1995 年）。
　　美籍漢語學者羅杰瑞認為大部分漢語分界線不是截然一分為二，而是有其過渡性，因而提出在語言過渡帶上，仍然需要有一條界線，稱為「語言弱界線」。人利用閩、客式地名分佈的內插原理已找出閩西南、粵東閩、客語區分佈的「語言弱界線」，並以弱界線左右各 5 公里的範圍，視為閩、客族群的過渡帶。

人文區域。

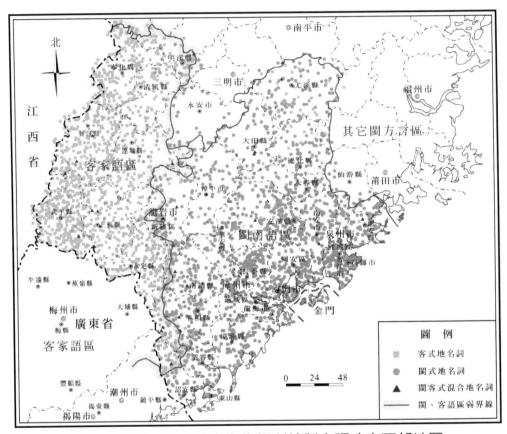

圖 2.2 以閩、客式地名為指標所繪製之福建南西部地區
閩、客歷史方言分區圖

資料來源：韋煙灶、曹治中，〈以閩、客式地名來重建台灣漢人
原鄉閩客族群歷史方言界線〉，《臺灣博物季刊》（2013 年），第
120 期（第 32 卷第 4 期），頁 55。

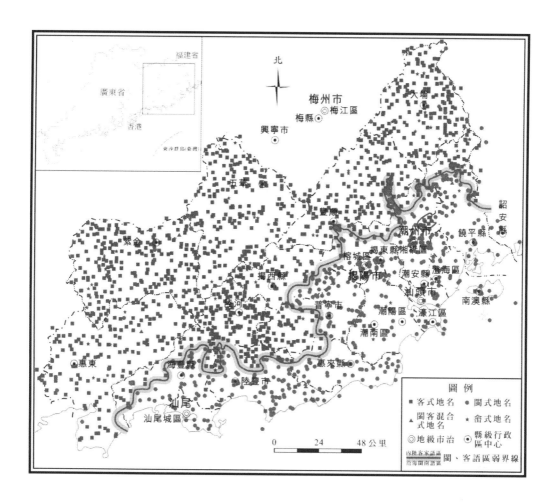

圖 2.3　以閩、客式地名為指標所繪製之粵東地區
閩、客語歷史方言分區圖

資料來源：韋煙灶、曹治中，〈以閩、客式地名來重建台灣漢人
原鄉閩客族群歷史方言界線〉，《臺灣博物季刊》（2013 年），第
120 期（第 32 卷第 4 期），頁 56。

表 2.1 閩、客地名用法的差異

閩南式地名用詞	客家式地名用詞	閩客混用地名	地名舉例（閩—客）	備註
稠/椆	欄	稠/椆（tieeu，僅適用於詔安客話）	牛稠溪/羊椆港—牛欄河	稠、欄為「圈」之意。「稠」為牢或稠的諧音別字，是有效分別閩、客的特徵地名詞。
稻/粟	禾	--	大稻埕/粟倉仔街—大禾埕	稻、禾指「稻」，粟指「稻穀」之意。
墙（牆）圍	圍墙（牆）	--	口墙圍—石圍墙	兩者指圍牆或防禦工事之意。閩、客話間的語法有差別。
厝、宅	屋、伙/夥房、坊	--	新厝、後宅—新屋、劉舉人伙房、曹坊	厝、屋為房舍，伙/夥房為共住之合院，坊是街郭聚落之意；宅為有果園的大宅院。
塊	座	--	三塊厝—三座屋	塊、座為「計算房舍的單位」。這組特徵詞在閩、客話間對應清楚。
濁	汶	--	濁水溪—汶水溪	濁、汶為「混濁」之意。這組特徵地名詞在閩、客話對應清楚。
塗	泥/坭	土	塗崎/赤土—黃泥塘/黃泥（坭）坡（陂）/烏泥窟	客語慣用「泥/坭」，閩語卻很少用，也偶用「土」，但少用「塗」；閩語慣用「塗」。
礁、乾、考（洘之諧音字）	旱、燥		礁坑、乾坑、考溪—旱溝、燥坑	礁、乾、洘、旱、燥坑/溪/溝為「間歇河」之意。
湳、坔/岔、潔/納	濫	濫	湳仔、坔頭港、草潔/納—濫仔	湳、坔/岔、濫為同義字，指沼澤或鬆軟之泥地。納為潔的同音別字。
舊	老	老	舊街—老街	「舊、老」皆相對於「新」。若唸「舊」卻寫成「老」，仍可作為閩式特徵地名詞。
頂、口（作為方位詞詞首）	上（作為方位詞詞首）		頂寮—上寮；口湖/口墙圍	「頂、口」若置於詞首作為方位詞，為閩式特徵地名詞，若唸「頂」，卻寫成「上」，仍算是閩式特徵地名詞；「上」置於詞首作為方位詞，為客式特徵地名詞。
腳（作為詞	1.下	下（作為詞	1.山腳—山下	1.「腳、下」為對稱於既存地

尾）	2.×樹下	尾）	/下山 2.—榕樹下	名的「低處」或「聚落的邊緣」之意，若唸「腳」，卻寫成「下」，仍算是閩式特徵地名詞。 2.「樹下」為客式特徵地名詞。
泉系為多、底（作詞尾，漳系為多）	裡（作詞尾。簡體字寫成「里」）		姓林仔底、庄內/庄底—豐裡、狗肚裡	閩南語將位於較內側之地稱為「內」（泉系）或「底」（漳系）；客語為「×裡」，但潮汕話也有「×裡」的特徵地名詞用法。
1.後（地名末字） 2.後壁	1.背（地名末字） 2.後背	後（地名末字）	1.港仔後/過溝仔—河背/溝貝；社後—社皮 2.後壁湖—後背窩	1.後、背為「背後或河流對岸」之意；漳系閩式地名詞「皮」來自客式地名詞的轉化。 2.「後壁」與「後背」是有效分辨閩、客族群的特徵地名詞。
屘	滿		砂屘—滿房	閩語中的「屘」為「最小兒子」，用於地名可引申為「末端」之意；客家話與「屘」對應的習慣用辭為「滿」。
溪洲、嘴	河壩/坽	--	溪洲/江仔嘴/布袋嘴—三河壩/坽	1.溪洲與河壩（坽為壩的簡寫）意指「河中沙洲或河谷平地」，若「壩」用於堤壩，則不具分辨閩、客的意義；「壩/坽」應借詞自中國西南方少數民族。 2.「嘴」為一端與陸地連接的河洲，可作為閩式特徵詞。
平、墘、埕	片、唇/漘/塽、肚	勢、邊、月眉、峨眉	南勢；南平—下南片；港仔墘—河唇（漘）/塘塽；	「平」若指方位可作為閩式特徵地名詞；若非，則不可。「片」則為客式特徵地名詞。墘、唇/漘/塽為「水邊」之意，「墘」應從「舷」音變轉化而來。「肚」是指「曲流滑走坡面或半圓形河階地形」；「埕」只見於閩語區。
湖	窩	窟（堀）、湖	畚箕湖—畚箕窩	「湖、窩」若指「小盆地」時，湖可作為閩式特徵地名詞，但若指「湖泊」則不具指標意義。「窩」則是十分突出的客式特徵地名詞。
爪、鼎金/覆鼎	凸		三爪子、覆（朴）鼎金、—三叉凸	爪、凸為「獨立突出山嘴」之意；鼎金/覆頂/朴鼎金指「突起的穹丘」，客語用「鑊」，而不用「鼎」，故鼎為閩式特徵地名

				詞。
1. 崁（kham）、坂（puann） 2.崁頂	1.崁/礷/壋（ham）、崖、溜/塯 2.崁頭	崁（坎）	1.崩崁仔、張坂—崩崖仔；黃泥溜/塯 2.崁頂厝—崁頭屋	1.崁與崖爲「陡坡或崖邊」之意，崁爲閩、客通用地名詞，但崁頂與崁頭可作爲閩、客對應的特徵地名詞；礷/壋（崁之原字）、崖則可作爲客式特徵詞。溜/塯爲「滑坡」之意。 2.坂爲「坡上或坡下的平地」之意，是閩語共通的特徵地名詞，但卻很少見於臺灣。
嶨（簡體字寫成峃）	凹/圳/坳	畚（糞）箕/笨	珠嶨—張嚴凹/頭凹/尾凹	「嶨」指「山間平地」，是浙閩沿海常見的特徵地名詞，但不見於臺灣。圳（凹爲圳的別字，通「坳」）與凸相對，指「山坳處」，引申爲「山間小盆地」，均可作爲客式特徵地名詞。畚箕指「U型谷或河口灣」，「畚」諧音成「笨、糞」，「笨港」常指「U型河口灣」。
港、垵/鞍（uann¹）	壢/瀝、窩、料/窠（khoo）	溪、坑、河、溝	—中壢/深瀝；港垵—河唇；內垵/內鞍—大平窩；—頭料山、門子窠/獅窠（也寫成獅坑）	閩人慣用「溪」，客人慣用「河」，但仍有混用的現象。閩南話的「港」則具有「港口、港灣、河流」三重含意，若指河流，則可作爲閩式特徵地名詞。「垵」爲鞍之俗體字，指「具鞍部地形特徵之處或周邊環丘的谷地」。客家的「窩」意爲「坑的支流，尤指『出入口狹長的山谷』」；壢/瀝指「水流沖蝕形成的山溝」。料與窠爲同音義之地名詞，同於「坑」，常見於閩西南諸縣與粵東饒平、大埔、豐順等縣。
崬、隔（俗寫成格）	崠/崠、岌、嶂、崬/嶗（地名末字）、崗（岡）/崩崗、橫屏	嶺、壟（壠、壠）/山、分水、墩（屯爲墩之改寫）	沙崙、小格頭—草崠/凍頂、馬岌凹、羅經嶂、伯公崬；石山仔—石岡仔/崩崗下；大橫屏山；分水山（分水寮）	1.嶺與嶂爲「山嶺」之意；崠/崠（凍爲崠之諧音別字）爲「山峰」之意，岌是指「突起山峰」之意。嶂與岌見於閩西、粵東但不見於臺灣。 2.隔、崬/嶗爲「高而平的山脊或山頂」之意。隔/格對應崬/嶗，可爲分辨閩、客的特徵地名詞。 3.崗、壟、壠、橫屏均有「山岡」

				之意，壠/壟常成諧音雅字「龍」。 4.崙爲「小丘」之意。
×排×	××排/眉	--	大排沙、排寮—燥樹排、大草排、西河排、崁眉、大眉	「×排×」是將「排」作形容詞，意指「列」。「××排」是將排作地名詞，似借詞自瑤、畬等族，意爲「橫列高地邊緣」，引伸爲「山嶺」。「排」常雅化成「眉」，如「××排/眉」。
低	矮	--	低厝仔—矮坪子、矮山	閩南語中形容相對較低下的非生命體多用「低」，形容生命體則多用「矮」；客家語則慣通用「矮」。
--	墩/段	--	—田心土墩/中心段	「墩」指「面積較大的平坦階地」，坡地上階狀地農田稱爲「墩田」，段爲墩的別字。
1.挖 2.牛挑	1.拐、轉水、轉溝水（溝的原字爲鉤） 2.牛軛	--	1.挖仔尾—十八拐/轉水角、轉溝水 2.牛挑灣—牛軛塘	1.閩南語寫成「挖」者實爲「斡」的諧音別字，指「地形轉彎處（通常指河流轉彎）」；客家語之「轉水」爲「河流突然轉彎處」。 2.牛挑爲牛擔（牛軛之意）的別字，可作爲閩式特徵地名詞。
水蛙	拐/虫另子	蛙	水蛙潭—蛙子潭/拐子湖	拐（kuai）子爲虫另子的客語別字，指「蝌蚪」。
拔仔、拔雅、朳拔	朳仔	--	拔仔林—朳仔園	左列皆指番石榴。「拔」與「朳」皆爲音譯的代用字。
芏萊、旺來	黃梨/王梨	--	芏萊宅、旺來宅子—黃梨園	芏、旺之音均從「王」，而不從「鳳」。客語的王與黃均唸/vong/。
圭柔	雞油	--	圭柔—雞油	圭柔、雞油：櫸樹，柔的本字爲「楺」。圭柔、雞油爲楺的閩、客式諧音代用字。
吉貝、班芝	木棉	--	吉貝耍、班芝埔—木棉崁、木棉樹下	班芝花、班枝花、班脂花、攀枝花、吉貝：均指「木棉樹」。《本草綱目》：「木棉有二種：似木者名古貝，似草者名古終，或作吉貝者，乃古貝之訛也。……今人謂之斑枝花」。由於在臺灣，吉貝/班芝來自原住民發音。

刣	殺、宰	--	刣人埔－殺人坑/宰豬崎	「刣」同義於殺、宰。
兜（tau⁴⁴）	--	--	嶺兜—	「兜」為「附近或接近」之意，帶有「兜」的特徵地名詞，常見於原鄉閩南語區，卻少見於臺灣。
隟	缺	--	隟頂、隟仔溪—官路缺、缺仔	「隟、缺」為「缺口」之意，通常指「道路所經的隘口」之意。可作為分辨閩、客的特徵詞。
媽	婆/嬤、牯	婆	林媽潭—河婆/鴨嬤（常訛寫成麻）坑/大石牯（常訛寫成古）	「姓氏＋媽」為閩式特徵地名詞；詞尾加語助詞「嬤」為客家語指稱「陰性生物（尤指較年幼者）」的特徵詞；雄性特徵詞為「牯」，客家這組特徵詞應是習染自中國西南方少數民族而得。
洴（ciann⁴¹）	淡	淡	洴水港、洴洲—	「洴」之意通「淡」，其正體字為「瀸」，為閩南語慣用的俗體字。「洴」是有效的閩式特徵地名詞。
埭（岱）			後江埭/陳岱	「埭」常雅化成「岱」（文讀唸/tai⁷/、白讀唸/te⁷/）為「土堤」之意，引申為「海埔地」，為常見於原鄉閩語區沿海的特徵地名詞，卻不見於臺灣沿海地區。
1.學老/佬（hok lao）、貉老/鶴佬（hok lao）2.閩南語區的原鄉地名	1.客 2.客家語區的原鄉地名		1.學老爐、學老窩、貉老坪—客洞、大客（庄）、客寮 2.泉州厝、漳浦厝、金門厝—梅州、鎮平	1.此處的「客」指客家或客家人；「學老/佬」為客家人對閩南人的稱呼，是一種他稱地名。「貉老/鶴佬」是客家人對閩南人的蔑稱（目前已經不再使用）。原鄉地名地出現，表示有該地較多某同祖籍的人士聚集。

資料來源：修改自林雅婷[5]，原始資料由韋煙灶與林雅婷共同整理。

---

[5] 林雅婷，〈桃園閩客交界地帶族群空間分布特色與族群互動關係〉（臺北：國立臺灣師範大學地理學系碩士論文，2012）。

3. 以閩、客式地名作為臺灣漢人渡臺之初族群歸屬之辨識功能

3.1 閩、客式地名詞作為原鄉閩、客方言界線的適用性檢驗

　　《詔安縣地名志》一書提供現今漳州市詔安縣各自然村完整的姓氏及其使用方言調查資訊[6]，可藉以繪製詳實的現今詔安閩、客語分區圖，將之與本文利用閩、客式地名所繪製的「詔安閩、客歷史方言分區圖」比較發現（圖 2.4）：兩條語言界線差異有限，但閩南語區有稍稍向北推移的狀況，詔安的閩、客族群互動呈現閩強客弱的趨勢，這與莊初升與嚴修鴻的研究結果是一致的[7]。但詔安閩、客方言界線在數百年來的變動範圍是有限的，也顯示本文以閩、客式地名作為繪製閩、客歷史方言界線的指標，具有頗高的適用性。

3.2 閩、客語歷史方言分區圖可作為清代臺灣漢人渡臺之初族群歸屬之辨識功能

　　針對個別家族進行個案說明，如桃園縣八德市邱姓在原鄉屬於詔安客家話區。據族譜所載[8]：「92 世祖強芝公於 1757（乾隆 22）年帶領 58 位族人來臺，居桃澗堡八隻（厝）屋<u>溝背</u>（今桃園縣八德市瑞豐里<u>溝後</u>）」。八德邱姓宗族目前已經福佬化，目前 60 歲以下的邱姓族人已都不會使用詔安客家話，從其族譜將地名從客式的「溝背」轉為閩南式的「溝後」的描述，即可見其端。

　　彰化縣埔心鄉與永靖鄉涂姓被諸多研究者被當成是饒平客家裔，其祖籍為廣東省潮州府饒平縣烏嶺鄉（今饒平縣東山鎮湖嶺村），在遷到饒平縣黑（也有記為「烏」）嶺鄉（此「鄉」非指現代之鄉鎮，而是相

[6] 陳振發主編，《詔安縣地名志》（詔安：福建省詔安縣地名辦公室，1993 年）。
[7] 莊初昇、嚴修鴻，〈漳屬四縣閩南話與客家話的雙方言區〉，《福建師範大學學報》，第 3 期（1994 年），頁 81-94。
[8] 邱文能，《丘道隆公派下來臺六大房族譜》（桃園八德市，2010 年）。

當於村里行政區）[9]。饒平東山鎮位於閩、客話交界地帶，但偏向於潮汕閩南話區，涂姓入粵之前的祖籍為純閩南語區的漳州府漳浦縣，故可推測該涂姓家族渡臺之初應歸屬閩南族群，語言證據顯示，與本文以「粵東閩、客歷史方言界線」（圖 2.3）所推導的結果是一致的。

現今定居於新竹縣湖口鄉長安村北窩黃厝的黃姓，其原鄉為廣東省惠州府陸豐縣大安墟石寨（今汕尾市陸豐市大安鎮石寨村）[10]，從圖 2.3 研判，屬於閩客交接地帶的閩南話區。作者於 2010 年 04 月 03 日前往湖口訪查發現，長安村北窩黃家一直被當地客家人視為閩南人，訪談北窩黃厝 80 餘歲的黃姓耆老，其所操的閩南話仍帶有原鄉陸豐大安閩南話的特點（潮汕與漳州混合口音，但新竹地區閩南人所操為偏泉州腔閩南話）。2012 年 07 月 11 日到其原鄉陸豐市大安鎮石寨村訪查，村寨旁的解說碑文第三行「操閩南方言」（圖 2.5 與圖 2.6），黃姓在遷陸豐大安之前的祖籍為純閩南語區的漳浦縣，遷臺之後定居湖口北窩屬於海陸客家話區。原鄉與新鄉的田野證據顯示，與本文以「粵東閩、客歷史方言界線」所推導的結果是一致的。

---

[9] 曾慶國主編，《埔心鄉志》（彰化：埔心鄉公所，1993 年）。

[10] 黃六成公祖塔籌建委員會，《江夏堂黃六成公祖創建誌》（新竹縣湖口鄉長安村北窩，1997 年）。

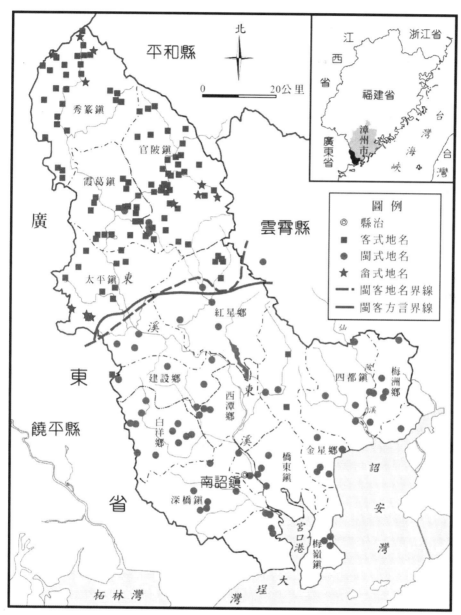

圖 2.4 利用閩、客式地名詞所繪製的詔安閩、客歷史方言界線
與現代閩、客方言界線之比較

資料來源：洪惟仁與韋煙灶 2010 年 8 月於詔安的田野調查，地
名資料由韋煙灶彙整及繪製本圖，洪惟仁及韋煙灶均已將相關內
容發表為文[11]。

---

[11] 洪惟仁，〈漳州詔安縣的語言分布〉，《臺灣語文研究》，第 6 卷第 1 期（2011 年），頁

圖 2.5：新竹縣湖口鄉長安村北窩黃六成下派原鄉—廣東省汕尾市陸豐市大安鎮石寨村
資料來源：韋煙灶攝於 2012/07/11。

圖 2.6：石寨黃姓聚落解說碑文—第三行「操閩南方言」，顯示當地屬於閩南話區
資料來源：韋煙灶攝於 2012/07/11。

4. 結語

　　過去部分社會大眾及學界對於清代漢籍移民的原鄉在族群屬性與方言使用上多所混淆，認為「從廣東渡臺的移民後代就是客家裔，福建來的即是閩南裔」，事實上，移自閩西南的家族，有不少是客家裔；同樣地，移自粵東的家族，也有不少是在原鄉就是說閩南話。近年來由於兩岸交流頻繁，臺灣社會大眾與學術界已經對於過去臺灣民間與學術界會混淆的閩西南地區與粵東地區的族群分布與方言結構，有了較正確的認識。

　　雖然當代閩西南與粵東的閩、客方言界線，已經透過詳實的田野調查加以確認，但此閩、客方言界線是否可作為二、三百年前移民渡臺時的閩客界線？地名是語言的活化石，利用閩、客式地名的比對，本研究重建了閩西南與粵東地區之「閩、客歷史方言分區圖」，以呈現百餘年前或者更久年代的在臺漢人原鄉之閩、客方言之區域分布概況。

23-36。韋煙灶〈詔安客家族群空間分佈的歷史地理詮釋〉，《中國地理學會會刊》，第 50 期（2013 年），頁 64。

　　本文以個案分析的方式，以福建省詔安縣作爲個案，利用《詔安縣地名志》各自然村完整的姓氏及方言資訊，繪製詳實的現今詔安閩、客語分區圖，與「詔安閩、客歷史方言分區圖」比較發現，兩條語言界線差異有限，但閩南語區有稍稍向北推移的狀況，也顯示以閩、客式地名作爲繪製閩、客歷史方言界線的指標，具有頗高的適用性。

　　閩、客語歷史方言分區圖可作爲清代臺灣漢人渡臺之初族群歸屬之辨識功能，針對個別家族的探討，如桃園縣八德市邱姓在原鄉屬於詔安客，但目前已轉向爲以閩南話爲母語。彰化縣埔心與永靖鄉涂姓被諸多研究者被當成是饒平客家裔，但經過論證，推定該涂姓家族渡臺之初應歸屬閩南族群，目前仍依歸類爲閩南裔。針對新竹湖口北窩黃姓，綜合原鄉與新鄉的田野證據及顯示，該家族在清代渡臺之初，應當歸屬閩南族群，但現今已趨向於客家化。

參考文獻

司徒尚紀,《廣東文化地理》。廣州:廣東人民出版社,2001 年。

邱彥貴、吳中杰,《臺灣客家地圖》。臺北:果實出版社,2001 年。

邱文能,《丘道陞公派下來臺六大房族譜》。桃園八德市,2010 年。

林雅婷,〈桃園閩客交界地帶族群空間分布特色與族群互動關係〉。國立
臺灣師範大學地理學系碩士論文,2012 年。

韋煙灶,〈詔安客家族群空間分佈的歷史地理詮釋〉,《中國地理學會會
刊》,第 50 期(2013 年)。

韋煙灶、曹治中:〈以閩、客式地名來重建台灣漢人原鄉閩客族群歷史
方言界線〉,《臺灣博物季刊》(科學界的恆星－紀念華萊士逝世
百年專刊),第 120 期(第 32 卷第 4 期)(2013 年)。

洪惟仁,〈漳州詔安縣的語言分布〉,《臺灣語文研究》,第 6 卷第 1 期(2011
年)。

莊初昇、嚴修鴻,〈漳屬四縣閩南話與客家話的雙方言區〉,《福建師範
大學學報》,第 3 期(1994 年)。

曾慶國主編,《埔心鄉志》。彰化:埔心鄉公所,1993 年。

陳振發主編,《詔安縣地名志》。詔安:福建省詔安縣地名辦公室,1993
年。

黃六成公祖塔籌建委員會,〈江夏堂黃六成公祖創建誌〉。新竹縣湖口鄉
長安村北窩,1997 年。

羅杰瑞著、張惠英譯,《漢語概說》。北京:語文出版社,1995 年。

譚其驤主編,《中國歷史地圖集－第八冊:清時期》。北京:中國地圖出
版社,1996 年。

詔安客家族群空間分佈的歷史地理詮釋

韋煙灶

摘要

　　本研究嘗試透過地圖操作、歷史與地理文獻的整合分析，來呈現詔安客原鄉—詔安二都的區域特色，並嘗試解析詔安客家原鄉之地域漢人入墾的時程。具體操作是利用詔安客原鄉與渡臺宗族族譜等的對比，彙整《詔安縣地名志》所列姓氏、聚落地名及所使用方言等資訊，以釐清詔安客家區域形塑的歷史地理脈絡。首先，利用「地名志」中詳實的自然村聚落、宗族及使用語言等，建立清晰的詔安閩、客界線，以避免後續研究對族群認定的混淆；其次，以「地名志」中所列舉的各自然村聚落姓氏宗族資訊，作為探究詔安客區宗族社群的地理分布與同姓聚居的單姓聚落社會結構；再者，利用相關的地名資訊進行空間分析，以推導出許多有研究價值的地理資訊。最後回過頭來，檢視在臺灣，詔安客主要分布鄉鎮及其優勢姓氏。

關鍵詞：詔安客、詔安二都、歷史地理、族群

1. 閩、客族群與方言地理空間分佈之
研究問題的釐清

　　過去學界對於閩、客族群與方言的地理空間分佈有些混淆不清，邱彥貴與吳中杰歸咎於清代當時的省籍觀念與化約後的分類方式，認為在清代由於臺灣大半的時間是歸福建管轄，又客家族群大部分來自廣東，因此客家就全數被模糊成自廣東而來[1]。到了日治時期，日本臺灣總督府也沿用此種區分方式，在戶籍的種族欄中將本島人（亦即臺灣人，但不包含高山族與平埔族）大致區分為福與廣兩種類別，此即意味他們即是閩南與客家，此種官方分類逐漸成為一般通行的觀念[2]。

　　認知上的混淆使得即使到現今，部分臺灣社會大眾及學界對於清代漢籍移民的原鄉，在族群與方言的認知上仍有「來自廣東即為客，操客家話」、「來自福建即為閩，操閩南話」、「來自詔安即為客家人」等含混不清的認知。並據此以先驗的態度處理關於閩、客族群認定、語言、社會及文化等面向的研究議題，如「三山國王信仰是客家人的信仰[3]」、「土樓是客家特有傳統建築[4]」，事實上這兩種說法均會陷入過份化約的文化決定論。關於臺灣閩、客族群、語言、社會及文化等面向的討論議題，

---

[1] 邱彥貴、吳中杰，《臺灣客家地圖》（臺北：果實出版社，2001 年）。

[2] 許世融，〈二十世紀上半彰化平原南部的客家人—統計資料與田野調查的對話〉，《2011 年彰化研究學術研討會》，彰化，2011 年。許世融，〈語言學與族群史的對話：以臺灣西北海岸為例〉，《臺灣語文研究》，第 6 卷第 2 期（2011 年）。

[3] 〈雲縣/奉祀三山國王：詔安客裔質疑文化局亂下定論：1321～1333（元至治年）年〉提到：「針對雲林縣文化局所召開雲林客家文化之美系列活動指出，奉祀客家傳奇人物『三山國王』的崙背、二崙地區『詔安客』，一起尋根探源一席話中，引發兩鄉當地老一輩詔安客裔反彈，指責文化局未深入做田野調查，根本就是錯誤引用。」網路文章雖不宜作為學術論文的論證依據，但這篇文章所描述的情境應與實況相去不遠：雲林詔安客區的三山國王信仰遠不如祖籍粵東的客家區。作者 2010/01/25 到詔安訪查，特別詢問前文化局副局長李先生關於詔安二都的三山國王信仰之事，他對於詔安二都的三山國王廟並無印象，故可確認三山國王信仰確實不是詔安的普遍信仰。收錄於「世界華人公益聯合會編」：
www.pudie.com/show.asp?ids=13715（2010 年 09 月 08 日點閱）。

[4] 黃漢民（1995）有「圓樓漳州說」，也比較了諸多客家土樓與閩南土樓的建築格局差異，並認為「圓土樓在閩南產生而後由閩南人傳給客家人」。雖然有很多客家研究者不認同這種說法，但可以肯定的是，土樓不僅僅存在於閩西與閩南各縣的客家話區，漳州閩南話區很多地方也有土樓民居。

是應更謹慎的論證。

　　林雅婷針對桃園南部 6 鄉鎮[5]；韋煙灶針對彰化東南半部 12 個鄉鎮[6]，採取微觀與宏觀並重的研究途徑，在新鄉臺灣是以自然村為調查的空間單位，抽取居民點的世居宗族，以建立高空間密度的世居宗族「樣本」；針對所訪查到的研究區各居民點之世居宗族「樣本」，將其祖籍地轉換放到今日所歸屬之閩西南或粵東行政區（盡量詳細到鄉鎮級行政區以下）；並根據作者過去研究所建立的「閩西南及粵東歷史方言分區圖」，觀察這些世居宗族祖籍地所在之方言區歸屬；最後將所調查到的世居宗族祖籍資料進行描述統計量化的數據，以及整併繪製主題地圖，以觀察其空間特色並解析之。其研究目的在探討客家研究所較忽視的歷史地理面向議題，可逐次解開過去臺灣閩、客族群與族群下各社群的分布與互動的含混之處，以及其後續衍生的論述適切性問題。

2. 詔安客家地域之行政區劃演變

2.1 明、清兩朝閩南、閩西及粵東之縣級以下地方行政區劃

　　明、清兩朝層級最低的地方官府駐地為縣（散廳、散州）衙，以及分駐在縣、散廳、散州治之外的山、海防要地及通衢大鎮的縣丞或巡檢衙門。在這些官衙之下則為鄉紳與宗族的自治單位，是縣級以下的非正式行政區，這些非正式行政區在各地的稱呼並不統一，如閩南、閩西及粵東地區縣級之下的非正式地方行政區劃系統，在歷代各種行政區名稱交錯使用，加上各地慣用名稱有異。在時、空間交錯下，臺灣之閩、粵移民裔族譜中所書寫的祖籍地頗為混亂，同一名稱行政區名稱在不同地

---

[5] 林雅婷，〈桃園閩客交界地帶族群空間分布特色與族群互動關係〉（臺北：國立臺灣師範大學地理學系碩士論文，2012 年）。

[6] 作者所採用的一系列確認臺灣移民過程中，確認閩、客族群歸屬的操作型定義，限於篇幅，本處不再贅述，可參見林雅婷，〈桃園閩客交界地帶族群空間分布特色與族群互動關係〉（臺北：國立臺灣師範大學地理學系碩士論文，2012 年）。

區所指涉的範圍會有很大的差異。

　　在唐、宋朝，在閩南地區以一鄉領數里、都、隅、鋪、團。明、清兩朝在閩南地區，此縣級以下行政區劃位階最高者稱里（如永春、德化、安溪、南安、同安、南靖、永定等縣）、都（如惠安、晉江；漳州府附縣龍溪、漳浦、海澄、詔安、雲霄各縣廳）、隅（隅多設於城內，如泉州府城）、廂（設於城內、外的繁華之區）[7]，隅、廂下設坊（也有將城廂設為一坊，如安溪縣）；里下為鄉（如安溪縣）、都或圖；都、圖之下為鄉、約、總（見於南靖）或片（片見於安溪）；自然村級曰村、庄、社（但也有其社的位階近似於鄉、總、片，如德化縣）、鄉、境。比較特殊的是：泉州府城內及附郭地區，縣下設隅，隅下領數鋪，鋪下設境；惠安則是在都下領數鋪，但也有反過來一鋪有數都。鋪下設鄉、境，本處之境與鄉，近似於今之街廓與自然村[8]。

　　明代後期及清代閩南、閩西及粵東許多縣的鄉或約，衍化自「鄉約」的自治區域單元，則比較近似目前的行政村層級；閩南之惠安與同安（含金門）則傾向於近似自然村層級，如清末金門烈嶼轄 33 鄉，即有 33 個自然村。都、圖是歷代稅役徵集的空間單位所衍化，如金門設立 4 都，統領 9 圖[9]；團（如福建連城縣有北團鎮[10]）、保起自鄉團與保甲制度所衍化。

---

[7] 泉州市地方志編纂委員會，《泉州市建置志》（福州：海峽文藝出版社，1993 年）。在中國歷史上，城市基本上都有城牆，一般視城外為廂。根據慣例，城牆以內叫做「城」，城外人口稠密，有一定經濟活動的區域稱為「廂」，所以「城廂」一詞一般指城內和城外比較繁華的地區。

[8] 泉州市地方志編纂委員會，《泉州市建置志》（福州：海峽文藝出版社，1993 年）。永定縣地方志編纂委員會，《永定縣志》（北京：中國科學技術出版社，1994 年）。安溪縣地方志編纂委員會，《安溪縣志》（北京：新華出版社，1994 年）。同安縣地方志編纂委員會，《同安縣志》（北京：中華書局，2000 年）。4 漳州市地方志編纂委員會，《漳州市志》（北京：中國社會科學出版社，1999 年）。雲霄縣志編纂委員會，《雲霄縣志》（北京：方志出版社，1999 年）。南靖縣地方志編纂委員會，《南靖縣志》（北京：方志出版社，1997 年）。

[9] 許維民，《走訪金門古厝》（金門：金門縣政府，2006 年），頁 34。

[10] 福建連城設縣於 1133（南宋紹興 3）年，當時轄「一鄉二里四團」，四團分別是：北團、姑田團、席湖團、南順團。因此，北團應源於宋，明清時改為北安里，民國以來先後設過北團鎮、北團區、北團鄉等。

　　清代漳州府的大部分縣份[11]，粵東嘉應州、潮州府、惠州府之縣級下的非正式地方行政區中，位階最高者，多數的縣分設都[12]。

2.2 詔安二都所指涉的境域

　　明初漳浦全縣設 1 坊 13 都，1572（明隆慶 6）年併為 1 坊 9 都，至此二都之稱呼沿用到清末，只是在詔安設縣後慣稱詔安二都。1530（明嘉靖 9）年析漳浦縣的二、三、四、五、六都置詔安縣，大致涵蓋今漳州市詔安縣、東山縣與雲霄縣西南部（圖 3.1）。二都涵蓋今東溪上游的官陂、秀篆、霞葛及太平鎮四鎮及紅星鄉；三都為縣城南詔鎮與周邊鄉鎮的範圍；四都涵蓋縣東南部的四都、金星、梅洲等鄉鎮；六都為東山島（明代之銅山所城為漳浦縣六都五圖銅山保。銅山城外仍屬漳浦五都，詔安設縣後五都劃屬詔安縣管轄，1734 年（雍正 12）六都併入詔安，清末東山銅山城併入五都）；六都為現今之雲霄縣南部地區[13]。

　　一般學者將詔安二都視為詔安客家話區，三都、四都與五都為閩南話區，事實上這種行政區劃，應是相當程度反映初設之時的地理、社會、經濟環境境況：

---

[11] 漳浦縣志編纂委員會，《漳浦縣志》（北京：方志出版社，1998 年），頁 62。雲霄縣志編纂委員會，《雲霄縣志》，頁 73。
　　詔安縣志編纂委員委員會編，《詔安縣志》（北京：方志出版社，1999 年），頁 59-60。1530（明嘉靖 9）年析漳浦縣的二、三、四、六都置詔安縣，詔安二都涵蓋東溪上游的官陂、秀篆、霞葛及太平四鎮；三都為縣城南詔鎮與周邊鄉鎮的範圍；四都涵蓋縣東南部的四都、金星、梅洲等地；六都為東山島（明代之銅山所城為漳浦縣六都五圖銅山保。銅山城外仍屬漳浦五都）；二都為詔安客家語區，三都與四都為閩南語區；六都部份屬現之雲霄縣。

[12] 謝劍、房學嘉，《圍不住的圍龍屋—記一個客家宗族的復甦》（嘉義：南華大學，1999 年），頁 15-16。

[13] 詔安縣志編纂委員委員會編，《詔安縣志》，頁 60。

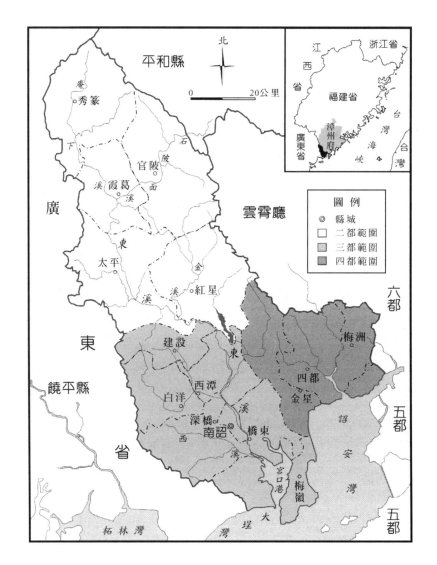

圖 3.1　清代詔安縣各都與現今鄉鎮對應的地理位置

　　二都為一個完整的地理區,從地圖上研判與現地訪查,均可感受到其區域分三個盆地:秀篆、官陂—霞葛、太平,地理形勢略顯封閉性,以明、清時期外人是不容易進去的。

　　二都區域約占目前詔安全縣 1/2 的面積,相對於東溪下游各都,其都境面積是大很多的,顯示在其初設之時,為「地廣人稀」之地域,甚至仍屬「化外之境」,這個「化外之境」極可能在設置時仍屬畬民族的生活領域。

　　詔安二都是客家話區,其餘各都為閩南話區,受地形與鄰接的方言

區的影響，明、清時期的詔安閩區與客區是各自發展，現今詔安之閩、客話區大抵是由各自的鄰近地區的閩、客方言區移民所構成而演化成的。

3. 詔安客家地域漢人入墾之時程探討

詔安縣境在 686（唐垂拱 2）年設懷恩縣，741（開元 29）年併入漳浦縣[14]，可見當時設置只是為廣大面積但地廣人稀的地區作形式上的統治，由於在當時詔安縣境的土地開發與人口數尚未達到設縣的入門值規模，而被廢除。我們雖然無法斷定唐代時是否有漢人入墾詔安二都？但地處東溪上游的二都地域其「蠻荒」的情形，必然更勝於東溪下游的平原地區。

現今詔安二都主要姓氏宗族，其先祖入墾二都的時程為何時？又是從何地遷入？宋末元初陳吊眼領導畬民反元之事，記載於《宋史》與《元史》的正史中，陳吊眼的根據地在漳州西南部的大山區，文獻提到「至元十七年八月，陳桂龍父子反漳州，據山寨，桂龍在九層磜畬，陳吊眼在漳浦峰山砦（今大峰山，位於平和縣九峰及大溪鎮一帶），陳三官水篆畬（今秀篆鎮），羅半天梅瀧長窖（今南靖縣梅林鎮長教一帶），陳大婦客寮畬」。陳吊眼事變於元世祖 1282（至元 19）年被平定[15]。陳吊眼的老家為今詔安縣太平鎮白葉村[16]，而今白葉村境內各自然村均為陳姓單姓聚落[17]。

利用兩份資料彙整：《詔安縣地名志》所列某些自然村居民的祖籍；彙整部分祖籍詔安二都渡臺祖所屬的世代（如表 4.3.1 所示）。表 4.3.1 是作者蒐集臺灣各地祖籍詔安二都之諸姓氏的祖籍資訊，這些渡臺祖渡臺年代各自不同，以 1750 年渡臺為準校正，並以一個世代約 25 年計算，

---

[14] 林春敏主編，《新編福建省地圖冊》（福州：福建省地圖出版社，2009 年），頁 59。

[15] 謝重光，《畬族與客家福佬關係史略》（福州：福建人民出版社，2002 年），頁 202-203。

[16] 謝重光，《畬族與客家福佬關係史略》，頁 219。

[17] 陳振發主編，《詔安縣地名志》（詔安：福建省詔安縣地名辦公室，1993 年），頁 172-174。

則平均渡臺世代約 12.5 世，渡臺年齡假設為 25 歲，即平均入墾二都年代為 1460-70 年代，最早（以表 4.3.1 為準）入墾二都為（張）廖姓，廖姓源於明宣宗年 1434（宣德 9）年由漳州漳浦縣西林村尚和塘（今漳州市雲霄縣火田鎮西林村）人張元子（張愿仔）入贅（時年 47 歲）當時的漳浦二都官陂坪寨（今詔安官陂鎮陂龍村坪寨）廖化（三九郎）為婿算起，至今已歷近 580 年[18]。根據秀篆寨坪村大坪頭《李氏族譜》[19]記載大坪頭開基祖李仲儀（郎名：念七）生於 1415（明永樂 13）年，卒於 1481（成化 17）年，推算李氏開基大坪頭應在 1450 年以前。其他較晚入墾詔安的大姓宗族，可能在 1550 年前後即已定居二都了，如太平庵門山程姓開基祖約於 1550 年代遷入（此程姓屬於閩南族群）。

　　至於從何地遷來詔安二都，從各姓氏族譜及《詔安縣地名志》上所列某些村落宗族的遷徙可以看出一些梗概，多數是從鄰近各縣的客區遷徙而來：

　　1. 霞葛鎮五通村「徑口」黃姓，明初從潮州大埔縣徑口村遷入；

　　2. 霞葛鎮五通村「料在」黃姓，明初從潮州大埔縣料在村遷入；

　　3. 霞葛鎮五通村「馬子堀」黃姓，明初從潮州大埔縣馬子堀村遷入；

　　4. 霞葛鎮五通村「深丘裡」黃姓，明初從潮州大埔縣深丘里村遷入；

　　5. 霞葛鎮嗣下村「南乾」黃姓，明初從汀州永定縣南乾村遷入；

　　6. 官陂鎮吳坑村「朝源樓」張姓，從漳州雲霄縣朝源樓移居於此；

　　7. 官陂鎮心徑村「半徑」謝姓，從汀州寧化縣半徑村遷入；

　　8. 秀篆鎮東徑村「梓廷」王姓（臺灣為王游派游姓），從平和縣九峰鎮梓廷村入遷。

　　9. 秀篆鎮東徑村「徑頭」王姓（臺灣為游姓，屬王游派），從大埔縣徑頭村遷入。（以上引自《詔安縣地名志》）

---

[18] 廖丑，《臺灣省廖氏大族譜》，1999 年，頁 120。廖寄彰主編，《臺灣詔安張廖氏大族》（雲林：雲林縣張元子公張廖姓宗親會，2010 年），頁 19。

[19] 感謝李應梭先生提供翻拍大坪頭《李氏族譜》電子檔。

10. 秀篆「埔坪」村庵前邱姓，從饒平縣上饒埔坪遷入[20]。

11. 秀篆寨坪村大坪頭、高丘、壩頭等李仲儀派下李姓，從閩西遷入。（據大坪頭《李氏族譜》）

12. 太平庵門山（後門山）程渠爵派下程姓，從漳浦縣梁山遷入[21]。

13. 官陂浮田、湯頭賴壽遠派下，從永定遷入[22]。

　　直到 13 世紀末，詔安二都地區，甚至整個目前漳屬四縣的客區，仍為土著畬民族的傳統領域，要將二都從畬民族區轉化為漢文化區，以臺灣平埔族漢化的歷程推估，應當至少也要花費 50-100 年以上的時光。據此可推定大批漢人入墾詔安二都的年代較可能是從明初至中葉的期間；移出區主要為廣東潮州府大埔與饒平縣；福建漳州府平和、雲霄等鄰縣；汀州府永定縣。

表 3.1　詔安二都部份姓氏渡臺祖渡臺年代及所屬世代

渡臺祖	祖籍	渡臺年代	渡臺世代	定居地
江如南	詔安縣二都霞葛井邊鄉下割社	1721 年渡臺	12 世	楠西區鹿陶洋
朱應旺	詔安縣二都秀篆鄉青龍山河子洋	約 1760 年渡臺	10 世	中壢區後寮里
朱成居	詔安縣二都秀篆鄉青龍山河子洋曹屋	約 1760 年渡臺	9 世	大雅區六寶村
朱龍觀	詔安縣二都秀篆鄉乞牛堀	約 1780 年渡臺	14 世	西屯區石牌里
李善明	詔安縣二都秀篆青龍山	約 1740 年渡臺	10 世	大溪區月眉里
呂蕃謀	詔安縣二都秀篆埔坪堡玉龍坑	1761 年渡臺	11 世	蘆竹區長興村
呂孟生	詔安縣二都秀篆埔坪堡玉龍坑	1761 年渡臺	10 世	八德區廣興里
呂朝會	詔安縣二都秀篆埔坪堡玉龍坑	1759 年渡臺	11 世	八德區白鷺里
呂志生	詔安縣二都秀篆黃祠堡北坑角	1746 年渡臺	12 世	八德區福興里
呂房養	詔安縣二都秀篆埔坪堡田雞石	1757 年遷臺	13 世	八德區
呂祥查	詔安縣二都秀篆古坪堡田雞石	1757 年遷臺	12 世	八德區興仁里
呂蕃堂	詔安縣二都秀篆埔坪堡玉龍坑	1761 年渡臺	11 世	八德區大興里
呂朝選	詔安縣二都秀篆黃祠堡北坑窯堀前	1761 年渡臺	11 世	中壢區月眉里

---

[20] 邱文能，《丘道隆公派下來臺六大房族譜》（桃園八德市，2010 年）。

[21] 程大學編，《西螺埔心程氏族譜》（臺北：中央圖書館臺灣分館，2000 年），頁 8。

[22] 鄧開頌、余思偉、詹式欽主編，《饒平客家姓氏淵源》（饒平：廣東饒平客屬海外聯誼會，1997 年），頁 310。

邱強芝	詔安縣二都秀篆石馬堡庵前乾霞樓	1757 年遷臺	13 世	八德區瑞興里
邱邁常	詔安縣二都秀篆石馬堡庵前乾霞樓	1757 年遷臺	13 世	八德區福興里
邱茂材	詔安縣二都秀篆石馬堡庵前乾霞樓	1757 年遷臺	13 世	八德區福興里
邱國雙	詔安縣二都秀篆大坪	約 1750 年渡臺	13 世	中壢區三民里
邱文融	詔安縣二都秀篆大坪	1757 年渡臺	13 世	中壢區三民里
邱文茂	詔安縣二都秀篆大坪	1757 年渡臺	12 世	中壢區月眉里
游捷居	詔安縣二都秀篆埔坪堡文興樓	約 1740 年	12 世	大村鄉平和村
游國賜	詔安縣二都秀篆埔坪井頭村	1790 年渡臺	12 世	大村鄉大崙村
游維將	詔安縣二都秀篆埔坪堡磜下	1790 年渡臺	11 世	員林鎮大埔里
黃昌賢	詔安縣二都秀篆堡埔坪楊梅堂	約 1742 年	14 世	蘆竹區大竹村
黃博明	詔安縣二都龍乾堡陳坑	約 1743 年渡臺	11 世	員林鎮南平里
黃質直	詔安縣二都龍乾堡	約 1740 年	15 世	大村鄉加錫村
黃仁良	詔安縣二都龍乾堡陳坑	1743 年渡臺	12 世	大村鄉大崙村
黃端雲	詔安縣二都龍乾堡深丘裡	1744 年渡臺	12 世	大村鄉黃厝村
黃玉友	詔安縣二都龍乾堡	約 1816 渡臺	15 世	埔心鄉坤霞村
黃秀芳	詔安縣二都龍乾堡	1728 年渡臺	11 世	埔心鄉二重村
黃孔學	詔安縣涇口鄉涇口村	1757 年渡臺	13 世	埔心鄉二重村
廖廷興	詔安縣二都官陂	約 1738 年渡臺	13 世	新店區百忍里
廖廷苗	詔安縣二都官陂	約 1738 年渡臺	13 世	大溪區一心里
廖朝晚	詔安縣二都官陂	約 1738 年渡臺	12 世	大溪區一德里
廖文靘	詔安縣二都官陂	約 1738 年渡臺	14 世	大溪區福仁里
廖國蕡	詔安縣二都官陂	約 1738 年渡臺	14 世	大溪區興和里
廖廣昭	詔安縣二都官陂	約 1725 年渡臺	12 世	西螺鎮頂湳里
程順德等	詔安縣二都太平庵門山	約 1740 年渡臺	6-8 世	西螺鎮詔安、安定、河南里
田積	詔安縣二都南塘角	約 1800 年渡臺	14 世	頭城鎮武營里

資料來源：盧俊華主編、莊吳福主編、李其忠與李應忠主編、田春燕主編、曾慶國主編、游氏族譜編輯委員會、廖丑編、雲林縣李氏宗親會編、新竹市朱姓宗親會編、程大學編、臺南縣文化局、邱文能。[23]

[23] 盧俊華主編，《呂姓大宗譜》（臺中：呂姓大宗譜編輯委員會，1967 年）。莊吳福主編，《黃氏大族譜》（臺中：創譯出版社，1969 年）。李其忠、李應忠主編，《李氏大宗譜》（臺中：創譯出版社，1976 年）。

田春燕主編，《田氏大族譜》（新竹：先登出版社，1979 年）。曾慶國主編，《埔心鄉志》（彰化：埔心鄉公所，1993 年）。游氏族譜編輯委員會，《臺灣游氏族譜》（臺中：臺灣省各姓淵源研究學會，1988 年）。

廖丑，《臺灣省廖氏大族譜》，1999 年。雲林縣李氏宗親會編，《李氏大宗譜》，1999 年。新竹市朱姓宗親會，《朱姓大族譜》，1999 年。程大學編，《西螺埔心程氏族譜》（臺北：

4. 詔安客家地域之地理環境

4.1 原鄉的地理環境差異對詔安閩、客移民遷臺的影響

　　清代漳州府詔安縣目前的行政區劃歸屬福建省漳州市詔安縣，自1530（明嘉靖 9）年詔安設縣以來，縣境範圍變動有限[24]。目前全縣面積 1,285 平方公里[25]，與雲林縣的 1,291 平方公里相當。詔安全縣有 6 鄉 9 鎮及若干林場（多已併到鄉鎮區內）。

　　清代的詔安縣，在縣級之下的非正式地方行政區分為二都、三都與四都，東山島為五都，所謂的「詔安二都」約包括現今：秀篆、官陂、霞葛、太平鎮及紅星鄉等 5 鄉鎮，屬於東溪（清代稱羊尾溪）中、上游的庵上溪、石陂面溪與金溪等流域區（圖 3.1）。[26]

　　從地形與水系的分布型態來看，詔安大部分土地均位於東溪流域區，三都與四都大半為平原且靠海，富農、漁、鹽、貿易之利；二都地區的山地與丘陵佔據了 80% 以上的面積，河谷平原只佔不到二成，詔安二都與三、四都的生活條件的優劣對比，是十分清晰的。原鄉土地贍養力較差的推力，促使二都居民大量向外移民。

　　我們取詔安客較早移民且聚集的雲林西螺、二崙與崙背三鄉鎮作為對照，詔安的緯度與雲林相當；年平均降水量約 1,450mm，也與雲林相

中央圖書館臺灣分館，2000 年）。臺南縣文化局，《厝味：鹿陶洋江家古厝歷史聚落》（臺南：臺南縣文化局，2009 年）。邱文能，《丘道隆公派下來臺六大房族譜》（桃園八德市，2010 年）。

[24] 雲霄縣志編纂委員會，《雲霄縣志》（北京：方志出版社，1999 年），頁 74-75。邱美都、楊銘欽，《百果山的春天》（彰化：員林鎮公所，2007 年），頁 285。1798（嘉慶 3）年分平和縣轄下 25 保，並原雲霄鎮（按：鎮為軍屯之意，雲霄鎮原歸平和縣管轄）轄區 30 保及詔安 2 保，合計 57 保，設雲霄撫民廳。故在臺許多祖籍雲霄的移民後裔多稱祖籍為平和縣，如入墾員林挖仔的何姓宗族祖籍寫「漳州府平和縣雲霄（鎮）洋美鄉石勤」對應到現今之行政區為「雲霄縣馬鋪鄉洋（楊）美村」。

[25] 林春敏主編，《新編福建省地圖冊》（福州：福建省地圖出版社，2009 年），頁 59。

[26] 詔安縣志編纂委員委會編，《詔安縣志》，頁 94。詔安東溪發源於平和縣大溪山，主流由西北向東南流經詔安縣的官陂鎮、霞葛鎮、太平鎮、建設鄉、西潭鄉、南詔鎮、橋東鎮，在宮口港注入大埕灣，河道全長 93 公里，流域面積 1,066.9 平方公里（在詔安境內為 955 平方公里），流域範圍幾乎涵蓋詔安二都。中游行水區最寬處 550 公尺，最窄處 150 公尺。溪西為東溪支流，河道全長 30 公里（在境內為 17.4 公里），縣境內流域面積為 83.6 平方公里。

當[27]，但詔安則因大陸性氣候特徵較明顯，最冷月（1月）均溫比臺北還冷 2-4℃，比雲林低了 4-6℃[28]，詔安二都的農業氣候條件應當更差。最冷月均溫的高低，象徵農業土地贍養力的高低，在氣候條件上，雲林詔安客區顯然是優於原鄉詔安二都的。

崙背東半部、西螺及二崙全境屬於濁水溪沖積扇的扇央到扇端部位，湧泉充沛，利於耕作，比起原鄉的狹小河谷平原、丘陵及山地地形區的土地澆薄，則更是勝過多籌。使得在拓墾之初，一批批的詔安二都移民絡繹不絕的從原鄉到新鄉雲林落戶定居。

4.2 原鄉地理環境對詔安客地域構成的影響

詔安縣城南詔鎮搭汽車出發，抵達官陂鎮就需要耗費近 3 小時，到秀篆鎮則約需至少 4 小時。在以走船、牛車、馬車及步行為主的年代裡，縣城與二都的往來交通，恐怕得費時兩日，相反要到平和縣舊縣城九峰或廣東饒平舊縣城三饒則只有到詔安縣城一半到三分之一的路徑。清代這兩個縣城均屬於閩、客混居的地區[29]，縣城內以閩南為主，周邊地區則為客家話區。

作者於 2011 年 01 月 25 日赴詔安北部田調，當地詢問耆老關於詔北諸鄉、鎮與饒北互通的程度時，說到詔北與饒北的互通較與詔安縣城南詔鎮更方便。饒北上饒與詔北秀篆兩地邱姓宗親互有往來、遷徙，因此饒平、詔安兩地的客家話口音相容性較高，相對容易溝通。莊初昇與嚴修鴻在研究漳屬四縣客家話時就發現，平和客家話與饒平客家話相容性頗高[30]（平和縣西北部緊鄰饒北）。

---

[27] 經濟部水利署編，《九十九年度臺灣水文年報》（臺北：經濟部水利署，2011 年）。

[28] 王秀斌主編，《福建省地圖冊》（福州：福建省地圖出版社，2008 年）。

[29] 丘逢甲於 1899（清光緒 25）年所寫的〈抵饒平作〉之第二首中的兩句：「舊俗仍高髻，遺民半客音」，前句顯露百餘年前三饒仍帶有畬族遺風，後句顯示是屬於半山客語區。然而三饒號稱「縣治歷五紀，名邑馨元歌」，饒平一向是潮汕話優勢區，縣城怎可能沒有大批的閩南（潮汕）人湧入定居？1899 年之時三饒地區的族群分佈狀況最可能的是：畬族、客家人與閩南人混居的區域。平和縣舊縣城九峰鎮過去為閩、客混居的情況，縣城之內說閩南語，周邊村落的屬客家語區。（2010 年 01 月 23 日訪平和縣臺辦朱先生）。

[30] 莊初昇、嚴修鴻，〈漳屬四縣閩南話與客家話的雙方言區〉，《福建師範大學學報》，第 3

　　從二都到縣城以東溪水系相通，但其間有山脈橫亙，東溪以橫谷形式在太平墟（今太平鎮治）橫切山脈。距離、地形、水系、生活條件及政治核心—邊陲對應（縣城在下游）等因素，使得詔安的客區與閩區的聯繫，若即若離。就區域互動而言，客區居民對閩區居民需求者多，反過來閩區居民對客區居民的需求少。

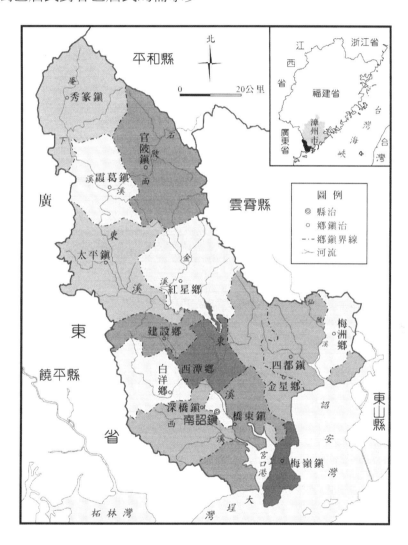

圖 3.1　現今之詔安縣行政區域圖

　　中國社會科學院與澳大利亞人文科學院語言學界的《中國語言地圖集》將詔安二都劃歸為閩、客雙語區[31]，莊初升與嚴修鴻討論漳屬四縣閩南話與客家話的雙方言區提到「這條分界線的東側都屬閩南話區，居民基本上只能操一種方言，即閩南話；分界線的西側屬客家話區，一般都說客家話，也有很多人會說閩南話」[32]。因此，在地理環境相似，地緣又相近的詔安與及饒平兩縣，在閩、客語言分區有著相似的結構：閩南話是整個縣的優勢語言，目前上游的客家成年人能操閩、客雙方言，下游的閩南人只會說閩南語（含潮汕話）。

4.3 詳實的詔安客地域範圍之再確認

　　若設定詔安二都為詔安客分布區域大抵是成立的，但要詳細確認詔安客原鄉的地域範圍，必須透過歷史地理方法的操作，將古今行政區演變及行政區位階進行比對，才不致產生過分偏離事實的謬誤，如：周彥文[33]與黃詩涵[34]將石門區望族潘姓與朱姓世居宗族錯認為福佬客（客底）。潘姓祖籍為詔安縣五都親營鄉（今東山縣西埔鎮親營村）；朱姓祖籍為詔安縣五都西埔墟（今東山縣西埔鎮頂西村），詔安五都在東山島，雖然東山島在歷史上有很長的時間歸詔安縣管轄，但舊詔安縣轄境只有二都為客家話區，其餘三、四、五都均為閩區，東山島是一個純閩南話區，石門潘姓與朱姓為「客底」的可能性是很低。

　　按一般說法，詔安二都為客家話區，三都與四都為閩南話區，但從圖2.4及《詔安縣地名志》的資訊顯示，太平鎮北半部為客家話區，南半部為閩南話區，紅星鄉的情況相仿。從閩、客式地名的空間分布型態

---

[31] 中國社會科學院、澳大利亞人文科學院合編，《中國語言地圖集》（香港：朗文書局，1987年）。

[32] 莊初昇、嚴修鴻，〈漳屬四縣閩南話與客家話的雙方言區〉，《福建師範大學學報》，第3期（1994年）。

[33] 周彥文，〈北淡地區客家家族移民及互動研究案〉，行政院客家委員會99年度獎助客家學術研究計畫，2010年。

[34] 黃詩涵，〈由古書契論北淡地區客家移墾－以汀州客江、潘二氏為例〉（臺北：淡江大學漢語文化暨文獻資源研究所碩士論文，2011年）。

來看，也是閩、客式地名分布壁壘分明，莊初升、嚴修鴻[35]也獲得類似的研究結果。若從歷史發展脈絡分析，詔安二都本應是明初將未編為齊民的畲民所劃定領域，當時的二都，不可以閩南區或客家區的討論角度視之，當時二都這些畲民的生活領域，如同清代臺灣的平埔族的傳統領域，在歷史的長河中，由土著生活領域逐漸替換為漢文化區。在這替換的過程中，二都的大部分地區由於鄰接客家話區，牽引大批客家移民進人與畲民相混，融合成今日的詔安客族與形成詔安客話，同時閩南人北上入墾二都的太平南半部與紅星南部地區，並將其地轉化為閩南話區，故雖同屬二都的這兩個鄉鎮，並非完全屬於詔安客家區。

　　漢語在歷史溯源研究上，最大的困難是沒有確切標註、完整的語料，可資進行進行歷時性的比較，我們若將地名視為地區方言分布的化石遺跡，可藉以呈現百餘年前或者更久年代的方言分布概況。從經驗法則而言，地圖上所列舉的地名應當屬「遠近馳名」，即地名起源較早：而這些「閩、客式地名詞」通常是較具草根性的地名，較少經過雅化，地名起源相對更早，大部分應是百年前或者更久年代形成的「老地名」。

　　透過實地訪查[36]，作者發現粵東、閩西南普遍存在規模頗大的單姓聚落，從這些聚落現在的規模多為百人以上至數千人來看，百年前閩西南、粵東姓氏宗族分布態勢與現今的差異有限；另外《詔安縣地名志》提供詔安二都各個自然村完整的姓氏及其使用方言調查資料，可藉以繪製細緻現今詔安閩、客話分區圖（參：圖 2.4），將之與利用閩、客式地名詞所繪製的詔安「歷史」閩、客方言界線圖比較發現：差異有限，但閩區有稍稍向北推移，這與整個漳屬四縣閩、客話界線向客區推移的趨勢是一致的，顯示閩強客弱的趨勢。故作者傾向於認為詔安二都在漢人初墾之時已經具備現今閩、客方言界線的雛形，而非客家人福佬化結果所造成的，詔安閩、客方言界線在數百年來的變動範圍是有限的。

---

[35] 莊初昇、嚴修鴻，〈漳屬四縣閩南話與客家話的雙方言區〉，《福建師範大學學報》，第 3 期（1994 年）。

[36] 2008-2011 年間研究者等人多次實地訪查閩西南以及粵東地區。

5. 詔安縣閩、客式地名詞之討論

5.1 閩、客地名詞之類型

　　李如龍整理福建省地圖 24 個具有方言區代表性的地名詞，利用它們在福建省中各方言區中出現的次數，來呼應方言分區[37]。其中在比較閩南與客家上，表中屬於典型的閩式地名詞包括：厝、宅、墩、坂[38]、埕、垵（鞍）[39]、兜[40]、塅[41]、隔[42]、崎等 10 組；屬於典型的閩式地名詞包括：家、坊、地、墩（段[43]）、坳（凹、坳）[44]、背、窠（科、料）、崠、岌等 9 組。另外根據韋煙灶等（2009）的整理，屬於客式地名詞尚有：漘（唇、滑）、磜（彩）[45]、壩[46]、裡[47]、崠（崠）[48]、上（作詞尾時）、

---

[37] 李如龍，《漢語方言研究文集》（北京：商務印書館，2009 年），頁 477。

[38] 李如龍，《漢語方言研究文集》，頁 313。鄧曉華、王士元，《中國的語言及方言的分類》（北京：中華書局，2009 年），頁 119。坂/阪為「坡上或坡下的平地」之意，是閩語共通的特徵詞，其字源可能來自閩語底層的古越語「村莊」之意，是有效的閩式特徵地名詞。

[39] 垵為鞍之俗體字，又「按/桉」為「垵」的諧音別字，指「具鞍部地形特徵之處或周邊環丘的谷地」，澎湖此類地名不少，臺北也有。

[40] 「兜」在閩南話為「附近或接近」之意，普遍見於閩南及粵東閩南話區的特徵地名詞，但卻不見於臺灣。

[41] 李如龍，《漢語方言研究文集》，頁 328。塅、唇為「水邊」之意，「塅」應從「舷」音變轉化而來。塅與唇（滑/滑）是有效分辨閩、客的特徵地名詞。

[42] 隔（俗寫成硈）、崀/崀為「高而平的山脊或山頂」之意；崎（kian[24]）為「帶長形的山脊，頂部較平的山」。

[43] 墩指「面積較大的平坦階地」，坡地上階狀地農田稱為「墩田」，段為墩的別字。見於閩西及粵東客式特徵地名詞。

[44] 坳（凹為坳的別字，通「坳、坳」）與凸相對，指「山坳處，引申為山間小盆地」。

[45] 周振鶴、游汝杰，《方言與中國文化》（上海：上海人民出版社，1998 年），頁 145-146；162。
「磜/漈」可能來自古越語，意為「階砌」，引申用指「瀑布」、「河中石堆攔水堰或壩」，是贛、閩、粵客家地區常見的地名詞。在福建西、中、北部有許多帶有「磜/漈」的地名詞，閩南話區則僅出現於永春、德化、安溪、龍巖、漳平等內陸地區，在臺灣出現在新北市平溪區新寮里—磜腳。「彩」（地名如坎下彩、彩山），《詔安縣地名志》的解釋為「有彩虹的瀑布」，此可能為漢字字面上的意思，其來源可能是「磜」之諧音字。

[46] 溪洲與河壩（埧為壩的簡體字）意指「河中沙洲或河谷平地」，這組特徵詞在閩、客話之間對應清楚。若洲用於沙洲，壩用於堤壩，則不具特徵地名詞意義；「壩/埧」應借詞自中國西南少數民族。

[47] 閩南話稱位於較內部的區位為「內」或「底」，姓×仔底、庄底等，見於漳系；客語為「×裡」，但潮汕系地名詞也慣用「×裡」。

下（作詞尾時）、排（作地形名詞用，指一列高地）；屬於閩式地名詞的有：腳（作詞尾時）。

5.2 詔安二都閩、客式地名的空間分析

以表 4.5.2 及表 4.5.3 的自然村級地名共 554 個，此數量已經足以作為比較與分析的依據，詔安二都未出現的客式地名詞有：家、坊、岌，「家、坊」地名詞多出現於閩西客區，詔安二都卻無出現，顯示同為福建客區的內部次區域差異。「下（作詞尾時）」出現次數最多，有 31 次，但其中 20 次出現在純客區的秀篆與官陂；「裡」有 28 次，但其中 21 次出現在秀篆與官陂；「屋」有 24 次，次數頗多，但其中有 16 次出現在秀篆與官陂；「背」有 20 次，次數頗多，但其中 18 次出現秀篆與官陂；「壩」有 10 次，但其中 7 次出現在秀篆與官陂；「磜」有 11 次，但其中 8 次出現在秀篆與官陂，太平有 3 次（也是落在客區）；「上（作詞尾時）」有 7 次，但其中 5 次出現在秀篆與官陂；坳（凹/坳）有 6 次，出現在純客區的秀篆與官陂，但未出現在屬於閩區的太平與紅星南部；「崠/崬」有 6 次，均出現在秀篆與官陂；「彩」似乎是詔安客區特有的地名詞，出現 4 次，秀篆與官陂各 2 次；「湑（唇/溽）」有 2 次，分別在秀篆與太平；「段」只有 1 次，出現於秀篆。

屋、背、凹、裡、壩、崠/崬、湑（唇/溽）、下（作詞尾時）、上（作詞尾時）這些地名詞也常見於臺灣、閩南、閩西及粵東的客區內。

屬於閩式地名屬性相當明顯的坂、埕、墘[49]3 個地名詞均未出現在詔安二都自然村級聚落地名中，「岇」的使用頻率本就很少，本處未出現，不加不討論；「垵」也是閩式地名屬性相當明顯的地名詞，二都境內部分「垵/鞍」則似有被寫成「安、按、桉」的情況，數量不多，約有 4 個，零星分布散在二都各地，暗示著有少數閩南聚落被客家化的現

---

[48] 崠（凍為崠之福佬化諧音別字）為「山峰」之意，岌（原字可能為岏）也是「突起山峰」之意。

[49] 「墘」因簡體字化，似乎被簡化稱「乾」，「乾」式地名零星分布在二都各地，也可能不是未出現。

象。「隔、墩」式地名詞零星分布散在二都各地,未顯示區域特性。兜、厝、宅等 3 個地名詞的族群屬性相當明顯(見表 4.5.1 所示),在二都的分布也頗具有地理區位特色,這三個地名詞在秀篆均未出現,主要分布於太平與紅星的閩區及閩客過渡地帶,以「厝」的數量最多,達到 8 個;「腳(作詞尾時)」共出現 4 次,全部出現在太平與紅星,但閩、客區均有。

表 3.1　福建各方言區所出現的地名詞次數之比較

	閩南	莆仙	閩東	閩北	閩中	尤溪	順將	贛語	客家
家	13		25	23	9		3	116	71
屋	2								52
厝	155	30	73	21	4	1	3	7	8
宅	49	8	35	6		6			
坊	2			5	8	1	25	40	98
地	33		15	28	10	5	14	19	75
墩	26	1	28	103	15	2	16	2	4
坂	99	4	40	3	13	1			
墈			3	9			1	7	20
坵				6	5			8	17
埕	14	2	26	3					
垵	77								
畲	43		2	28	3	2	1	4	56
背	3							3	46
兜	25	5	26	4	1	7		1	
垅	31	5	21	10	1	1	1		1
徑	20			1			1	7	16
窠				8	3		2	7	4
壢				40	4		4		1
坜				22	1		6	2	
崠	3				6			1	38
岌				17					15
隔	26				1				4
岩	9	1							2

空白表示樣本數為零。

資料來源：李如龍，《漢語方言研究文集》，頁 477。

表 3.2 詔安縣二都秀篆、官陂及霞葛鎮各自然村姓氏結構、使用語言及地名的普查資料

秀篆鎮				官陂鎮				霞葛鎮			
村委會	自然村	姓氏	語言	村委會	自然村	姓氏	語言	村委會	自然村	姓氏	語言
上洋	石板樓	江	客	龍崗	過龍崗	廖	客	五通	徑口	黃	客
	南坑	王	客		狗笒耳	廖	客		半頭	黃	客
	上村	王	客		天子地	廖	客		馬安石	黃	客
	上壩	王	客		過路塘	廖	客		陳坑	黃	客
	樓子	江	客		石榴花	廖	客		新樓子	黃	客
堀龍	老屋樓	王	客		割科(籵)	廖	客		陳洋坑	黃	客
	上村	王	客	鳳獅	鳳山樓	廖	客		坑背田	黃	客
	龍鏡裡	王	客		金鉤樓	廖	客		上涂	黃	客
	木棉斜	王	客		龍頭樓	廖	客		下涂	黃、涂	客
	圓墩背	王	客		分村裡	廖	客		豐田洋	黃	客
	爛泥洋	王	客		乾頭嶺	廖	客		料在	黃	客
	汗伯田	王	客		獅子口	廖	客		埔林下	黃	客
	黃擔畲	王	客		福田	賴	客		馬子堀	黃	客
	麻坪裡	王	客		洪溪	廖	客		湖洋澎	黃	客
	黃京斜	王	客		上城	廖	客		深丘裡	黃	客
	玉龍	王	客		慶豐樓	廖	客		前洋	黃	客
	三段嶺	王	客		南樓	廖	客		科里（籵裡）	黃	客
	下屋	王	客		湯頭	廖	客	溪東	東上（圓墩上）	黃	客
東徑	屋場子	王	客		下龍坑	廖	客		後洋	黃	客
	梓廷科（籵）	王	客		寨下子	廖	客		羅屋	黃	客
	梓廷	李	客	馬坑	樓子	廖	客		中坑	黃	客
	田心	王	客		四角樓	廖	客		上坑	黃	客
	磜頭	游	客		蕎子頭	廖	客		庄尾	黃	客
	割廷坪	游	客		崇福樓	廖	客		井北樓	江	客
	石壩裡	王	客		下科(籵)	廖	客	庄溪	溪邊	黃	客
	坐東坑	王	客		赤樹坑	廖	客		庄頭	黃	客
	磜下	王	客		龍坑	廖	客	南陂	南陂	林	客
	東坑	王	客		上文崗	廖	客		厚安	林	客
	徑頭	黃	客		矮門背	廖	客		下園	林	客

	坑子裡	王	客		矮屋科（科）	廖	客		樓光	林	客
	黃姐坑	王	客		龍傘崠村	廖	客		橋頭	林	客
	路下	黃	客		坪坑	廖	客		心田	林	客
埔坪	文興樓	游	客		怪塘	廖	客		車田	林	客
	江屋城	江	客		東坑	廖	客		龍見裡	林	客
	陂嶺	黃、賴	客		礦空口	廖	客		霞葛樓	林	客
	東升（昇）	游	客		廣福洋	廖	客		山下	林	客
	坑邊	游	客		割埔	廖	客	天橋	下樓	江	客
	坑口	王	客		楓樹崗	廖	客		霞葛壢	江	客
	後堀	王	客		磜下	廖	客		紹興樓	江	客
	坪石樓	王	客		長崗	廖	客		下城	江	客
	大禾斜	游	客		高屋	廖	客		天堂	江	客
	陳坑	游	客	大邊	新田裡	廖	客		井邊	江	客
	發里	游	客		田霞（下）	廖	客		石橋	田	客
	大屋	游	客		新城	廖	客		下壩	盧	客
	鳳江樓	游	客		玉田樓	廖	客		下村	田	客
彩山	彩堂	黃	客		大樓	廖	客	嗣下	才子巷	江	客
	坪石崠	王	客		水美樓	廖	客		南塘角	江	客
	凹背樓	游	客		馬石樓	廖	客		下壟子	江	客
	石子嶺	王	客		庵邊	廖	客		龍下（龍眼樹下）	江	客
	雞母畬	黃	客		老虎角	廖	客		南乾	江	客
	鳳山寨	黃	客		後福村	廖	客		嗣昌樓	江	客
	山都秀	黃	客		吳坑口	廖	客		大坪巷	江	客
	大麻崠	黃	客		大學	廖	客		白厝	江	客
	麻上	黃	客		石尖下	廖	客	庵下	新樓子	林	客
	麻下	黃	客	光坪	挖裡	廖	客		庵下	林	客
塘煥	公前	黃	客		上碗窰	廖	客		馬石洋	林	客
	塘尾	黃	客		下官	廖	客		上田	林	客
	豬頭背	黃	客		山斗裡	廖	客	坑河	樓下	陳	客
	墩上	黃	客		坪上	廖	客		上坑頭	江	客
	田雞石	黃	客		下洋	廖	客		下坑頭	江	客
	楊梅堂	黃	客		桐子裡	廖	客		下坪子	江	客
	壢裡	黃	客		後祠坑	廖	客		小元中	江	客
	塘尾科（科）				山子背	廖	客		寮屋洋	江	客
北坑	北坑	王	客		長塘	廖	客		旱潤	王	客
	山下	王	客		田美樓	廖	客	華河	下河	賴、楊	客
	坑口	王	客		大方田	廖	客		黃茶	黃、江、李、陳	客
	杵根嶺	王	客		坎下	廖	客		店下坪	盧	客

	玉章寮	王	客		塘坑	廖	客			
	黃坑	王	客	新坎	新屋城	廖	客			
	新樓	王、廖	客		江屋凹	廖	客			
頂安	頂坑	王	客		坎上	廖	客			
	虎坑	王	客		際雲塘	廖	客			
	安尾	王	客		天祿裡	廖	客			
	鐵山	王	客		井頭樓	廖	客			
	鐵寮背	王	客		溪背嶺	廖	客			
	鯽魚塘	王	客		溪口	廖	客			
	華山	王	客		上坳	廖	客			
	牛山	王	客		月眉山	廖	客			
	德槐洋	王	客		塘下角	廖	客			
	水堀裡	王	客		塘下樓	廖	客			
	上流	王	客		溪壩寮	廖	客			
	九華嶺	王	客	官北	北坑村	廖	客			
陳龍	龍潭	王	客		碟子樓	廖	客			
	上寨	王	客	吳坑	背頭屋	張	客			
	壚尾樓	王	客		中村	張	客			
	坎下	王	客		朝源樓	張	客			
	山下	黃	客		上村	廖	客			
	洋坑角	王	客		茂興樓	廖	客			
	坑頭	王	客		和順樓	廖	客			
	洋坑口	王	客		下村	廖	客			
	和福	王	客		三界門	廖	客			
	龍田樓	王	客		溪背樓	廖	客			
	溪唇（滑）	王	客		和溪樓	廖	客			
寨坪	下壩	呂	客		大坪樓	廖	客			
	壩頭	李	客	下官	官陂墟	廖	客			
	大坪	李、邱	客		庵背	廖	客			
	高丘	李	客		洋屋	廖	客			
	新樓	李	客		四角樓	廖	客			
	寨背	李	客		在裡	廖	客			
	大坪頭	李	客		坎下彩	廖	客			
	石淪堀	李	客		陂頭村	廖	客			
	上謝	李	客		下坑	廖	客			
河美	寨上	呂	客		七寨	廖	客			
	樓仔	呂	客		官坪	廖	客			
	大坪裡	呂	客		坑裡	廖	客			
	塘樓	呂	客		石凹頭	廖、吳	客			
	溪背樓	呂	客		陳畲	廖	客			
磜嶺	湖洋頭				徑頭	廖	客			
	上磜	黃	客		新安樓	廖	客			

	下屋	黃	客	光亮	下井	廖	客				
	上屋	黃	客		上禾坪	廖	客				
	楓樹門	黃	客		塘背	廖	客				
	南畲	黃	客		湖裡	廖	客				
	下礤	黃	客		岇墩	廖	客				
	黃龍坑	黃	客		藍田樓	廖	客				
	尖崬子	黃	客	陂龍	上龍	廖	客				
青龍山	下城	李	客		陂裡	廖、陳	客				
	和蓮坑	李	客		下宅	廖	客				
	下樓仔	李	客		梅子林	陳	客				
	石橋	李	客		水源頭	廖	客				
	坪寨	李	客		黃京畲	廖	客				
	白沙坑	李	客		塘面	廖	客				
	田心	李	客		下瓦寮	廖	客				
	華角	李	客		坳坑	廖	客				
	岇南	李	客		山子	廖	客				
	永順	李	客		蓮塘裡	廖	客				
	南洞	李	客		坪寨	廖	客				
乾東	迎陽樓	李	客		龍哈寮	廖	客				
	房背	李	客	新徑	浮墩下	廖	客				
	林田	李	客		桐子裡	謝	客				
	新樓	李	客		半徑	廖、謝	客				
	崬坑尾	李	客		老城	謝	客				
	庵前	邱	客		甲子埔	謝	客				
	塘下	邱	客		所羅	廖	客				
	乾霞	邱	客		新樓子	廖	客				
石東	石下	游	客		鄭坑	廖	客				
	上爐坑	游	客		庵背坑	廖	客				
	下爐坑	游	客	彩下	彩霞(下)	廖	客				
	新城	游	客		竹苞樓	廖	客				
	塔下	游	客		深塘	廖	客				
	山口	游	客		長堀	廖	客				
隔背	隔背	葉	客		山口	廖	客				
	長寮	葉	客		大坎	廖	客				
	大北坑	王	客		田坑	廖	客				
	三門口	王、李	客		田厝	廖	客				
	神宮背	王	客		許厝樓	廖	客				
	大坪巷	王、李	客		竹子裡	廖	客				
	獅頭樓	王	客		新厝	廖	客				
	楓樹科（斛）	王	客		其山下	廖	客				
	小北坑	王	客	地凹	獅地凹	廖	客				
	竹頭背	游	客		南坪	廖	客				

	下屋子	呂	客		科（斜）底	廖	客			
	下寮	葉	客		窯空	廖	客			
	屋仔裡	葉	客	龍磜	龍磜	廖	客			
	下樓仔	葉	客		上洋坑	廖	客			
	新屋	葉	客		下洋坑	廖	客			
注湖	下樓	游	客	公田	公田	廖	客			
	三各樓	王	客		水尾	廖	客			
	上湖	游	客		榕根寮	廖	客			
	上樓	游	客		銀南	廖	客			
	竹華	王	客		坑尾	廖	客			
	大籠	王	客		一皮姜	廖	客			
				林畲	火畲	廖	客			
					頭斜	廖	客			
					磜下	廖	客			
					割廷壩	廖	客			
					李子坪	廖	客			
					深山寨	廖	客			
					湖洋地	廖	客			
					母庵	廖	客			
					羅大田	廖	客			
					禾倉崬	廖	客			
					長林	廖	客			

資料來源：整理自陳振發主編，1993。

表 3.3 詔安縣二都太平鎮及紅星鄉各自然村姓氏結構、使用語言及地名的普查資料

鄉鎮	村委會	自然村	姓氏	語言	鄉鎮	村委會	自然村	姓氏	語言
太平鎮	新營	乾尾	沈	客	紅星鄉	東埔	東埔	楊、許	閩
		老城	沈	客			煮粥坑	羅、許、徐	閩
		新樓	沈	客			庵邊	楊、黃	閩
		坑美頭	沈	客			將軍斜	許、張	閩
	榕城	榕樹下	沈	客			杉腳湖	張	閩
		屋子裡	沈	客			大坪埔	許、黃	閩
		下城	沈	客			龍建	許、張、楊、王、林	閩
		高陂	沈	客			北蔗	張	客
		官屋	沈	客			赤竹坪	張	客
		林屋	沈	客		坪林	坪林	黃	客
	文山	新樓	沈	客			割坪	黃	閩

		下樓	程	客	石樓	石樓	許	閩
		內清	程	客		新起寨	許	閩
		林塘	沈	客	新林	新林	許	閩
		科（斛）下	沈	客	圓林	圓林	許	閩
		井邊	沈	客		小梅林	許	閩
太平	太平墟	雜姓	客為主		魚仔塘	許	閩
	庵前	沈	閩		鴨池	許	閩
	營下	沈	閩	樓仔（雅）	樓仔（雅）	林	閩
	科塘	沈	閩	廟兜	廟兜	楊	閩
	坑頭	鍾	客	進水	進水	張	客
	壚樓	沈	客		巴尾	張	客
白葉	上城	陳	客		下溪尾	張	客
	古竹	陳	客		樟老許	張	客
	下城	陳	客		大塘腹	張	客
	山下	陳	客		火燒龍	張	客
	孝豐	陳	客		白路盆	張	客
	上新	陳	客		笋頭科	張	客
	下新	陳	客		上屋（上厝）	張	客
	星斗	陳	客		下屋（下厝）	張	客
	五斗	陳	客		樟樹科	張	客
	長源	陳	客		坑心	張	客
	和陽	陳	客	六洞	六洞	張	客
	玉坪	陳	客	芹山	芹山	許	閩
	大斜背	陳	客		梅花	陳、許	閩
	秀鳳美	陳	客		杉仔崎	許	閩
麻寮	麻寮	田	客		大內田	許	閩
	第三堂	田	客		小溪		
雪裡	雪裡	田	客		鞍（桉）腳		
河邊	河邊	田	客		林爐		
元中	樓子	江	客	下河	下河	張	閩
	大元中	江	客	許寮	許寮	許	閩
	梅仔壩	江	客	西埔	西埔	楊	閩
	割科	江	客	朱厝	朱厝	羅	閩
	下村	江	客		新樓	羅	閩
	下樓子	江	客		碗窯	羅	閩
	磚樓	江	客		水帽（水磨）		
	黃沙徑	江	客		下寮	羅	閩

		四角樓	江	客			大梅林	羅	閩
		芹山	江	客	五洞	五洞下村	張、羅、許	客	
		新徑子	江	客		安坑	張、羅、楊	客	
		上礤頭	江	客		大石腳		客	
		下礤頭	江	客		合溪	許	客	
		礤頭子	江	客		火燒厝	張、羅、楊	閩、客	
		吉坑	江	客		青年山	許、羅、吳	客	
		中央寨	江	客					
		溪滸園	江	客					
		徑頭	江	客					
		廟子	江	客					
	新樓	新樓	張	閩					
	大布	大布	胡	閩					
		後坑	胡	閩					
		山嶺	黃	閩					
		嶺頭	胡	閩					
		墩上	黃	閩					
		東仔田	胡	閩					
		溪山樓	胡	閩					
		長尾	胡	閩					
		山前	胡	閩					
	新聯	新聯	胡	閩					
	走馬	下埔	徐	閩					
		走馬塘	徐	閩					
		新厝	徐	閩					
		下城	徐	閩					
		後到	徐	閩					
		天黃	徐	閩					
		風門嶺	徐	閩					
	景坑	景坑	張	閩					
		東寨	張	閩					
		大林腳	張	客					
	雄雞	步宅	張	閩					
		油車	張	閩					
		上洋	張	閩					
		爐山	張	閩					
		草徑	張	閩					
	厚徑	厚徑	張	閩					
		沈碧	沈	閩					

資料來源：陳振發主編，《詔安縣地名志》（詔安：福建省詔安縣地名辦公室，1993 年）。

5.3　畲式地名詞

畲、輋、斜、祠爲畲式地名詞，根據蔣炳釗引《廣東通志》:「畲與輋同，或作畬」[50]；斜、祠爲畲或輋之同音別字[51]，「斜」作爲畲的別字在閩粵兩省具有普遍性，但「祠」則僅限用於閩西、閩南、閩中地區，而且在判釋上容易與宗「祠」混淆。「那」爲屬於漢藏語族的中國西南少數民族指稱水田的特徵地名詞，「那寮」爲「田寮」之意。詔安二都的自然村名中無「那」之地名詞，粵東慣用的「輋」也沒有出現；「斜」在太平、官陂及秀篆各有 1 次；「畲」有 3 次，均在秀篆境內；「祠」有 1 次，在太平。若與詔安之閩區相比，客區的畲式地名數量明顯較多，可顯現詔安二都是較晚漢化的畲民族生活領域，再加上詔安二都地處山間盆地、深山老林，因此殘留較多的這類地名詞。

5.4　詔安縣二都與臺灣「窠/科/料」地名詞使用情形之分析

「科」是「料」簡體字化寫法，「窠」爲「料」的同義諧音字。[52]「窠」在詔安二都有一次，「科/料」有 13 次，次數不低，而在二都各鄉鎮間

---

[50] 蔣炳釗，〈南越・趙陀・龍川客家〉，《客家古邑研究文選》（河源：河源市委宣傳部，2008 年），頁 38。

[51] 黃志繁、周偉華，〈生態變遷、族群關係與國家認同〉，《客家學刊》，創刊號（2009）年，頁 76。

[52] 福建明溪縣城關鄉「獅窠」，也寫成「獅坑」，見林春敏主編，《福建省地圖冊》（福州：福建省地圖出版社，2010 年），頁 107；高秀靜主編，《福建省地圖冊》（北京：中國地圖出版社，2014 年），15 頁。朱來龍與來蘭兄弟原籍「潮州府大埔縣『黃蘭坑』」或寫「潮州府大埔縣『蘭窠』」（今梅州市大埔縣楓朗鎮王蘭村），約於 1790 年入墾今臺中市大雅區三和里馬岡厝，裔孫分派豐原區三村里三張公厝及東勢區興隆里下校果埔。新竹市朱姓宗親會，《朱姓大族譜》（1999 年），頁 197；著者未詳，《承慶堂朱氏家譜》（1958 年），頁 37。池永歆在《清代東勢角縱谷區的地方史：以《岸裡大社文書》為主軸的論述》引岸裡社古文書的資料：「靠近番社嶺附近的食水窠尾」（即今食水料溪上游的新社區大南里番社嶺－新社區第五公墓所在）；圖 7-7「水底寮養贍埔地的地權劃分」圖中的頭窠口、二窠口、三窠口，就是今之新社區協成里的頭料口、二料口、三料口地名。引文之地名資料來自：池永歆，2011：《清代東勢角縱谷區的地方史：以《岸裡大社文書》為主軸的論述》（臺北：博揚文化事業公司，2011 年），頁 180、223。因此，地名詞：「窠=坑」且「窠=料（科）」→「料（科）=坑=窠」。

出現的次數也較均勻，可見這個地名詞在詔安客區的使用具有普遍性。

　　在臺灣這個「窠」地名詞特別值得挑出來獨立討論，大漢溪舊名「大窠崁溪」的「窠」（khou）字，被認為是泰雅語「大姑陷」之「姑」的音譯，或謂月眉李騰芳中舉人而改為「窠」，既是慶賀中舉而將「姑」音譯雅化，為何不用「科」字更貼切？實際上「窠」是來自詔安客慣用的地名詞，為「坑谷」之意，也寫成「窠」。最初作者只是以間接證據推定，在 2010 年 01 月 25 日到詔安訪查時親自請教詔安縣前文化局副局長李老先生（秀篆李氏族裔），確認其發音與詞義，而大窠崁（今桃園大溪）舉人李騰芳的祖籍就是漳州府詔安縣二都秀篆青龍山（今詔安縣秀篆鎮青龍山村）。桃園大溪、經三峽沿著新北市 110 號公路（即臺灣地形學上所稱的「安坑通谷」）到新店大坪頂（碧潭捷運站對岸）多數是漳州籍移民中潛藏著大批詔安客家族裔[53]，只是已經被福佬化而淹沒在閩南族群中。

　　海陸及四縣客家語均將「坑」唸成/hang/，潮汕話/khenn/。「窠」式地名在臺灣，見於大埔客與詔安客主要的分布地帶，如北屯（頭窠山）、東勢（上石窠、下石窠）、石岡（炭窯窠、窠石）、新社（食水窠溪、二窠山）等地，不見於桃竹苗及高屏客家地區。從相關地名的空間分布來看，窠應為永定、漳州客區、粵東潮州府饒平客區、大埔縣客區等常見之地名詞。

5.5　防衛性聚落地名詞之空間分析

　　地處省、府、縣邊區的詔安二都，過去官府力量常常是鞭長莫及，

---

[53] 新店大坪頂太平宮（大坪頂開漳聖王廟）主祀開漳聖王，始建於 1807（嘉慶 12）年，是安坑外五張（涵蓋今新店大坪頂、頂城、下城、溪洲、十四分、石頭厝、內挖仔、外挖仔、豬肚山、柴埕街與公館崙、溪西、車仔路、薏仁坑等地）的信仰中心。漳州人入墾安坑，迎奉開漳聖王香火祭祀，1801（嘉慶 6）年，安坑外五張永豐圳灌溉工程完成，為感念開漳聖王庇佑始有建廟之議，由廖世協、廖向老、張阿樓發起，張馥元、吳以文、曾合記、王三才、廖仁記、林嶸水、游源昌、賴七合、范清科等集資購地建廟，並自大窠崁埔仔頂粟仔園迎奉開漳聖王鎮殿。新店區公所，〈新店的宗教信仰—安坑地區〉，收錄於「新店人的歷史」：220.128.213.121/tw/hsman/content/p108.asp（2012 年 09 月 08 日點閱）。

同姓聚族而居的自我防衛需求顯得特別重要，目前詔安縣境仍殘存 600 餘座土樓。從表 3.2 及表 3.3 檢視發覺：帶有「樓」及「寨」的地名詞數量非常多，這正是反映詔安客區的獨特的人文景觀。帶有「樓」的自然村級聚落名合計達到 73 個；帶有「寨」的自然村級聚落名也 13 個，其中以官陂的數量最多，官陂帶有樓與寨的聚落地名詞合計為 31 個；其次為秀篆，帶有樓與寨的聚落地名詞合計為 28 個。

　　在詔安縣境，這兩鎮土樓保留的數量最多，反映兩地之地理環境的封閉性。這種地理環境特性同時也會顯現在同姓聚族而居的現象，表 3.4 所呈現的是詔安二都完整的自然村血緣性聚落統計量。以自然村為統計的空間單位，整個詔安二都絕大部分的自然村為單姓聚落，這些單姓聚落也並不是孤立的，而是大片的聚族而居，如秀篆有 43%的自然村為王姓聚落（部分王姓應為臺灣稱之「王游」的游姓[54]），全鎮前 5 大姓合計所佔的自然村數即有 92.8%；官陂鎮則可說是廖姓之單姓鎮，霞葛鎮以黃姓為第一大姓，聚居在五通村，所佔的自然村數也達到全鎮的 37.5%，全鎮前 3 大姓合計所佔的自然村數也近九成。太平鎮全鎮前六大姓，所佔的自然村數也達到近九成之數。紅星鄉的前兩大姓：許、廖，合計所佔的自然村數也有六成。兩、三百多年來，詔安客區的某些小姓就此消失，如秀篆鎮塘煥村之田雞石原本有大批的呂氏宗親遷徙到今桃園八德區落腳[55]，但現今田雞石已無呂姓宗族；中壢區後寮里朱姓宗族祖籍秀篆青龍山村，《詔安縣地名志》所列青龍山村境內諸自然村均無朱姓宗族[56]。

　　表 3.4 顯示秀篆、官陂、霞葛等 3 鎮為純客區，太平鎮七成的自然村為客家宗族聚落，比例最低的紅星鄉也有 41%的自然村為客家宗族聚落，更驗證了詔安二都絕大部分地區屬於詔安客家區。

---

[54] 「王游」之來歷據說原是五代閩王室王姓，閩國滅亡之後，王氏族裔為避禍而改姓為游的宗族，秀篆鎮許多聚落同時有清游派（原來就姓游之游姓）與王游派。

[55] 盧俊華主編，《呂姓大宗譜》（臺中：創譯出版社，1967）。

[56] 莊序平主編，《朱莊嚴氏大族譜》（臺中：臺光出版社，1972 年），頁 56-57。陳振發主編，《詔安縣地名志》，頁 237-239。

表 3.4　詔安縣二都各鄉鎮聚落姓氏比例結構及閩客族群比例統計表

													小計	客家聚落
秀篆鎮	姓氏	王	黃	李	游	葉	呂	江	邱	廖	賴	--		客家聚落
	自然村	69	26	25	21	7.5	6	3	3	0.5	0.5	--	160	160
	%	43.1	16.3	15.6	13.1	4.7	3.8	1.9	1.9	0.3	0.3	--	101.0	100.0
官陂鎮	姓氏	廖	謝	張	陳	吳	--	--	--	--	--	--		客家聚落
	自然村	164	4	3	1.5	0.5	--	--	--	--	--	--	173	173
	%	94.8	2.3	1.7	0.9	0.3	--	--	--	--	--	--	100.0	100.0
霞葛鎮	姓氏	黃	江	林	田	盧	陳	賴	楊	李	--	--		客家聚落
	自然村	24.75	20.25	14	2	2	1.25	0.5	0.5	0.25	--	--	66	66
	%	37.5	30.7	21.1	3.0	3.0	1.9	0.8	0.8	0.4	--	--	99.9	100.0
太平鎮	姓氏	沈	江	陳	張	徐	胡	田	黃	程	鍾	其他		客家聚落
	自然村	19	19	14	10	7	7	4	2	2	1	2	87	60
	%	21.8	21.8	16.1	11.5	8.0	8.0	4.6	2.3	2.3	1.1	2.3	99.2	69.0
紅星鎮	姓氏	許	廖	羅	黃	張	楊	林	陳	雜姓	--	--		客家聚落
	自然村	15	14.5	5	3	2.5	2.5	1	0.5	6	--	--	50	20.5
	%	30.0	29.0	10.0	6.0	5.0	5.0	2.0	1.0	12.0	--	--		41.0

資料來源：整理自表 3.2 與表 3.3。

6. 詔安客移民裔在臺的空間分布

根據諸家族譜（家譜、宗譜）的彙整（如表 4.3.1 之「資料來源」所示之文獻），臺灣詔安客移民裔主要的分布地區（圖 4.6.1），除了上述所提，沿新北市安坑通谷到桃園大溪的廖、呂、李、游等姓外尚包括：

6.1　桃園八德、中壢的邱、呂兩姓詔安客移民

八德區主要爲詔安二都秀篆的邱姓與呂姓所拓墾（西部的霄裡爲四縣客所墾），邱姓祖籍爲秀篆鎮乾東村乾霞樓，目前在原鄉邱姓自然村聚落並不多，只有乾霞、塘下及庵前三格自然村，但渡臺拓墾之時似乎是傾樓渡臺，據族譜所載：「92 世祖強芝公於乾隆 22 年（1757）帶領 58 位族人來臺，居桃澗堡八隻（唇）屋溝背（今桃園縣八德市瑞豐里

溝後）」[57]。乾霞樓族人 13 戶叔姪兄弟 58 人後來大多遷居臺灣各地，目前留在八德、中壢的有八德瑞興里邱強芝派下、福興里邱邁常派下，中壢五權里邱文融派下，平鎮東社里邱文茂派下等[58]。

　　八德與中壢呂姓詔安客裔的祖籍均為秀篆，其祖籍支派有祖籍河美（今河美村，村內各自然村為呂氏宗族聚居之地）、古坪堡田雞石（今煥塘村田雞石，該自然村目前為黃姓聚落，已無呂姓）、埔坪玉龍堡（今埔坪村，村內各自然村的姓氏為黃、游、王、賴等姓，但無呂姓）、埔坪堡堀龍坑（今堀龍村，村內各自然村目前為王姓聚落，但無呂姓）、黃祠堡北坑角（今北坑村，村內各自然村目前為王姓聚落，但無呂姓）。秀篆呂姓宗族渡臺，原鄉除了河美仍為呂姓宗族聚族而居外，其餘聚落均無呂姓，其原因目前不得而知，但物換星移，原鄉的人、事在數百年來並非維持原狀，這種現象在其他閩西南、粵東等在臺漢人原鄉，其實並多見的，或許我們可推測秀篆在三百年來社會經濟仍處於浮動狀態，宗族的遷徙仍然頗為頻繁。

　　八德與中壢的邱姓與呂姓目前基本上已經福佬化，60 歲以下的邱姓族人已都不會使用詔安客家話，從地名「**溝背**」轉「**溝後**」（桃園八德國中後方的土地公廟稱為「**溝後土地公廟**」）即可見一斑。同樣是詔安客佔優勢的區域，但八德詔安客迅速流失原有母語，與崙背與二崙詔安客裔老年層目前仍能使用流利的詔安客家話，形成很強烈的對比。八德三、四十年前即已經產生工業化與都市化的現象，大量外來移民湧入（這些新移民多數應為慣說閩南話的人）；而崙背與二崙始終維持農業聚落景觀，都市化程度也不明顯，這才是使兩區域的原有母語保留程度有別的最大影響因素。

6.2　（張）廖姓詔安客移民在臺的主要分佈

　　詔安二都廖姓又稱張廖姓（生廖死張：生時姓廖，死後墓碑改用張

---

[57] 邱文能，《丘道隆公派下來臺六大房族譜》，頁 14。

[58] 林雅婷，〈桃園閩客交界地帶族群空間分布特色與族群互動關係〉，頁 35。

姓），目前在原鄉官陂鎮絕大部分的聚落爲張廖氏單姓聚落，實在壯觀，不過已完全改姓爲張[59]，《詔安縣地名志》上所列的官陂各自然村中無一爲廖姓聚落。

在原鄉原本基數就頗爲龐大的廖姓，移民之後灑到臺灣各地繁衍後代，關於廖姓在臺灣各地的分佈，廖丑先生所主編的《臺灣省廖氏大族譜》[60]非常完整的記錄在臺廖姓各支派的分布資訊，能非常清晰的處理相關資料，詔安客在雲林縣，甚至是在臺灣，算是很獨特的客家社群，加上電視劇「西螺七崁」的盛名推波助瀾，自然吸引眾多研究者（包括廖姓子孫）投入相關研究，已經累積相當豐碩的成果。

臺灣（張）廖姓的密集分布的範圍大抵在

雲林以北，最密集的當屬雲林的大西螺地區西半部，包括崙背、二崙及西螺的，其中最密集分佈的爲二崙鄉。其他聚集之地有：新北市新店區安坑通谷沿線，桃園縣大溪鎮，臺中市西屯、北屯、豐原及潭子等區，彰化縣溪州鄉，南投縣中寮鄉；以及；宜蘭三星鄉等地。

---

[59] 據官陂原廖姓耆老指稱：民國初年有一位張姓將領駐紮在官陂，在這位張姓將領的提議下，二都官陂廖姓完全改姓爲張，恢復開基祖張元子的原姓，而臺灣則維持生廖死張，在廖姓宗族聚居的崙背、二崙、西螺之公墓是找不到廖姓墓碑的。

[60] 廖丑，《臺灣省廖氏大族譜》，1999 年。

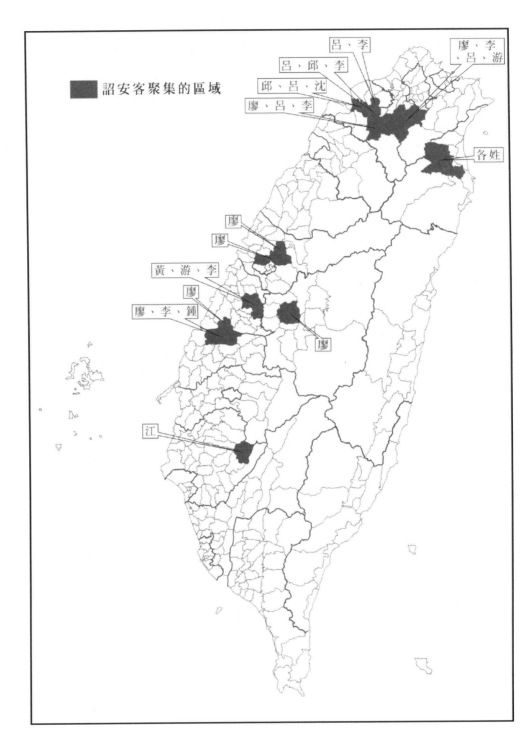

圖 3.2 臺灣詔安客移民裔主要的分布鄉鎮市

資料來源：彙整自諸家族譜。

6.3 霞葛五通黃姓詔安客移民在臺的主要分布區

　　詔安二都除了官陂鎮無黃姓自然村單姓聚落外，其餘 4 鄉鎮均有黃姓自然村單姓聚落，人數最多者聚集在霞葛鎮五通村的各自然村中，其次爲秀篆鎮，五通村黃姓更早的祖籍地似乎多爲廣東省大埔縣。

　　臺灣黃姓詔安客移民渡臺祖年代較早，約康熙末年即有詔安二都黃姓宗族渡臺，定居到彰化縣溪湖、大村、埔心及員林 4 鄉鎮，聚族而居，其祖籍幾乎全是霞葛鎮五通村。詔安黃姓沒有像張廖姓編輯涵蓋全島性的完備族譜可資查詢，透過田野調查及文獻彙整，大致找到五通黃氏移民裔的分佈範圍：大村、埔心、溪湖及員林的某些行政村，這個範圍可用位於大村鄉新興村五通宮的輪祀範圍來建構（圖 3.3、圖 3.4）。

　　就聚落的血緣性分佈態勢來看，祖籍詔安二都霞葛鎮五通村的客家黃姓宗族，群聚於大村鄉加錫、大崙、新興 3 村；溪湖鎮荣寮、中竹兩里；埔心鄉埤腳、埤霞、梧鳳、二重 4 村；員林鎮源潭與南興兩里，此黃姓宗親分爲五個角頭共祀大村鄉新興村的五通宮（主祀五顯大帝）。五通宮取自原鄉漳州府詔安縣霞葛五通村五通宮之名，依「帝別」劃分 5 個輪祀角頭，10 值年爐主：大帝：荣寮、中竹、梧鳳；二帝：二重湳；三帝：新興；四帝：加錫、大崙、員林；五帝：埤腳、埤霞[61]。

圖 3.3 詔安縣霞葛鎮五通村五通宮　圖3.4 彰化縣大村鄉新興村五通宮
資料來源：2010/01/25攝。　　　　　資料來源：2012/07/26攝。

61 黃振琅主編，《（埤腳）五通宮史略》（彰化：五通宮管理委員會，1989 年），頁 38。

6.4 其他姓氏詔安客移民在臺的主要分布區

6.4.1 秀篆李姓在臺移民裔的主要分布區

李姓爲詔安秀篆鎮的第三大姓,其在臺移民裔,除了分佈於雲林縣的大西螺地區,其次爲中壢、八德到大溪一帶,但似乎呈現較散居的狀態。新北市新店大坪頂到安坑,再沿著安坑通谷也有一些。大溪月眉里李姓爲當地望族,祖籍秀篆青龍山村,李騰芳於 1865 年鄉試中舉,自此月眉李氏的聲名更是大譟。大溪月眉之李騰芳古宅被定爲國定古蹟(原列國家二級古蹟)。

6.4.2 秀篆游姓在臺移民裔的主要分布區

秀篆游姓宗族在原鄉籍分爲清游及王游,清游之地望式堂號:廣平(按:位置在今河北省西南部邯鄲市一帶);王游原本屬王姓,故其地望式堂號:故其在臺後裔多取原平或廣原爲堂號(即原有游姓之堂號廣平,併王姓之堂號太原),做目前所知較聚集分佈的爲彰化之大村與員林兩地,宜蘭縣游姓多爲彰化縣這兩的游姓遷入;桃園中壢到八德之間也有秀篆游姓移民裔的分佈,不過分佈得較爲零星。

6.4.3 太平鎮鍾姓在臺移民裔的分佈

目前在詔安二都只有一個鍾姓單姓自然村,太平鎮太平村坑頭,就作者核對兩套《鍾姓族譜》[62],在臺詔安客鍾姓比較群聚的只有崙背鄉枋南及水尾村兩村,其他則零星分布於臺灣各地。

位於彰化溪州鄉水尾村鐘姓,於乾隆年間渡臺,原先住在現今西螺溪河道中,因洪水爲患,河道變遷,三遷至本地。其祖籍爲詔安縣三都港頭鄉(今詔安縣深橋鎮港頭村)[63]。此鐘姓爲閩南人,並非詔安客移民裔,若對於詔安原鄉行政區劃不熟稔,很容易造成馮京變馬涼的失誤。

6.4.4 太平沈姓在臺移民裔的主要分布區

本支詔安客宗族移民人數較少,移民裔的分佈較爲分散,至少有一

---

[62] 鍾進添、馮阿水主編,《鍾氏大族譜》(臺中:創譯出版社,1971 年)。莊吳玉圖總編,《鍾氏大宗譜》(桃園:百族姓譜社,2001 年)。

[63] 彰化縣溪州鄉水尾村震威宮重建委員會,1978 年。鍾進添、馮阿水主編,《鍾氏大族譜》,頁 161、索引 18。

群分佈於桃園八德及中壢一帶，但似未呈聚族而居的狀態。

　　6.4.5　霞葛江姓在臺移民裔的的主要分布區

　　霞葛江姓在臺移民裔中，相當出名的為臺南市楠西區鹿田村鹿陶洋江姓，其祖籍為詔安縣二都霞葛井邊鄉下割社（今詔安霞葛鎮區）。鹿陶洋江姓以宋江陣與江家古宅第聞名[64]。

7.　結語

　　過去學界對於臺灣閩、客交界地帶的族群與方言區的地理空間分佈有些混淆，詔安客是臺灣客家族群的一個社群，詔安客移民渡臺後散居各地，至今大部分趨向福佬化，使得學者在回溯其渡臺之初的族群屬性時，早期多將其錯認為漳州閩南族裔，近期受客家研究思潮影響，卻又走過頭，某些研究者往往又陷入「祖籍詔安即是客」的謬思。

　　本研究嘗試透過地圖操作、歷史與地理文獻的整合分析，來呈現詔安客原鄉—詔安二都的區域特色，並嘗試解析詔安客家地域漢人入墾的時程。具體操作上，利用詔安客原鄉與渡臺宗族族譜等的對比，整合《詔安縣地名志》所列姓氏、聚落地名及所使用方言等資訊，以釐清詔安客家區域形塑的歷史地理脈絡。利用「地名志」中詳實的自然村聚落、宗族及使用語言等，建立清晰的詔安閩、客界線（圖2.4），以避免後續研究對族群認定的混淆；以「地名志」中所列舉的各自然村聚落姓氏宗族資訊，作為探究詔安客區宗族社群的地理分布與同姓聚居的單姓聚落社會結構的基礎。再其次，相關的地名資訊進行空間分析，以推導出許多有研究價值的地理資訊。最後回過頭來，檢視目前臺灣詔安客主要分布區域及其優勢姓氏，這部分的分析目前雖尚難以周全，卻具有前瞻的意義。

---

[64]　臺南縣文化局，《厝味：鹿陶洋江家古厝歷史聚落》（臺南：臺南縣文化局，2009年）。

參考文獻

中國社會科學院、澳大利亞人文科學院合編,《中國語言地圖集》。香港：
　　朗文書局,1987 年。

王秀斌主編,《福建省地圖冊》。福州：福建省地圖出版社,2008 年。

永定縣地方志編纂委員會,《永定縣志》。北京：中國科學技術出版社,
　　1994 年。

安溪縣地方志編纂委員會,《安溪縣志》。北京：新華出版社,1994 年。

同安縣地方志編纂委員會,《同安縣志》。北京：中華書局,2000 年。

田春燕主編,《田氏大族譜》。新竹：先登出版社,1979 年。

邱文能,《丘道陞公派下來臺六大房族譜》。桃園八德市,2010 年。

邱美都、楊銘欽,《百果山的春天》。彰化：員林鎮公所,2007 年。

邱彥貴、吳中杰,《臺灣客家地圖》。臺北：果實出版社,2001 年。

李如龍,《漢語方言研究文集》。北京：商務印書館,2009 年。

李其忠、李應忠主編,《李氏大宗譜》。臺中：創譯出版社,1976 年。

林春敏主編,《新編福建省地圖冊》。福州：福建省地圖出版社,2009
　　年。

林雅婷,〈桃園閩客交界地帶族群空間分布特色與族群互動關係〉。臺
　　北：國立臺灣師範大學地理學系碩士論文,2012 年。

周彥文,〈北淡地區客家家族移民及互動研究案〉,行政院客家委員會
　　99 年度獎助客家學術研究計畫,2010 年。

周振鶴、游汝杰,《方言與中國文化》。上海：上海人民出版社,1998
　　年。

洪惟仁,〈漳州詔安縣的語言分布〉,《臺灣語文研究》,第 6 卷第 1 期(2011
　　年)。

泉州市地方志編纂委員會,《泉州市建置志》。福州：海峽文藝出版社,
　　1993 年。

韋煙灶、曹治中,〈桃竹苗地區臺灣閩南語口音分布的區域特性〉,《地
　　理學報》,第 53 期（2008 年）。

韋煙灶、林雅婷、李科旻，〈以地圖作爲研究工具來解析臺灣閩、客族
　　　群分佈的空間關係—以桃園新屋與彰化永靖的比較爲例〉，《第十
　　　三屆臺灣地理學術研討會暨吳信政教授榮退紀念學術研討會，
　　　B-3（2009 年）。

莊初昇、嚴修鴻，〈漳屬四縣閩南話與客家話的雙方言區〉，《福建師範
　　　大學學報》，第 3 期（1994 年）。

莊序平主編，《朱莊嚴氏大族譜》。臺中：臺光出版社，1972 年。

莊吳玉圖總編，《鍾氏大宗譜》。桃園：百族姓譜社，2001 年。

莊吳福主編，《黃氏大族譜》。臺中：創譯出版社，1969 年。

程大學編，《西螺埔心程氏族譜》。臺北：中央圖書館臺灣分館，2000
　　　年。

曾慶國主編，《埔心鄉志》。彰化：埔心鄉公所，1993 年。

新竹市朱姓宗親會，《朱姓大族譜》，1999 年。

游氏族譜編輯委員會，《臺灣游氏族譜》。臺中：臺灣省各姓淵源研究
　　　學會，1988 年。

鄧開頌、余思偉、詹式欽主編，《饒平客家姓氏淵源》。饒平：廣東饒平
　　　客屬海外聯誼，1997 年。

詔安縣志編纂委員委會編，《詔安縣志》。北京：方志出版社，1999 年。

許世融，〈二十世紀上半彰化平原南部的客家人—統計資料與田野調查
　　　的對話〉，《2011 年彰化研究學術研討會》，2011 年。

許世融，〈語言學與族群史的對話：以臺灣西北海岸爲例〉，《臺灣語文
　　　研究》，第 6 卷第 2 期（2011 年）。

許維民，《走訪金門古厝》。金門：金門縣政府，2006 年。

陳振發主編，《詔安縣地名志》。詔安：福建省詔安縣地名辦公室，1993
　　　年。

新竹市朱姓宗親會，《朱姓大族譜》，1999 年。

著者未詳，《承慶堂朱氏家譜》，1958 年。

雲林縣李氏宗親會編，《李氏大宗譜》，1999 年。

雲霄縣志編纂委員會，《雲霄縣志》。北京：方志出版社，1999 年。

黃志繁、周偉華，〈生態變遷、族群關係與國家認同〉，《客家學刊》，創刊號（2009）年。

黃振琅主編，《（埤腳）五通宮史略》。彰化：五通宮管理委員會，1989年。

黃詩涵，〈由古書契論北淡地區客家移墾－以汀州客江、潘二氏爲例〉。臺北：淡江大學漢語文化暨文獻資源研究所碩士論文，2011年。

黃漢民，《客家土樓民居》。福州：福建教育出版社，1995年。

廖丑，《臺灣省廖氏大族譜》，1999年。

廖寄彰主編，《臺灣詔安張廖氏大族》。雲林：雲林縣張元子公張廖姓宗親會，2010年。

蔣炳釗，〈南越・趙陀・龍川客家〉，《客家古邑研究文選》。河源：河源市委宣傳部，2008年。

鄧曉華、王士元，《中國的語言及方言的分類》。北京：中華書局，2009年。

臺南縣文化局，《厝味：鹿陶洋江家古厝歷史聚落》。臺南：臺南縣文化局，2009年。

漳州市地方志編纂委員會，《漳州市志》。北京：中國社會科學出版社，1999年。

盧俊華主編，《呂姓大宗譜》。臺中：呂姓大宗譜編輯委員會，1967年。

經濟部水利署編，《九十九年度臺灣水文年報》。臺北：經濟部水利署，2011年。

謝重光，《畬族與客家福佬關係史略》。福州：福建人民出版社，2002年。

謝劍、房學嘉，《圍不住的圍龍屋—記一個客家宗族的復甦》。嘉義：南華大學，1999年。

鍾進添、馮阿水主編，《鍾氏大族譜》。臺中：創譯出版社，1971年。

譚其驤主編，《中國歷史地圖集第八冊：清代》。北京：中國地圖出版社，1996年。

溪州鄉水尾村震威宮重建委員會，〈緣革〉。溪州鄉水尾村，1978年。

李應梭先生提供，《李氏族譜》。詔安縣秀篆鎮寨坪村大坪頭，年份不詳。

從原鄉地緣關係來看新竹地區三山國王廟之空間分布特性

呂展曄、韋煙灶

1. 緒論

1.1 研究議題的形成

漢人來臺移民定居之後，陸域性的原鄉神祇相繼出現，如保生大帝成為漳、泉移民共同的信仰[1]；清水祖師則為泉州安溪人的代表；漳籍移民奉祀開漳聖王；而潮州籍移民常與三山國王信仰劃上等號。然而，這些原鄉神祇信仰除了讓各籍移民有遙望原鄉、安定心神的心理作用外；漫漫的拓墾過程中，也常成為強化社群/宗族勢力的精神象徵。

對於來自粵東、閩南地區，目前被歸類成客籍移民的漢人而言，為了在拓墾過程中獲得凝聚宗族的認同感，從村庄伯公到跨庄的義民爺信仰，總會成為祀奉的對象，這些地方信仰歷經一、兩百年的形塑逐漸深植人心，其中，義民爺信仰是清代臺灣敉平反叛民變之後所追封的名號，屬於臺灣在地的神祇，桃園、新竹地區經過長久閩藉、粵藉拓墾移民的族群互動，義民爺逐漸轉化為突顯粵籍旗幟的標籤[2]，於是粵籍移民以參與義民爺輪祀來強化族群的聯繫，並與福建閩籍作區隔，而此粵籍逐漸轉化為「客家」籍，致使到目前為止義民信仰成為桃、竹客家區中跨行政區的信仰體系[3]。

源自於原鄉的三山國王信仰，其性質就與義民爺不同，臺灣入清朝版圖的初期，當時客籍人士還未大量入墾之時，臺南、鳳山、嘉義、彰

---

[1] 范正義，《保生大帝信仰與閩臺社會》（福州：福建人民出版社，2006 年），頁 69-87。

[2] 林桂玲，《家族與寺廟：以竹北林家與枋寮義民廟為例（1749-1895）》（新竹：新竹縣文化局，2005 年），頁 119-123。

[3] 賴玉玲，《褒忠亭義民爺信仰與地方社會發展—以楊梅聯庄為例》（新竹：新竹縣文化局，2005 年），頁 74-81。

化等四個最早設立行政區的舊城牆內，已經有三山國王廟的設立[4]。隨著漢人開墾日盛，三山國王的信仰也傳播臺灣各處。本文嘗試以「祖籍地緣關係」的區域尺度，重新審視新竹地區三山國王廟分佈與當地族群的關聯性，期望能給三山國王的研究提供另一種向度的思考途徑。

1.1 研究目的

自荷蘭、明鄭及清代統治以來，臺灣便屬於一個漢人移民的社會，農業社會形成的初期，其聚落的形成除了自然環境的氣候、地形、水文等條件的配合外，人文環境之開墾組織的組成，也關係者聚落發展之樣貌。其中，信仰結構是支持開墾組織的緊密與否[5]。

清代閩、粵籍移民在臺的分佈具有顯著的地緣或血緣的空間關係，其空間分布是呈區域性的集中，過去許多社會大眾及各類媒體，甚至學界，往往以先驗的觀點，來看待原鄉神祇與臺灣移民社群信仰的對應。如保生大帝之於泉州（但漳州也普遍存在保生大帝廟）之移民；清水祖師之於泉州安溪移民；開漳聖王相對於漳州地區；而三山國王則屬於客家族群。

只是這樣的分類方式，對於所有的原鄉神祇不一定均適用。三山國王的族群信仰就是個例子。依施添福的觀察，不屬於六堆客家地域的屏東海豐、潮州市街，均有三山國王廟的存在，並推測這個神祇信仰來自於粵東客家與閩南文化的接觸地帶[6]；邱彥貴以方志文獻，比對三山國王信仰與方言族群之關聯性，認為三山國王信仰與方言群並無絕對相關[7]。

從前人的觀察經驗，可知臺灣漢人社會的神祇信仰，絕不是單純的兩兩配對。這些地方神祇的研究，仍得回歸大陸原鄉地域空間分布的角

---

[4] 邱彥貴、吳中杰，《臺灣客家地圖》（臺北：城邦文化出版，2001年），頁100-102。

[5] 陳秋坤、許雪姬主編，《臺灣歷史上的土地問題》（臺北：中央研究院臺灣史田野研究室，1992年），頁215-216。

[6] 施添福，〈從臺灣歷史地理的研究經驗看客家研究〉，《客家文化研究通訊》，第1期（1998年），頁278。

[7] 邱彥貴，〈三山國王是臺灣客屬的特有信仰？〉，《臺灣史田野研究通訊》，第23期（1992年），頁66-70。

度去觀察，才會有更合理的解釋。本研究即以新竹地區各宗族原鄉祖籍，與大陸三山國王信仰之分布地區相互比對，以統計方式，進一步詮釋新竹地區三山國王廟分佈的空間特性。因此，本文所擬的研究目的如下：

1. 整理原鄉三山國王信仰的空間分布。
2. 整理新竹地區三山國王廟與當地拓墾之關聯。
3. 歸納新竹地區族群空間分布與三山國王信仰的特色。

1.2 文獻回顧

維繫臺灣早期聚落持續發展的因素除了常見的宗族「血緣」、原鄉「地緣」、租佃的「業緣」與師生傳承的「學緣」關係外，其實還有共同信仰的「神緣」關係。日人學者岡田謙最早提出「祭祀圈」的概念，透過觀察臺北士林地區民眾共同祀奉同一主神的區域，來解釋這種藉由共同信仰而串連社會結構關係[8]。

據目前內政部資料統計[9]，全臺三山國王廟總量已達 165 座，按本研究再確認，新竹地區主祀三山國王的廟宇有 16 座，大多位於沿山地區客家人比例偏高的鄉鎮，三山國王儼然成為新竹客家族群的重要信仰。不過，劉枝萬對臺灣漢人民間宗教的發展，認為有原鄉神祇香火袋、廣設土地公祠、庄內主神安定成熟期、各類政教性質廟宇林立等四個演繹的「時間階層」。也以新竹大隘地區為例，說明聚落的祭祀圈涵蓋自然村的平安戲、區域內跨村的核心廟宇輪祀（如北埔慈天宮）、與整個北部客家領域的義民廟輪祀信仰的「空間階層」。所以新竹地區居民的日常寺廟信仰皆具有不同角度的階層性，三山國王僅為其中之一[10]。

邱瑞杰以廟宇祭祀圈的觀點研究清末關西地區的信仰發展，認為在空間尺度下，第一種為村落性質的最小祭祀圈，主要分佈在地形較封閉

---

[8] 岡田謙著，〈臺灣北部村落に於ける祭祀圈〉，《民族學研究》，第 4 卷第 1 期（1938 年），頁 14-29。

[9] 內政部民政司編印，《全國寺廟名冊》（臺北：內政部民政司，2004 年）。

[10] 郭功臣，〈新竹內山地區民間信仰的空間差異〉（臺北：國立臺灣師範大學地理系碩士論文，2005 年），頁 75。

吳育臻，《大隘地區聚落與生活方式的變遷》（新竹：新竹縣文化局，2000 年），頁 111-129。

的河谷,而村廟設立的目的也較單純,如為了開墾及防番而立的老社寮
三山國王廟,若廟宇初設的功能消失,並且未轉化成多元的其他功能,
廟宇祭祀圈恐怕將會被更大的超村落祭祀圈所取代[11]。第二種為超村落
性質的祭祀圈,這些聯庄公廟的信仰主要以三官大帝為主,分布於關西
地區較大的河谷平原,功能以防疫、防番為主,並以中元節的普渡及下
元節的平安戲作為酬神與聯繫村落之間的社會關係。第三種為跨領域性
的義民廟祭祀圈,義民廟的聯合公祭從 1835(道光 15)年開始,早期
四大聯庄中,關西地區即分屬石岡仔、九芎林兩區,隨祭祀圈的擴大,
整個關西地區也以五份埔、石岡仔、咸菜甕、九芎林四個輪祀區的角色
加入輪值。邱氏認為當地庄民普遍認為義民爺所具有的神力不亞於三界
爺(三官大帝)與三山國王,所以義民廟祭祀圈的形成,代表關西隘墾
區內以粵籍為主的移民對於防番需求的特色。

　　整理以上學者對新竹客家地區的信仰階層,義民廟的信仰一直是祭
祀圈的最高階層,粵東移民裔配合朝廷敉平林爽文民變的義民輪祀也漸
漸轉化為族群認同的內涵;而三山國王、三官大帝則被歸類成跨村領域
的信仰[12],把新竹地區分為鳳山溪、頭前溪流域,由於鳳山溪中上游開
墾的粵籍移民之大陸原鄉來源多元,加上少數福建閩籍業主(如陳長順
墾號)的共同投入[13],使較無族群屬性的三官大帝成為該區之信仰;頭
前溪流域入墾的粵籍移民之大陸原鄉同質性高,使原鄉地域性強烈的三
山國王廟迅速增加。近年來的客家研究中,三山國王廟與客家族群的拓
墾應有一定的相關,邱彥貴更以三山國王當作大甲溪至八掌溪之間的族
群分類的「客家索引」[14],只是客家族群與三山國王信仰的關聯卻不能
完全畫上等號,上述各學者的研究中其實也隱然指出三山國王信仰與拓
墾大陸原籍的關聯,只是尚無直接的證據;本文嘗試以田野資料佐證,
並進行簡易的統計檢定,以討論新竹地區三山國王廟的分佈與原鄉地緣

---

[11] 邱瑞杰,《清末關西地區散村的安全與防禦》(新竹:新竹縣文化局,1999 年),頁 110-122。

[12] 郭功臣,〈新竹內山地區民間信仰的空間差異〉,頁 95。

[13] 呂佩如,〈清代竹塹東部內山地區的拓墾:以合興庄為主軸的探討(1820-1895)〉(新竹:
國立交通大學客家社會與文化碩士在職專班碩士論文,2008 年)。

[14] 邱彥貴、吳中杰,《臺灣客家地圖》,頁 100-101。

之關聯。

1.3 研究方法

1.3.1 蒐集新竹地區各鄉鎮世居家族之祖籍分佈資訊，並製表分類，對於祖籍地之確認，儘量能達到目前鄉鎮級行政區。

1.3.2 訂出「原鄉三山國王廟信仰指數」

根據各文獻專書、廟誌碑文記載，新竹地區三山國王信仰的源頭均指向廣東省潮州府揭陽縣荷婆墟之霖田祖廟（今揭陽市揭西縣河婆街辦），於是以河婆為中心，訂立指數可以了解其信仰的強弱關係。

1.3.2.1 根據霖田祖廟空間距離來訂指數

距離通常為影響中地機能的最主要因素，對於祭祀圈的影響亦然。本文即以揭西縣霖田祖廟為核心，參考山脈走向、水系流向，以訂定出各縣市對於揭西霖田祖廟的強度指數。

1.3.1.2 根據霖田祖廟捐獻人次統計來訂指數

捐獻人次可以反應祭祀圈本身的密度，據實地走訪揭西霖田三山國王祖廟，廟側石碑刻有近年來三次捐獻石碑文（1992-1993 年、1994-1995年、1996-1998 年，如圖 4.1、圖 4.2），按碑文內容記載，均以縣市（揭西縣以外）、鎮鄉（揭西本身）為單位，合計共有三次捐獻人次數量，以此訂立另幅原鄉三山國王廟信仰指數[15]。

---

[15] 感謝陳嘉旻與林雅婷兩位老師提供 2011 年 8 月 22 日在廣東省揭揚市揭西縣河婆街辦三山國王霖田祖廟拍攝各年捐獻碑文資料。

圖 4.1 揭西河婆三山國王廟
（2011/08/22 攝）

圖 4.2 霖田祖廟捐款名錄
（2011/08/22 攝）

1.3.3 計算「原鄉三山國王廟信仰強度」

　　將新竹地區各鄉鎮世居宗族大陸原鄉祖籍分佈樣本，套入上表依據空間距離、捐獻人次等兩個面向所訂立的信仰強度指數，計算出新竹各鄉鎮市區的「原鄉三山國王廟信仰強度」，以所得出新竹各鄉鎮市區的數值，來檢驗新竹地區祖籍地緣關係是否與三山國王廟的分布有統計相關？並對其中的數據加以分析解釋。

2. 三山國王廟的分布

2.1 三山國王廟的源起

　　粵東地區的三山國王著名者有兩處，一為梅州市梅江區三角鎮的泮坑公王，其形象為三位跨騎猛虎的將軍，只是在梅州移民臺灣的宗族分布地區，似乎不曾見到泮坑公王形像的三山國王廟；另一為揭陽市河婆墟的霖田祖廟，為白面、紅面與黑面的王爺形像，而這類三山國王型式的塑像遍佈於全臺各地[16]。由此可知，揭西霖田祖廟的三山國王對閩南、粵東漢人遷徙過程的影響最顯著。

　　位於揭揚河婆墟霖田都的三山國王祖廟，在明清時期隸屬於潮州

---

[16] 房學嘉，《客家源流探奧》（臺北：武陵出版社，1996 年），頁 113。

府，當時潮州府中的潮陽、海陽、惠來、揭陽、饒平、大埔、普寧、豐順、澄海九邑都可以見到三山國王信仰立廟的紀錄，總數約 40 餘座[17]。

　　除了三山國王的信仰外，潮州地區另外也有許夫人（陳壁娘）鳳凰山南下救駕[18]、陳吊王（陳遂）抗元的信仰[19]，到明代潮州地區官府力量伸入原有的畬區，這些地方社神受朝廷統正名為「畬國王」[20]，再經潮州人士賦予漢人抵禦異族捨身成神的傳說，而雅化為「三山國王」（如圖 4.3、圖 4.4 所示），使其承接道教系統的正當性與漢人對中原正統文化的期待。

圖 4.3 潮州市饒平縣新墟鎮長彬村長彬古廟長彬古廟古廟之（陳吊王廟）石碑（2010/01/24 攝）

圖 4.4 饒平縣新墟鎮長彬村長彬古廟正殿三山國神像（2010/01/24 攝）

---

[17] 郭功臣，〈新竹內山地區民間信仰的空間差異〉，頁 35-36。

[18] 傳說宋端宗 1276（景炎元）年南宋末代皇帝趙昰南逃廣東，元軍在後追殺危急之際，潮州畬族許夫人（陳壁娘）由鳳凰山南下救駕，在百丈埔阻擊元軍，宋帝趙昰得以脫險。由於元軍眾而畬軍少，許夫人不願投降而投井就義。

[19] 《潮州府‧大事志‧饒志》記載：「1356（元順帝至正 16）年，陳遂據揭陽，築城僭稱定王，並曾進攻潮州、潮陽等地，還曾兩陷漳州，最後據守三饒，成為地方割據勢力。」文中所稱的陳遂，即今饒平新墟鎮長彬村四百嶺山區的長彬古廟所奉的「陳吊王」。

[20] 明永樂 8 年（1410）後，潮洲地區受朝廷教化，以「畬國王」有功於國，宏庇於民而成為地方社神。

到了元代，劉希孟著有《明貺廟記》：

> 宋藝祖開基（960-975），劉鋹拒命，王師南討，潮守侍監王某懇
> 於神，天果雷電以風，鋹兵大敗，南海以平。逮大宗（976-997）
> 征太原，次城下，見金甲神三人，操曳馳馬突陣，師大捷，劉繼
> 元降，凱旋之夕，復見於城上，或以潮州三山神奏。詔封明山為
> 清化盛德報國王、巾山為助政明肅寧國王、獨山為惠威宏應豐國
> 王，賜廟額曰明貺。敕本郡增廟宇，歲時合祭，則神大有功國亦
> 尚矣。
> 潮及梅惠二州，在在有廟，遠近士人歲時走集。嗚呼！為神之明，
> 故能鑒人之誠，惟人之誠，故能格神之明。雨暘時若，年穀屢登，
> 其所以福吾民而寧吾國者，豈小補哉！」[21]

《明貺廟記》藉自然形式的擴大，塑造出三山國王的神格特性，於
是在元代非漢人統治的政治氛圍下，山神形式的三山國王信仰不但避免
朝廷對「抗元」的疑慮，同時也合乎元朝亦尊崇的道教邏輯。所以揭揚
地區三座山勢較巍峨的山嶺即成為自然形式三山國王信仰的源頭。潮州
各縣志亦有記載，《潮州府志》十六卷〈山川〉記：

> 獨山距城西一百四十里，高約六百五十丈，周圍三十里，南溪源
> 經其下。明山距城西一百五十里，高約七百丈，周圍四十里。山
> 麓有明貺廟，半山天竺巖有石穴，相傳有三仙人出於此。巾山距
> 城西一百五十里，狀如巾故名。高約七百丈，周圍三十里。懸崖
> 陡壁，有徑通長樂，曰七成徑，蓋關隘也。山頂有石巖，內鐫巾
> 子山白雲巖三山國王數大字。相傳隋時有三神人顯化立廟於此。
> 宋藝祖時敕封三山國王，加賜額曰廣靈[22]。

《揭陽縣志》記載：「制凡建邑分州，莫不有祀……關帝天后城隍，
則天下通事也。巾獨明三山之神，則潮郡獨祀也。……」
《海陽縣志》記載：「三山國王廟，城鄉隨處有之，以皆民間司建，

---

[21] 郭功臣，〈新竹內山地區民間信仰的空間差異〉，頁29-30。
[22] 郭功臣，〈新竹內山地區民間信仰的空間差異〉，頁28。

故略。」

《惠來縣志》記載:「三山廟,揭陽縣藍田都中山明山獨山之神也,今祀於惠,一在南郊墩上,一在先覺宮,一在西郊,窯各鄉具有廟。」[23]

在《明貺廟記》的釋義下,因忠於前朝,終成反叛勢力成仁的地方社神,在結合道教自然環境轉化凡人成仁成仙的觀念後,使得三山國王信仰,開始以潮州府揭陽西部為中心,逐步擴散至粵東各州府,乃至移墾的臺灣社會。

2.2 新竹地區三山國王廟的分布

依據政府機關與學者統計資料顯示(表 4.1),臺灣的三山國王廟自日治時期至戰後,已達 160 餘座。由於部份臺灣廟宇主、配祀神明不明確;加上有些寺廟於普查時限內部份原因時有時無的登情況,使得對於臺灣三山國王廟的統計迭有出入。

由表中 2004 年全臺三山國王廟比例最高者為宜蘭縣的 40 座,屏東縣以 25 座居次,彰化縣有 23 座排行第三,而新竹縣也以 13 座的數目在全臺之中占有一定的比例,只是依據民間田野調查資料顯示,全臺尚有許多未登記的私人宮廟、及其他主祀其他神明的廟宇也配祀三山國王,所以三山國王的信仰廟宇,應該大於以上的統計資料。

表 4.1　臺灣各縣市三山國王廟分布統計

年代／縣市	1919（大正8）年	年代／縣市	1959（民國48）年	1987（民國76）年	1995（民國84）年	2001（民國90）年	2004（民國93）年
臺北廳	2	基隆市		1		1	3
		臺北市					
		臺北縣	1	2	2	2	
宜蘭廳	22	宜蘭縣	27	34	32	37	40
桃園廳	2	桃園縣					

---

[23] 郭功臣,〈新竹內山地區民間信仰的空間差異〉,頁 35-36。

廳		縣市					
新竹廳	19	新竹縣	15	12	17	11	13
		新竹市					
		苗栗縣	3	4	4	4	4
臺中廳	27	臺中縣	8	12	14	12	12
		臺中市					
		彰化縣	19	18	22	24	23
南投廳	3	南投縣	2	4	4	3	5
嘉義廳	14	雲林縣	6	10	10	13	12
		嘉義縣	7	9	13	8	11
		嘉義市		1		3	2
臺南廳	10	臺南縣			1	1	1
		臺南市	1	1	1	1	1
		高雄市	2		4	3	3
阿猴廳	19	高雄縣	7	9	11	9	9
		屏東縣	25	27	32	27	25
澎湖廳		澎湖縣					
花蓮港廳		花蓮縣		1	1	1	1
臺東廳	1	臺東縣	1	1			
合計	119	合計	124	145	169	160	165

資料來源：臺灣總督府文教局社會課，《臺灣宗教調查報告書》，1919 年。劉枝萬主編，〈臺灣省寺廟教堂名稱主神地址調查表〉，《臺灣文獻》，第 11 卷第 2 期（1960 年）。臺灣省民政廳編印，《臺灣省各縣市寺廟名冊》（南投：省政府民政廳，1987 年）。內政部民政司編印，《全國寺廟名冊》（臺北：內政部民政司，2004 年）。

　　經楊鏡汀先生的整理，目前新竹縣 16 座三山國王廟[24]，配合《重修臺灣省通志・卷三・住民志・宗教篇》[25]，作者逐一前往核對，以及登錄各廟宇碑誌興建年代之記載，所得主祀三山國王的廟宇也是 16 座，分別位於頭前溪流域的竹東（5 座）、芎林（3 座）、橫山（3 座）、北埔（1 座）、峨眉（1 座）、寶山（1 座）與鳳山溪流域的新埔鎮（1 座）、

---

[24] 劉燕玉，〈臺灣三山國王廟區聯研究—以新竹縣及宜蘭冬山鄉為例〉（新竹：國立新竹教育大學臺語文研究所碩士論文，2005 年），頁 68。

[25] 劉寧顏，《重修臺灣省通志（卷三）住民志・宗教篇》（南投：臺灣省文獻委員會，1981 年）。

關西鎮（1座）（位置等資訊如表 4.2 所示）：

表 4.2 新竹地區三山國王廟位置與廟齡

鄉鎮	廟宇名稱（地名）	地址	建廟年代	廟齡（距今2015）	經緯度座標
竹東鎮	福龍宮（柯仔湖）	竹東鎮柯湖里柯湖路 3 段 291 號	1834（道光 14）年	181 年	121°02'18.05E 24°45'17.62N
	國王宮（三角城）	竹東鎮三重里中興路 2 段 221 巷 107 號	1833（道光 13）年	182 年	121°03'42.41E 24°45'17.62N
	惠昌宮（樹杞林街）	竹東鎮竹東里東寧路 3 段 67 號	1810（嘉慶 15）年	205 年	121°05'13.58E 24°44'17.64N
	惠安宮（上公館）	竹東鎮上館里惠安街 189 巷 27 號	1808（嘉慶 13）年	207 年	121°05'32.72E 24°43'19.02N
	廣惠宮（上坪）	竹東鎮上坪里 6 鄰 48 號	1929（昭和 4）年	86 年	121°07'12.16E 24°39'46.12N
芎林鄉	廣福宮（芎林街）	芎林鄉芎林村廣福巷 45 號	1799（嘉慶 4）年	216 年	121°04'46.53E 24°46'31.59N
	福昌宮（石壁潭）	芎林鄉石潭村福昌街 300 巷 1 號	1784（乾隆 49）年	231 年	121°05'32.81E 24°45'33.15N
	惠和宮（山豬湖）	芎林鄉秀湖村山豬湖 37 號	1851（咸豐元）年	164 年	121°07'03.13E 24°44'02.88N
橫山鄉	國王宮（九讚頭）	橫山鄉新興村新興街 62 巷 6 號	1858（咸豐 8）年	157 年	121°08'32.89E 24°42'59.38N
	國王宮（橫山）	橫山鄉橫山村 3 鄰 56 號（站前路末端）	1875（光緒元）年	140 年	121°06'56.61E 24°43'04.91N
	國王宮（矺子）	橫山鄉田寮村矺子 2 號	1863（同治 2）年	152 年	121°06'25.86E 24°41'56.96N
寶山鄉	新豐宮（柑仔崎）	寶山鄉新城村新湖路 32 號	1834（道光 14）年	181 年	120°57'56.58E 24°43'51.07N
北埔鄉	南昌宮（南埔）	北埔鄉南埔村 2 鄰南埔 17 號	1897（明治 30）年	118 年	120°02'31.07E 24°41'45.18N
峨眉鄉	國王宮（中興庄）	峨眉鄉中盛村 3 鄰 196 號	1846（道光 26）年	169 年	121°01'52.87E 24°41'33.68N
新埔鎮	廣和宮（新埔街）	新埔鎮中正路新民里中正路 608 號	1853（咸豐 3）年	162 年	121°04'28.07E 24°49'41.05N
關西鎮	三和宮（老社寮）	關西鎮新富里 5 鄰老社寮 34 號	1849（道光 29）年	166 年	121°10'43.79E 24°46'3.85N

資料來源：劉燕玉，〈臺灣三山國王廟區聯研究——以新竹縣及宜蘭冬山鄉為例〉，頁 68。本文作者田野調查，2012 年。

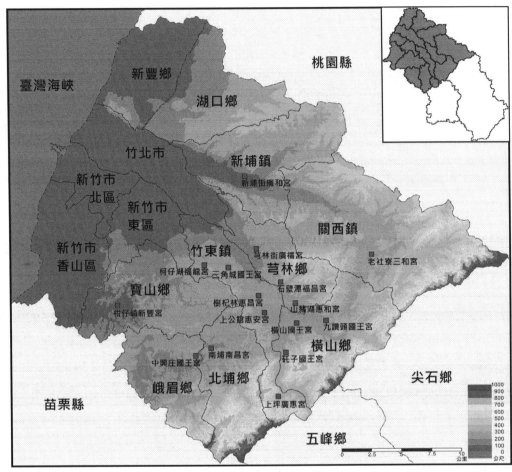

圖 4.3 新竹地區三山國王廟分布圖

資料來源：重繪自坤眾大地資訊顧問公司，〈新竹縣行政區域圖〉
（臺北：內政部，2007 年）。

2.3 新竹地區三山國王廟的信仰來源

「祭祀圈」是在一定的範圍內的所有居民具有義務性地共同進行祭
祀組織與祭祀活動，依此，新竹地區三山國王廟之祭祀圈大多僅止於數
個村落，過去討論一定區域內相同神祇信仰的分布，多以祖廟分香的角
度看待[26]，如郭功臣以新竹地區為例，探討三官大帝與三山國王廟宇的

---

[26] 林美容，〈土地公廟─聚落的指標：以草屯鎮為例〉，《臺灣風物》，第 37 卷第 1 期（1987
年），頁 53-81。

從屬聯係[27]。以其觀點分類，新竹地區三山國王廟的香火源頭大致有二：一為墾民攜行原鄉香火袋；二為由臺灣較早期的三山國王廟分香而來。

2.3.1 原鄉香火袋

依史料記載，漢人最早入墾新竹地區始於康熙末年王世傑入墾暗街仔（今新竹市東前街 36 巷）一帶；至 1730（雍正 8）年泉州籍李尚始入墾竹北的田九屚、車路頭一帶（今竹北市大義里、崇義里）；1775（乾隆 40）年至 1785（乾隆 50）年間，惠州陸豐人姜勝智、潮州大埔人劉承豪等向竹塹社給出墾批開拓九芎林山林埔地（今芎林鄉下山村），而此地的開墾，也成為頭前溪中上游最早拓墾之地區[28]。

2.3.1.1 芎林鄉石壁潭福昌宮

福昌宮整修建委員會之〈福昌宮沿革〉載明：「福昌建於甲辰年仲冬，供奉三官大帝、三山國王、左右將軍、福德正神等……。」[29]正殿重修後的「福昌宮」牌匾亦題甲辰年，說明了此廟為 1784（乾隆 49）年所建立。九芎林為頭前溪流域中上游漢人最早入墾的地區，乾隆年間修建的此廟也成為早期拓墾者的信仰中心。

總覽新竹地區的三山國王廟中，由於福昌宮為沿山地區最早的三山國王廟，使得頭前溪流域後來所建的三山國王廟幾乎均由福昌宮分香而出[30]。福昌宮三山國王神像如何而來，廟誌沿革未說明，但依當時拓墾的時空背景並配合筆者等人的原鄉訪查，由姜、劉等帶領的墾民攜原鄉香火在此立廟的可能性較高。

只是在 1880（道光 60）年福昌宮三山王爺神像被盜，尋獲後的神像迎入芎林街上的廣福宮，使福昌宮的正統性轉而由廣福宮承接而去[31]。

2.3.1.2 芎林鄉山豬湖惠和宮

惠和宮的建廟沿革中：「清朝咸豐元年西元一八五二年，先民由大陸來此開山拓荒，擇此福祉，迎奉廣東潮州三山國王香火來此拜祀，作

---

[27] 郭功臣，〈新竹內山地區民間信仰的空間差異〉，頁 57-74。

[28] 吳學明，《頭前溪中上游開墾史暨史料彙編》（新竹：新竹縣文化中心，1998 年），頁 29-30。

[29] 石潭福昌宮整修建委員會，〈石潭福昌宮整修建記事〉（芎林鄉石潭村，1999 年）。

[30] 郭功臣，〈新竹內山地區民間信仰的空間差異〉，頁 83-85。

[31] 筆者於 2012 年 2 月 25 日訪談芎林福昌宮、廣福宮、惠和宮廟前耆老。

爲先民守護神，供鄉民燒香膜拜祈求庇祐……。」[32]

由於山豬湖位於芎林鄉更向內山之位置，早期姜勝智、劉承豪帶領的拓墾漢移民不及於此，廟誌中也未交待其與芎林街廣福宮、石壁潭福昌宮間的從屬關聯，加上訪談當地耆老，均表示山豬湖一帶的世居宗族與芎林街上姜、劉拓墾之宗族互動不大[33]。

山豬湖地區原由姜勝智所招的劉引源、劉可富於1807（嘉慶12）年入墾，後因貼進內山，初無設隘防加上番害爲患，開墾並不順利，於是1820（嘉慶25）年，泉州籍的陳長順與潮州饒平劉朝珍合組「合興庄」墾號，共同拓墾橫山、大肚、鹿寮坑、山豬湖、猴洞一帶[34]惠和宮於1851（咸豐元）年合興庄拓墾期間建成，按時序推論，其香火的攜入與合興庄的墾戶關聯性較高[35]。

2.3.1.3 竹東鎮三角城國王宮

三角城國王宮重修沿革僅記載：「前道光十三年建廟，稱為三角城。……」，其位於頭前溪南岸二重埔、三重埔的狹窄階地上，該地既非農業拓墾中心，也不是業主公館所在。在金廣開墾之前，三重埔爲防番的舊隘，1835（道光15）年金廣福墾號組成，墾首姜秀鑾以三角城爲進入北埔的據點，逐步拓墾大隘地區[36]。

筆者訪查當地，現今廟宇均由當地大姓徐姓（徐四鳳派下）管理，徐姓宗族祖籍嘉應州鎮平縣（今梅州市蕉嶺縣），雖然與墾首姜秀鑾的祖籍惠州陸豐縣（今汕尾市陸豐市）之客家話音系不同，但其表示祖先曾參與姜家金廣福初期的拓墾。[37]另一方面，三角城國王宮建於1833（道

---

[32] 未註撰者，〈惠和宮建廟沿革〉（芎林鄉秀湖村，1986年）。

[33] 筆者於2012年2月25日訪談芎林福昌宮、廣福宮、惠和宮廟前耆老。

[34] 吳學明，《頭前溪中上游開墾史暨史料彙編》，頁77-83。

[35] 劉康國，〈拓墾家族與社會領導階層—以新竹劉朝珍家族爲例〉（新竹：國立交通大學客家文化學院客家社會與文化學程碩士論文，2011年），頁18-20、58-59。

[36] 吳育臻，《大隘地區聚落與生活方式的變遷》（新竹：新竹縣文化局，2000年），頁39-42。

[37] 作者於2012年3月24日訪談竹東鎮三角城國王宮徐姓管理人、柯仔湖國王宮與當地林姓耆老。徐四鳳祖籍廣東嘉應州鎮平縣大坑頭西門羅石下（今梅州市蕉嶺縣廣福鎮坑頭村羅石下），引自徐元通主編（1993：頁系63、人133）。渡臺祖徐作石有為鎮平12世祖，與堂兄弟作磻、作琳渡臺，初墾之地為苗栗頭屋。徐清魁為14世祖，清魁與清連移居三角城，文獻中的徐四鳳似為兄弟合股之墾號。

光 13）年，由於其地形封閉，不似竹東地區其他三山國王廟平原開展，雖然廟誌沿革並未註明香火何來，但建廟時序與姜秀鑾入墾大隘大抵相當。

　　2.3.1.4 北埔鄉南埔南昌宮、寶山鄉柑仔崎新豐宮、峨眉鄉中興庄國王宮

　　北埔、峨眉、寶山地區合稱為大隘地區，由於位土牛溝與新番界以外，遲至 1835（道光 15）年才由惠州陸豐縣姜秀鑾組「金廣福」墾號帶領入墾，在新竹地區的開發時序相對較晚。寶山鄉柑仔崎新豐宮建於 1834（道光 14）年，其廟誌沿革記載：

> （前略）……本廟三山護國王神，緣由福建省，武平縣岩前鎮沈坑木匠師魏超福，於清道光初年，引駕渡臺，先在宜蘭境立廟奉祀，經十餘年，為開闢大溪、龍潭等地山界，即恭迎國王至三坑大坪奉祀。道光十四年冬，新竹官民合力開闢大隘，屢遭番擾，不克入山，以致墾民束手無策，……乃再迎國王至本地－南隘庄，借公屋安座奉祀。……。」[38]

　　新豐宮的王爺像由大陸引駕入臺後，輪轉多方奉祀，最後落腳新竹地區之南隘庄，而文中所載之南隘庄，即金廣福墾號拓墾前之舊隘。由建廟時間與沿革記載亦說明此廟與金廣福墾號的關聯性。

　　峨眉中興庄國王宮建於 1846（道光 26）年，寺廟沿革僅記載：「三山國王宮建於道光丙午年，……」。北埔鄉南埔地區的南昌宮建於更晚的 1897（明治 30）年，而廟中尋無建廟沿革，卻另有有彭阿生、姜滿堂、翁木生、蕭阿輝等世居宗族先祖之長生祿位（圖 4.4）[39]。這兩座廟宇位於金廣福拓墾前之舊隘線之外的內山地帶，據筆者訪談中興庄與南昌宮附近的世居宗族與廟前聚會耆老，雖然均按時節參與廟宇的科醮慶典，也加入繳納廟宇之春祭丁錢，但都不清楚這兩座廟宇的香火源由，

[38] 江清吉，〈（寶山鄉新城村）新豐宮創立沿革〉（1976 年）。

[39] 彭阿生原籍惠州陸豐五雲洞（今揭西縣五雲鎮），姜滿堂原籍惠州陸豐大安墟（今陸豐市大安鎮）與姜秀鑾係屬同鄉；翁木生原籍惠州陸豐書村（今陸河縣螺溪鎮書村），蕭阿輝原籍惠州陸豐石帆都桂坑鄉（今陸豐市陂洋鎮桂坑農場）。

當地眾人的說法多認爲是金廣福拓墾時，墾戶攜原鄉香火而來。

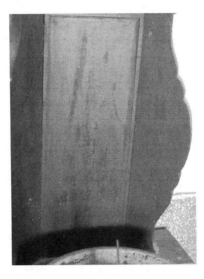

圖 4.4 南埔南昌宮奉祀彭、姜、翁、蕭姓長生祿位（2010/08/23 攝）

2.3.2 廟宇分香

寺廟的建立不僅代表地方上的信仰中心，在農業拓墾時期，更兼具防疫、防番、求財、求嗣等生命安全與生活期待的心理慰託，於是寺廟將逐漸形塑出一個神聖空間，以保障祭祀圈內的居民。隨開墾的時序先後，後期建立的同性質神祇廟宇也演變出分香自他廟的從屬關聯，分香一方面是從宗教的角度反應了聚落之間社會文化的關聯性；另一方面也樹立早期所建廟宇的祖廟地位[40]。

2.3.2.1 芎林鄉芎林街廣福宮

廣福宮之建廟沿革：「本宮於 1799 年由先賢，劉承豪、姜勝智等開發九芎林成庄後，為不忘故鄉……並獲得眾士紳熱誠合作，集資興建廟宇，而定名為廣福宮，奉祀三山護國聖王……。」[41]

芎林地區的初期拓墾主要在 1775（乾隆 40）年至 1785 年間以惠州

---

[40] 郭功臣，〈新竹內山地區民間信仰的空間差異〉，頁 8。

[41] 廣福宮重建委員會，〈廣福宮重建序〉（芎林鄉芎林村廣福宮，1980 年）。

陸豐姜勝智、潮州大埔劉承豪爲主，尤其劉家後來在芎林街上定居繁衍[42]。至乾隆末期芎林市街發展穩定後，建廟倡議不斷。由於芎林初墾之時，姜、劉等人已於 1784（乾隆 49）年在石壁潭地區建有三山國王廟福昌宮，待拓墾穩定後，1799（嘉慶 4）年由福昌宮分香至芎林街上的廣福宮建成。

原本廣福宮僅爲位階較低的分香子廟，但 1880（道光 6）年福昌宮三山王爺神像被盜，尋獲後的神像卻迎入市街上的廣福宮，使廣福宮位階提升與福昌宮相同的祖廟地位。廣福宮內亦有〈九芎林莊志〉對於此事件之記載：「（前略）……斯時每年平安演戲祀典，要到石壁潭庄恭請國王聖像爲主，因道光六年，突被生番私行將國王聖像盜入深谷，忽然生番肚痛非常，驚惶莫狀，魂不附體，急將國王聖像請出，在半坑中置放。後眾信人等恭請至九芎林廟宇安位，人康物阜。……」。

加上廣福宮所在的芎林市街人口日繁，1919（大正 8）年開辦的中元慶使祭祀圈涵蓋全鄉 12 個村中的 7 個，此後更奠定了廣福宮取代福昌宮，成爲三山國王廟在新竹地區祖廟的地位[43]。

2.3.2.2 竹東鎮柯仔湖福龍宮

柯仔湖福龍宮的廟誌記載（柯仔湖福龍宮第一屆委員會，1983）：

> 前清宣宗時代道光十四年甲午歲（公元一八三四年）臺灣府淡水同知李嗣鄴奉旨授權粵籍姜秀鑾墾治竹塹東南廂山地……當時柯湖地帶，四面環山，中央盆地且森林密佈，土著依高臨下防易攻難，……改由三角城小地名曰鹹菜甕攻入樹杞林番社子等地，當夜土著看見天空中有三王將軍率兵從天空而降，土著驚惶，一夜之間不戰盡退。……後漢人進入柯湖，由其傳說得知，乃係三王國王顯聖，即在此地築蓋一簡陋廟宇，祀奉三山國王也，名稱「王爺廟」，……（後略）。

道光年間，金廣福的開墾原計畫由柯仔湖進入大隘，但受限於番害

---

[42] 劉詩敏，〈芎林劉承豪家族之研究（1751-1945）〉（臺中：國立臺中教育大學區域與社會發展學系碩士論文，2008 年），頁 7-8。

[43] 郭功臣，〈新竹內山地區民間信仰的空間差異〉，頁 68-70。

難絕，才由三角城成功轉入北埔，其拓墾活動才漸趨穩定。福龍宮創建於金廣福墾號組成前一年的 1834（道光 14）年，原先是分香於石壁潭福昌宮（神像轉移廣福宮後，改稱分香廣福宮）[44]，近年來福龍宮以回大陸進香謁祖的方式，使香火源頭直接搭上原鄉祖廟，以提升廟宇位階。

廟誌沿革亦提及：「……民國七十九年庚午歲三月二十四日，本宮組團前往大陸湄洲媽祖廟南普陀寺，揭西縣河婆霖田宮三山國王祖廟朝聖參拜，並奉請「三王」香爐一座回宮鎮廟奉拜，……。」

除了沿革中提及的 1990（民國 79）年外，2000（民國 89）年亦二次回揭西霖田祖廟謁靈暨奉迎回香火[45]，使福龍宮與芎林地區祖廟的關係日漸趨淡。

2.3.2.3 竹東鎮樹杞林惠昌宮

惠昌宮為新竹地區頭前溪南岸最早的三山國王廟，其廟誌載：「本宮原稱三山國王宮、王爺廟，清嘉慶十五年八月漢人業佃禱求庇護拓殖順利建廟奉祀，後清道光元年彭乾和等發起重建，道光七年春月完成，……。」[46]

頭前溪南岸的竹東地區於 1806（嘉慶 11）年，由惠州陸豐彭乾和等人，合夥組成「金惠成」墾號進行拓墾，開墾過程中，於 1810（嘉慶 15）年自芎林石壁潭福昌宮分香於樹杞林地區成立惠昌宮。原本惠昌宮依循的祖廟為福昌宮，隨著芎林地區三山國王神像移入廣福宮後，惠昌宮歷年的回祖廟祭祀活動也轉到廣福宮。1835（道光 15）年大隘地區的金廣福墾號組成後，樹杞林因位於進出拓墾大隘的交通節點上，其三山國王廟的香火亦隨之擴散，與竹東內山的上公館地區、及大隘地區的三山國王廟多有互動。[47]

2.3.2.4 竹東鎮上公館惠安宮

據上公館惠安宮廟誌：

---

[44] 郭功臣，〈新竹內山地區民間信仰的空間差異〉，頁 72。

[45] 郭功臣，〈新竹內山地區民間信仰的空間差異〉，頁 72。

[46] 未註撰者，〈竹東鎮惠昌宮重建碑誌〉（竹東鎮竹東里，1976 年）。

[47] 作者於 2012 年 5 月 26 日訪談竹東街惠昌宮、上公館惠安宮、上坪廣惠宮鄰近之當地耆老。

> 本惠安宮奉祀三山國王，稱上公館惠安宮，遠在民國前一○三年前〈公元一八○八年〉時，本地上屬蠻荒之地，橡棋樹成林。一八○六年彭屋先祖乾和乾順入墾樹杞林，並有金惠成號彭四盛老先生等開山闢地，墾耕、設隘防，立莊為樹杞林，上公館保。當時為紀念開莊闢地、平安順利，極感念大陸潮州故鄉神靈顯威，廣澤佑民，乃擇定奉祀三山國王為開莊尊神，……。（後略）

廟誌說明惠安宮與樹杞林的惠昌宮均為彭乾和發起興建，而惠安宮於 1808（嘉慶 13）年建成，時序上比杞林街惠昌宮早兩年，但以頭前溪中、上游入墾動線的空間順序來看，上公館位於樹杞林街向內山約兩公里處，按開墾時序，彭姓宗族不可能先內（東）而外（西）的拓墾順序。

惠安宮中有一塊 1872（同治 11）年設立的「濯赫靈聲」牌匾，故惠安宮較合理的建立時間應為 1871（同治 10）年左右。按樹杞林惠昌宮的說法，上公館惠安宮是由其分香而出。只是這樣的從屬關係在惠安宮回揭西霖田祖廟後，惠安宮的香火源頭轉而認定大陸原鄉，而與樹杞林惠昌宮的從屬關係逐漸疏遠。

據筆者實訪[48]，惠安宮確與拓墾樹杞林的彭乾和相關，直至 2002 年樹杞林惠昌宮的繞境範圍，也涵蓋惠安宮所在地[49]，但惠安宮於 2000 年回霖田祖廟謁祖後，也循柯仔湖福龍宮的模式自詡為原鄉的分靈。

2.3.2.5 竹東鎮上坪廣惠宮

上坪廣惠宮於日治時期興建，是新竹地區最晚興建的三山國王廟，據其廟誌：「遠在民國十八年〈昭和四年〉前，三山國王來源，由先人誠心無名氏熱心，從彰化縣溪湖鎮荷婆崙霖肇宮三山國王，大陸開基祖廟。當初請國王烏令旗及黃龍旗暨國王香火請回本庄上坪……。」[50]

1806（嘉慶 11）年金惠成墾號於樹杞林街的開墾順利後，由於墾民向內山木材、樟腦的需求日增，1882（光緒 8）年起再組「金協和」

---

[48] 作者於 2012 年 5 月 26 日訪談竹東街惠昌宮、上公館惠安宮、上坪廣惠宮鄰近之當地耆老。。

[49] 范明煥，《新竹地區客家人媽祖信仰之研究》（新竹：新竹縣文化局，2005 年），頁 131-132。

[50] 彭盛文，〈上坪聯庄廣惠宮沿革簡介〉（竹東鎮上坪里，2004 年）。

墾號入墾竹東至五峰交界的上坪、五指山一帶。1929（昭和4）年，由
彭姓地主捐地，由彰化溪湖鎮荷婆崙霖肇宮分靈，建成此三山國王廟，
此三山國王廟建成時間雖晚，但祭祀圈範圍包含竹東上坪里、瑞豐里、
橫山南昌村、五峰花園村等地。據訪查廣惠宮的佈告、進香令旗等等，
以及 1991 年慶成圓醮的繞境路線，廣惠宮與竹東其他三山國王廟之關
聯性相對為低。

2.3.2.6 橫山鄉田寮砥子國王宮、橫山國王宮

田寮砥子國王宮建於 1863（同治2）年，其廟誌記載：「田寮村砥
子國王宮沿革志溯自咸豐三年先賢錢朝拔率眾開發此地，……旋至同治
二年始創廟宇。由荷婆崙霖肇宮來臺開基祖廟，三山國王分靈以烏令旗
及黃龍旗過爐後為本廟主祀供俸，……故稱為金興聯莊國王宮，……。」
[51]

橫山地區地近內山地勢崎嶇，河谷平原也不如中游地區的九芎林與
樹杞林般寬闊，加上拓墾愈向深山，番害愈盛，使橫山地區的拓墾形成
小墾民集資合組小拓墾單位進行，田寮砥子地區的金興庄墾號，即屬於
此種型態。1867（咸豐6）年錢朝拔向竹塹社給出的埔地，到同治年間
仍得負擔大部份的隘糧。故籍由三山國王形成的武力拓墾信仰旋即成形
[52]。

橫山村的國王宮於 1875（光緒元）年建立，廟誌未載明香火源由，
但其與芎林山豬湖惠和宮均屬於 1820（嘉慶25）年，合興莊墾號之範
圍，橫山國王宮的建成時間也在合興庄拓墾期間內，以時序推論，香火
或許與墾戶原鄉攜入有關。但郭功臣稱橫山國王宮為彰化縣溪湖鎮荷婆
崙霖肇宮分靈至此[53]，筆者訪查田寮砥子國王宮時，當地宗族亦表示橫
山、砥子兩廟均由彰化溪湖霖肇宮分香而至。[54]

橫山鄉南部的拓墾始於 1804（嘉慶9）年潮州饒平劉朝珍開墾大肚

[51] 國王宮改建委員會，〈田寮村砥子國王宮沿革志〉（橫山鄉田寮村砥子，1987 年）。
[52] 吳學明，《頭前溪中上游開墾史暨史料彙編》，頁 95-100。
[53] 郭功臣，〈新竹內山地區民間信仰的空間差異〉，頁 73-74。
[54] 作者於 2012 年 6 月 16 日造訪橫山鄉橫山國王宮、田寮砥子國王宮、九讚頭國王宮之鄰近當
地耆老。

荒埔（今橫山大肚村）、芎蕉湖（今橫山豐田村）一帶，隨拓墾有成，開始建立信仰廟宇，其中 1863（同治 2）年建立之田寮村矺子國王宮、1875（光緒元）年建立之橫山國王宮，據訪問是由彰化縣溪湖鎮荷婆崙霖肇宮分靈至此。

2.3.2.7　關西鎮老社寮三和宮

關西老社寮的三和宮據村民所述[55]，是道光年間的製腦工人，由彰化溪湖荷婆崙霖肇宮攜帶三山國王香旗至此祭拜，於 1835（道光 15）年搭建草寮祀奉，由於老社寮遠離主要聚落咸菜甕，來此開發多屬零星伐樟製腦工人，所以尚無廟宇建築的修建，一直到 1849（道光 29）年「合興庄」墾戶陳福成發起重建廟宇，才有了三和宮的名稱。關西所屬的鳳山溪流域中上游大多為三官大帝的信仰，三和宮的祭祀圈僅止於老社寮聚落。

2.3.3　其他

至於興建於 1853（咸豐 3）年的新埔街上廣和宮、1858（咸豐 8）年橫山九讚頭國王宮，其廟誌與文獻並無交代其三山國王的香火來源。廣和宮廟誌記載：

> 清朝咸豐三年〈西元一八五三年〉新埔仍屬洪荒曠野，樹林茂密，前河後山，風光明媚，時有先賢開疆拓土，為感念故鄉神靈顯示默佑，開闢進行順利，乃由當地賢達士紳集資創建廟宇一座定名「廣和宮」以示廣澤福佑深意，該宮前殿主祀三山國王；配祀廣澤尊王註生娘娘，後殿中龕主奉大雄寶殿三大寶佛，暨供置施主祿位……。[56]

屬於鳳山溪流域的新埔廣和宮位於聚落中心，雖然主祀三山國王，但一旁配祀廣澤尊王與註生娘娘，後殿中龕又主奉大雄寶殿之三大寶佛，信仰的雜異性相對為頭前溪流域高。

橫山九讚頭國王宮為該聚落內的主要信仰，過去也屬於 1820（嘉

---

[55] 邱瑞杰，《清末關西地區散村的安全與防禦》，頁 110-111。

[56] 蘇國瑞，〈新竹縣新埔鎮廣和宮沿革〉（新埔鎮新民里，2001 年）。

慶 25）年合興莊墾號之範圍，同墾區內的山豬湖惠和宮為墾民自原鄉攜香火而至，橫山國王宮依訪查卻為彰化霖肇宮分香而來，故無從推測九讚頭國王宮的香火源由。

表 4.3 新竹地區三山國王廟概況

鄉鎮	廟宇名稱（地名）	建廟年代	拓墾背景	香火來源
竹東鎮	福龍宮（柯仔湖）	1834（道光 14）年	1835（道光 15）年金廣福墾號	初由石壁潭福昌宮後引揭西霖田祖廟
	國王宮（三角城）	1833（道光 13）年	1835（道光 15）年金廣福墾號	墾戶所攜香火袋
	惠昌宮（樹杞林街）	1810（嘉慶 15）年	1806（嘉慶 11）年金惠成墾號	石壁潭福昌宮
	惠安宮（上公館）	1808（嘉慶 13）年	1806（嘉慶 11）年金惠成墾號	初由樹杞林惠昌宮後引揭西霖田祖廟
	廣惠宮（上坪）	1929（昭和 4）年	1882（光緒 8）年金協和墾號	彰化荷婆崙霖肇宮
芎林鄉	廣福宮（芎林街）	1799（嘉慶 4）年	1775（乾隆 40）年姜勝智、劉承豪請墾九芎林	石壁潭福昌宮
	福昌宮（石壁潭）	1784（乾隆 49）年	1775（乾隆 40）年姜勝智、劉承豪請墾九芎林	墾戶所攜香火袋
	惠和宮（山豬湖）	1851（咸豐元）年	1820（嘉慶 25）年合興庄墾號	墾戶所攜香火袋
橫山鄉	國王宮（九讚頭）	1858（咸豐 8）年	1820（嘉慶 25）年合興庄墾號	無資料
	國王宮（橫山）	1875（光緒元）年	1820（嘉慶 25）年合興庄墾號	彰化荷婆崙霖肇宮
	國王宮（砧子）	1863（同治 2）年	1853（咸豐 3）年錢朝拔向竹塹社取墾底，招漢佃拓墾	彰化荷婆崙霖肇宮
寶山鄉	新豐宮（柑仔崎）	1834（道光 14）年	1835（道光 15）年金廣福墾號	墾戶所攜香火袋
北埔鄉	南昌宮（南埔）	1897（明治 30）年	1835（道光 15）年金廣福墾號	墾戶所攜香火袋
峨眉鄉	國王宮（中興庄）	1846（道光 26）年	1835（道光 15）年金廣福墾號	墾戶所攜香火袋
新埔鎮	廣和宮（新埔街）	1853（咸豐 3）年	1784（乾隆 49）年社番、漢人零星入墾	無資料

關西鎮	三和宮（老社寮）	1849（道光29）年	1820（嘉慶25）年合興庄墾號	彰化溪湖鎮荷婆崙霖肇宮

資料來源：吳學明，《頭前溪中上游開墾史暨史料彙編》，頁 116。郭功臣，〈新竹內山地區民間信仰的空間差異〉，頁 47-74。作者田野調查。

圖 4.5　彰化縣溪湖鎮中山里荷婆崙霖肇宮外觀暨〈荷婆崙霖肇宮志〉
（2013/03/02 攝）

註：荷婆崙霖肇宮所涵蓋的 5 個角頭範圍：埔心、永靖、田尾三鄉大部分地區及溪湖中山里，對照筆者所進行之廣泛的世居宗族訪查，這個祭祀圈範圍吻合清代粵庄分布空間範圍（但這些粵庄的宗族，屬於客家族群與閩南族群的比例約 2：1），但不吻合清代南彰化地區客庄的分布範圍（埔心北部、大村南部、永靖東部及員林西南部在清代有眾多的詔安客庄分布）。

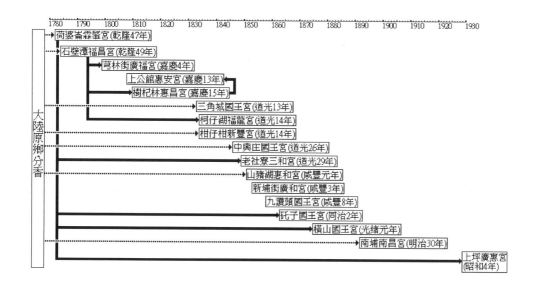

圖 4.6 新竹地區三山國王廟年代排序與香火來源

3. 從祖籍地緣來看三山國王信仰強度

根據各文獻專書、廟誌碑文記載，不論廟宇以原鄉香火袋的方式來臺，或分靈自臺灣地區的祖廟，新竹地區三山國王信仰的源頭多指向原潮州府揭陽縣荷婆墟（今揭西縣河婆街辦）之霖田祖廟，爲了瞭解霖田祖廟對新竹地區拓墾宗族的影響，本文即以河婆街辦爲中心，訂立指數來了解其地緣及信仰的強弱關係。

依筆者等人對新竹地區各鄉鎮市區的世居宗族調查，截至 2012 年 2 月底，新竹地區 14 個鄉鎮級行政區已有 1,183 筆世居宗族樣本。（其中新竹市東區計 58 筆；新竹市北區計 98 筆；新竹市香山區計 86 筆；竹北市計 113 筆；新豐鄉計 108 筆；湖口鄉計 102 筆；新埔鄉計 159 筆；關西鎮計 131 筆；竹東鎮計 86 筆；芎林鄉計 74 筆；橫山鄉計 61 筆；北埔鄉計 51 筆；峨眉鄉計 24 筆；寶山鄉計 32 筆）

根據這些世居宗族所調查得的大陸原籍地址，轉換爲目前廣東省與福建省所屬的地級市、縣市區、鄉鎮街辦等級行政區界，以空間分布的觀點，於地圖中瞭解其相對位置。

3.1 根據霖田祖廟的空間距離來訂指數

距離通常爲影響中地機能的最主要因素，對於祭祀圈的影響亦然。本文即以揭西霖田祖廟爲核心，參考山脈走向的阻隔程度、河川流域的交通聯絡，按霖田祖廟至各縣治的距離比例，以訂定出各縣市對於揭西縣霖田祖廟的強度指數，如下表 4.4。

表 4.4 根據原鄉三山國王廟密度而設定的三山國王信仰強度指數（以空間距離）

地理位置	指數
河婆霖田祖廟周邊半徑 25 公里（全揭西縣）	10

揭揚市（揭東縣、榕城區）、汕尾市（陸河縣水唇鎮）	8
揭揚市（普寧市）、汕頭市（市區、潮陽區、潮南區、澄海區）	6
潮州市（潮安區、湘橋區、饒平縣）	6
梅州市（豐順縣、大埔縣）	3
揭陽市（惠來縣）、汕尾市（陸河縣、陸豐市、海豐縣、汕尾城區）	3
梅州市（梅江區、梅縣區、興寧市、五華縣、蕉嶺縣、平遠縣）	1
河源市（紫金縣）、惠州市（惠東縣、惠陽區、惠城區）	1
漳州市（漳浦縣、東山縣、雲霄縣、詔安縣）	1
其他祖籍	0

　　揭西縣境內大部份屬於榕江流域[57]，鄉鎮間往來除了水運，陸運交通亦沿江主支流鋪設，加上霖田祖廟所在的河婆街辦即為揭西縣的行政中心，不論以祭祀圈或生活圈的角度而言，均具有中地之機能，故將揭西縣全境之強度指數訂為10。

　　榕江上游可延伸至陸河縣水唇鎮；沿榕江以下，臨近揭西縣的行政區為揭東縣與榕城區，這些行政區因流域共通，形成交通便利的優勢，不論政經社會文化的生活層面，或宗教祭祀的關聯性皆高，故將強度指數訂為8。

　　鄰近揭西縣的普寧市雖然也屬於揭陽市，但境內非榕江流域，使交通便利性大打折扣，與霖田祖廟之連結程度不如揭東、榕城等地。榕江下游出海口南北分別為汕頭市與潮州市，雖然與揭西縣霖田祖廟的聯絡具有流域優勢，但汕頭、潮州兩地不但分別獨立成個別地級市行政區，而且經濟自成生活圈，故將強度指數訂為6。

　　粵東丘陵地形起伏崎嶇，河谷遍布，小山嶺也許對交通聯絡影響有限，但較大型的山脈，往往對族群的往來造成阻隔，甚至成為古代行政區劃界的依據。蓮花山由梅州市中部延伸至南部汕尾市與惠州市的交界，形成相對較大的地形阻隔；蓮花山以東的梅州市豐順縣、大埔縣，及汕尾市全境的城區、海豐縣、陸豐市、陸河縣等地，雖然與揭西縣的霖田祖廟相距平均達150公里左右，但往來揭西地區的交通仍相對平緩，故將強度指數訂為3。

---

[57] 劉業華等，《新世紀廣東省地圖集》（廣州：廣東省地圖出版社，2007年），頁248-249。

　　蓮花山以東的梅州市各縣市、河源市的紫金縣、惠州市的惠城區、惠陽區、惠東縣；以及臨省福建的漳州市之漳浦縣、東山縣、雲霄縣、詔安縣，雖然與揭西縣霖田祖廟因地形相隔而往來不便，但部份地區亦曾經有三山國王的信仰，故將強度指數訂為 1。

　　除以上各訂強度指數的縣市區外，粵東、閩西其餘的行政區均不列入統計的考量。根據距離而訂的強度指數如下圖 4.7。

3.2 根據三山國王霖田祖廟之捐獻人次[58]統計來訂指數

　　捐獻人次可以反應祭祀圈本身的密度，揭西霖田三山國王祖廟之廟側遺有近年來三次捐獻款項的石碑文（1992-1993 年、1994-1995 年、1996-1998 年），按碑文內容，捐獻內容是以縣市（揭西縣以外）、鎮鄉（揭西縣本身）為分組單位，分別記載捐獻者姓名及捐獻金額，其額度由人民幣伍元至兩仟元以上不等。

　　由於本研究僅以霖田祖廟信徒的密度來定義信仰強度，故本統計方式不涉及捐獻金額多寡，只合計三次捐獻人次數量，並以此數據訂立另幅原鄉三山國王廟信仰指數，如表 4.5 所示。

　　依現存的三次捐獻碑文之記載，經整理統計出三次捐獻款項共計 3,919 人次，而光是揭西縣內各鄉鎮合計就占了 2,898 人次，占全部捐獻人次的 73.95%；而揭西縣內各鄉鎮中，又以霖田祖廟所屬的河婆街辦的捐獻人次最多，共有 2,016 人次，占全揭西縣內的 69.57%。

　　揭西縣以外的各縣市中，以汕頭市的金平、潮陽（321 人次）、（219 人次）兩區捐獻人次最多，同屬於揭陽市的普寧市反而相對較少（134 人次），由於汕頭市位於榕江下游及出海口，同屬榕江流域的揭西縣可憑籍水運抵汕頭，一方面依海港從事更佳的產業活動，或作為海外移民的轉運基地，遷移的過程中，神祇信仰往往是精神上重要的連結，故透過回鄉進謁祖廟的機會，以捐獻來聯繫原鄉情感。除了強度指數 10 的

---

[58] 感謝陳嘉旲與林雅婷老師提供於 2011 年 8 月 22 日在廣東省揭揚市揭西縣河婆街辦三山國王霖田祖廟拍攝各年捐獻碑文資料。

幾個行政區外，在空間上，大約呈現以揭西縣為中心的遞減，其他臨近縣市的捐獻人次就大幅減少。

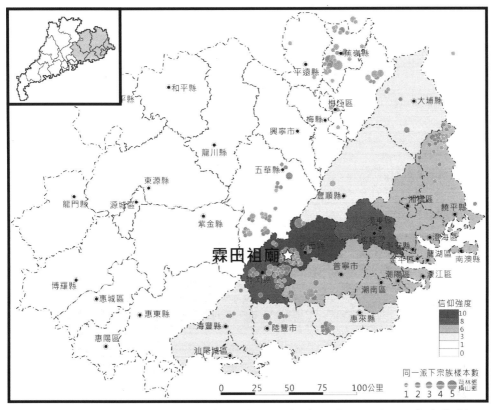

圖 4.7　根據原鄉三山國王廟距離而設定的三山國王信仰強度指數
　　　資料來源：作者繪製；底圖重繪自劉業華等，《新世紀廣東省地圖集》（廣州：廣東省地圖出版社，2007 年）。

表 4.5　根據原鄉三山國王廟密度而設定的三山國王信仰強度指數
（以捐獻人次）

粵東各縣市	捐獻人次	指數
揭揚市（揭西縣、普寧市）、汕頭市（市區、潮陽區、潮南區）	101 以上	10
揭揚市（榕城區、惠來縣）	51-70	6
惠州市（惠城區、惠陽區）	21-50	3
潮州市（湘橋區）、揭揚市（揭東縣）	21-50	3
惠州市（惠東縣、龍門縣）、河源市（源城區）	1-20	1

梅州市（梅江區、梅縣區、大埔縣、豐順縣、五華縣、興寧市）	1-20	1
汕尾市（城區、海豐縣、陸豐市、陸河縣）	1-20	1
潮州市（潮安區、饒平縣）、汕頭市（澄海區、南澳縣）	1-20	1
其他祖籍	0	0
揭西縣各鄉鎮	捐獻人次	指數
河婆街辦、龍潭鎮、坪上鎮、灰寨鎮	101 以上	10
南山鎮	71-100	8
五雲鎮、良田鄉、大溪鎮、五經富鎮、京溪園鎮、鳳江鎮、棉湖鎮	21-50	3
上砂鎮、錢坑鎮、塔頭鎮、金和鎮、東園鎮	1-20	1

　　而若把焦點集中於揭西縣本身，發現揭西縣內各鄉鎮的捐獻人次比例也非均質。揭西縣共 2,898 人次中，河婆街辦即占 2,016 人次（占 69.57％），也遠遠超過人次數量居次坪上鎮（196 人次）、龍潭鎮（149 人次）、灰寨鎮（126 人次），其他人次數量未破百的鄉鎮，捐獻人次多數在 50 人次以內。不過以捐獻的空間分布上，仍大致呈現以霖田祖廟所在的河婆街辦為中心，向四周圍迅速遞減。根據捐獻人次而訂的強度指數如下圖 4.8 所示。

3.3 根據新竹地區世居宗族之原鄉祖籍分布來訂三山國王的信仰強度

　　透過前章節探討新竹三山國王信仰的形成，歸納出最初香火的來源地皆與揭西霖田祖廟相關，本研究再以三山國王霖田祖廟所在的揭西縣為地緣核心，探討其與新竹地區各鄉鎮市區宗族之大陸原籍的相關性，以驗證新竹地區三山國王廟分佈是否與各宗族的大陸原籍相關。

　　不論按距霖田祖廟的空間距離或捐獻人次而訂的指數，均可反映粵東原鄉對三山國王信仰強弱的空間分布。有了原鄉的空間等級，再將新竹地區各鄉鎮市區目前所調查的宗族樣本，配合前述內容的強度指數一一對應回大陸原鄉的祖籍，加以平均後，得出新竹地區各行政區的強度指數如下表 4.6：

　　以揭西縣霖田祖廟為核心的空間統計方式，以空間距離、捐獻人次

先將大陸原鄉前述研究方法預作等級，再把新竹地區各鄉鎮市區的世居宗族對應回大陸原鄉，如此可以得到新竹各區域依這兩種指標的強度指數。再將以上表格三個數據欄位進行相關係數的統計，得到「新竹地區世居宗族之原鄉祖籍分布來訂三山國王的信仰強度」之相關係數 r 值為 0.641（p<0.05），屬於中度正相關；而按與「潮州府揭陽縣河婆墟三山國王霖田祖廟之捐獻人次統計來訂指數」的相關係數 r 值為 0.671（p<0.01）也屬於中度正相關。

　　分析上表統計資料得知，新竹地區的湖口鄉、新埔鎮、竹東鎮、芎林鄉、橫山鄉、北埔鄉等地，其兩項指數均高於平均值，除了湖口鄉沒有三山國王廟分布之外，竹東、芎林、橫山均為新竹地區三山國王廟數量相對較多之區域。

　　鳳山溪流域中上游新埔、關西地區的開墾，於 1796-1820（嘉慶年間）由熟番墾戶衛阿貴帶領漢佃拓墾，直到嘉慶末年，內山隘墾區才由泉籍陳長順接手墾務；頭前溪流域中上游開墾同樣也於乾隆中後期至嘉慶年間展開，在九芎林、樹杞林至橫山、大隘地區的墾務中，不論位於竹塹社的保留地或隘墾區，漢籍墾民的主導性均較鳳山溪流域為強勢[59]。

---

[59]　范明煥，《新竹地區客家人媽祖信仰之研究》，頁 174-180。

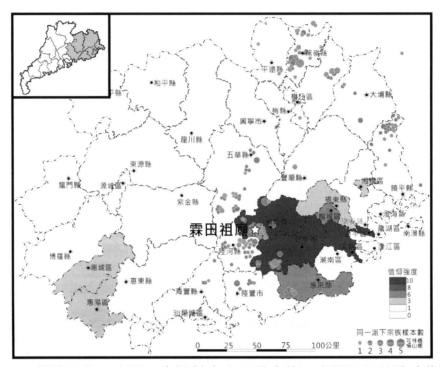

圖 4.8　根據原鄉三山國王廟捐獻人次而設定的三山國王信仰強度指數

　　對於原鄉分布於粵東三山國王信仰強度高的墾戶而言，新竹地區內山的地形起伏、氣候狀態均與原鄉環境相近，加上拓墾過程中難免遭受原住民侵擾的「番害」，故必然加深對原鄉神祇的信仰。三山國王在粵東原鄉具有防番除害的武力性質，迎請至墾務方興的新竹內山，必有安定民心的精神層面之效果。故頭前溪中游最早拓墾的芎林地區，於 1784（乾隆 49）年即興建福昌宮以供奉三山國王，其他如竹東、橫山、大隘地區也陸續興建三山國王廟宇，使頭前溪流域的三山國王廟共有 14 座之多。

　　但鳳山溪流域的三山國王廟僅於新埔街上、關西老社寮各有一座；不但數量大幅少於頭前溪流域，居民香火祭祀、春秋祭收納之丁錢與演戲酬神的規模均不如頭前溪流域。究其原因，一方面，早年鳳山溪流域拓墾中屬於熟番的衛姓主導性相對較大，不致於形成請三山國王來「治番」，所以鳳山溪流域的地方神祇多以不涉及漢番對立的三官大帝為主

[60]。另一方面，按本研究探討新竹地區宗族原鄉祖籍地的分布，也發現頭前溪流域有三山國王廟分布的鄉鎮，其宗族祖籍也反應在原鄉三山國王信仰強度高的地區。

表 4.6　根據原鄉三山國王廟密度而設定的新竹地區三山國王
信仰強度指數

鄉鎮市區	宗族樣本數	信仰強度指數（按空間距離）	信仰強度指數（按捐獻人次）	現有三山國王廟數
新竹市東區	58	1.138	0.259	0
新竹市北區	98	0.531	0.01	0
新竹市香山區	86	0.407	0.128	0
竹北市	113	2.628	0.761	0
新豐鄉	108	1.852	0.389	0
湖口鄉	102	**3.549**	**0.99**	0
新埔鎮	159	**3.604**	**1.157**	1
關西鎮	131	2.901	0.756	1
竹東鎮	86	**4.686**	**1.477**	5
芎林鄉	74	**4.811**	**2.081**	3
橫山鄉	56	**3.984**	**1.279**	3
北埔鄉	51	**5.725**	**1.902**	1
峨眉鄉	24	**3.333**	0.667	1
寶山鄉	32	2.094	0.719	1
小計	樣本數 1178	平均 2.9675	平均 0.9166	廟宇總數 16

4.　結論

從原鄉三山國廟的分布地域性與粵東方言區的對照，以及彰化溪湖荷婆崙祖廟祭祀圈各村里的宗族祖籍與方言群結構的空間分析[61]，三山國王是屬於粵東原鄉的地方神祇，尤以清代潮州府三陽地區的崇拜尤盛。

---

[60] 范明煥，《新竹地區客家人媽祖信仰之研究》，頁 174-180。

[61] 韋煙灶等，〈清代彰化永靖及埔心地區閩客族群之空間分布特色及其分析〉，《2012 年彰化研究學術研討會論文集》（彰化：建國科技大學通識教育中心暨彰化縣文化局，2012 年）。

　　由近年來的研究,「客家人」是一個隨時間浮動而遷移所形成的族群稱呼,所以本文嘗試以地緣的角度探究其與在臺移民族群之間的關係,將大陸原鄉的三山國王信仰對應新竹地區的宗族原籍,以驗證新竹地區的三山國王廟之分布確實與祖籍地緣分布相關,而新竹地區粵籍移民裔的祖籍,確實也多屬於客家方言區。但以此類推於新竹地區之外的臺灣其他區域是否成立?恐怕還需從當地的漢籍移民裔之祖籍地所屬的方言區來進行細緻的空間比對才能知曉。

　　清代竹塹保留區內由於開墾的時序較內山早,拓墾方向也較單一且經營較長久,所以三山國王廟多具有祖廟與分香的從屬關係,如九芎林、樹杞林地區;隘墾區的拓墾時序較晚,不但拓墾方向多元,而且墾佃結構也較複雜,所以三山國王廟多有由原鄉攜香火而來,如大隘地區,或直接自臺灣最早的彰化溪湖霖肇宮分香而來,如橫山地區。

　　不同的拓墾時間與方式,不但反映在廟宇香火的從屬關聯,也反映廟宇座落位置與墾務的關聯性。經整理新竹的三山國王廟可發現,在空間分布上,三山國王的信仰確實集中於內山地區;在時間序列中,嘉慶年間合興庄的拓墾、道光年間金廣福的組成,也是這些三山國王廟較密集建立的時期。范明煥由三山國王具有武力除番之性質,來解釋新竹三山國王廟沿山分布的特性[62]。卻難以說明同樣番害頻繁的鳳山溪流域,為何僅只兩座三山國王廟;郭功臣以拓墾時間順序、廟宇空間擴散的方向以香火分靈的角度來說明鳳山溪流域祭拜三官大帝、頭前溪流域奉祀三山國王,卻也無法解釋這兩種神格不衝突的地方神祇,為何沒有相互錯落於各地,反而在新竹地區南北各據地盤集中分布。

　　本文以原鄉三山國王霖田祖廟的角度出發,以新竹地區世居宗族的祖籍原鄉與三山國王霖田祖廟的空間距離,與霖田祖廟之信仰文化圈所反應的捐獻人次為統計指標,為移民至新竹各區域的世居宗族之大陸祖籍先行分類,將新竹各區域得到的世居宗族樣本,一一核對其祖籍在大陸原鄉的位置,繼而對應出新竹地區三山國王廟密度較高的鄉鎮(如竹

---

[62] 范明煥,《新竹地區客家人媽祖信仰之研究》,頁 174-180。

東、芎林、橫山等頭前溪中上游，及北埔、峨眉、寶山等大隘地區），
其世居宗族原鄉祖籍所在之行政區，三山國王信仰強度亦相對爲高。

　　以祖籍地緣關係來看三山國王廟，是探討信仰空間分布的一項方
法；而觀察廟宇座落的地點、與聚落的相對位置，也是一種探討三山國
王廟空間關聯性的角度，如三角城國王宮、柯仔湖國王宮、橫山國王宮、
田寮砒子國王宮、柑仔崎新豐宮、老社寮三和宮等廟宇，即遠離主要的
拓墾核心，位於聚落邊陲有利於防衛的制高點上（如圖 4.9 所示）。因
這些廟宇設立初期，屬於當地墾務的最前線，主要功能即以防番守隘安
定民心爲主，待拓墾成功後，這些「守衛有功」的廟宇便延續下來。

圖 4.9 新竹地區部分三山國王廟座落於聚落邊陲制高點上之示意圖

資料來源：筆者依田野調查實況模擬所繪製之示意圖。

　　另外有些廟宇也與拓墾據點、墾戶公館所在地相連，發展至今部份
已成爲聚落內的主廟，並透過春秋祭收納丁錢、建醮繞境等形式以鞏固
廟宇地位。如樹杞林惠昌宮、上公館惠安宮、九讚頭國王宮、石壁潭福
昌宮、芎林街廣福宮、峨嵋中興庄國王宮、新埔街廣和宮、老社寮三和
宮等。此種分類觀察的新思維，都是未來可以延伸討論的方向。

　　新竹地區的地方信仰就如同臺灣大部份地區一般，不同的神祇均具

有其原鄉地緣性或族群的對應。本研究僅以三山國王為例，由世居宗族
祖籍地緣關係對比的統計角度著手。

參考文獻

內政部民政司編印，《全國寺廟名冊》。臺北：內政部民政司，2004 年。

未註撰者，〈竹東鎮惠昌宮重建碑誌〉。竹東鎮竹東里，1976 年。

未註撰者，〈惠和宮建廟沿革〉。芎林鄉秀湖村，1986 年。

未註撰者，〈三角城國王宮重建沿革誌〉。竹東鎮三重里，年代未詳。

未註撰者，〈上館惠安宮〉。竹東鎮上館里，年代未詳。

未註撰者，〈峨眉鄉中盛村國王宮〉。峨眉鄉中盛村，年代未詳。

未註撰者，〈國王宮重建沿革誌〉。橫山鄉新興村九讚頭，年代未詳。

未註撰者，〈橫山國王宮〉。橫山鄉橫山村，年代未詳。

石潭福昌宮整修建委員會，〈石潭福昌宮整修建記事〉。芎林鄉石潭村，
　　　1999 年。

江清吉，〈新豐宮創立沿革〉。寶山鄉新城村，1976 年。

吳育臻，《大隘地區聚落與生活方式的變遷》。新竹：新竹縣文化局，2000
　　　年。

吳學明，〈金廣福墾隘與新竹東南山區的開發〉。臺北：國立臺灣師範大
　　　學歷史研究所碩士論文，1986 年。

吳學明，《頭前溪中上游開墾史暨史料彙編》。新竹：新竹縣文化中心，
　　　1998 年。

呂佩如，〈清代竹塹東部內山地區的拓墾：以合興庄為主軸的探討
　　　（1820-1895）〉。新竹：國立交通大學客家社會與文化碩士在職
　　　專班碩士論文，2008 年。

劉增貴、藍吉富主編，《中國文化新論─宗教禮俗篇：敬天與親人》。臺
　　　北：聯經出版社，2000 年。

坤眾大地資訊顧問公司，〈新竹縣行政區域圖〉。臺北：內政部，2007
　　　年。

坤眾大地資訊顧問公司，〈新竹市行政區域圖〉。臺北：內政部，2007
　　　年。

岡田謙著，〈臺灣北部村落に於ける祭祀圈〉，《民族學研究》，第 4 卷第

1 期（1938 年）。

房學嘉，《客家源流探奧》。臺北：武陵出版社，1996 年。

林春敏主編，《新編福建省地圖冊》。福州：福建省地圖出版社，2010
　　年。

林美容，〈土地公廟—聚落的指標：以草屯鎮為例〉，《臺灣風物》，第 37
　　卷第 1 期（1987 年）。

林桂玲，《家族與寺廟：以竹北林家與枋寮義民廟為例（1749-1895）》。
　　新竹：新竹縣文化局，2005 年。

林雅婷、韋煙灶，〈桃園縣新屋地區粵東族群的空間分布特色及其與歷
　　史地理區域劃分之關聯性〉，《社會與區域發展學報》，第 3 卷第
　　1 期（2010 年）。

邱彥貴，〈三山國王是臺灣客屬的特有信仰？〉，《臺灣史田野研究通
　　訊》，第 23 期（1992 年）。

邱彥貴、吳中杰，《臺灣客家地圖》。臺北：城邦文化出版，2001 年。

邱瑞杰，《清末關西地區散村的安全與防禦》。新竹：新竹縣文化局，1999
　　年。

施添福，〈地理學中的空間觀點〉，《地理研究報告》，第 16 期（1990 年）。

陳秋坤、許雪姬主編，《臺灣歷史上的土地問題》。臺北：中央研究院臺
　　灣史田野研究室，1992 年。

施添福，〈從臺灣歷史地理的研究經驗看客家研究〉，《客家文化研究通
　　訊》，第 1 期（1998 年）。

施添福，《清代在臺漢人的祖籍分布和原鄉生活方式》。南投，臺灣省文
　　獻委員會，1999 年。

施添福，《清代臺灣的地域社會：竹塹地區的歷史地理研究》。新竹：新
　　竹縣文化局，2001 年。

柯志明，《番頭家：清代臺灣族群政治與熟番地權》。臺北：中央研究院
　　社會學研究所，2001 年。

范正義，《保生大帝信仰與閩臺社會》。福州：福建人民出版社，2006
　　年。

范明煥，《新竹地區客家人媽祖信仰之研究》。新竹：新竹縣文化局，2005
　　　年。

韋煙灶、曹治中，〈桃竹苗地區臺灣閩南語口音分布的區域特性〉，《地
　　　理學報》，第 53 期（2008 年）。

韋煙灶、曹治中、施紫潔，〈清代彰化永靖及埔心地區閩客族群之空間
　　　分布特色及其分析〉，《2012 年彰化研究學術研討會論文集》。彰
　　　化：建國科技大學通識教育中心暨彰化縣文化局，2012 年。

徐元通主編，《徐氏大族譜》。臺中：臺光文化出版社，1993 年。

國王宮改建委員會，〈田寮村砟子國王宮沿革志〉。橫山鄉田寮村砟子，
　　　1987 年。

張紅主編，《廣東省地圖冊》。北京：中國地圖出版社，2008 年。

盛清沂，〈新竹、桃園、苗栗三縣地區開闢史（上）〉，《臺灣文獻》，第
　　　31 卷第 4 期（1980 年）。

盛清沂，〈新竹、桃園、苗栗三縣地區開闢史（下）〉，《臺灣文獻》，第
　　　32 第 1 期（1981 年）。

莊興惠，《芎林鄉志—歷史篇》。新竹：芎林鄉公所，2004 年。

郭功臣，〈新竹內山地區民間信仰的空間差異〉。臺北：國立臺灣師範大
　　　學地理系碩士論文，2005 年。

彭盛文，〈上坪聯庄廣惠宮沿革簡介〉。竹東鎮上坪里，2004 年。

福龍宮第一屆委員會，〈竹東鎮柯湖里福龍宮沿革史〉。竹東鎮柯湖里，
　　　1983 年。

臺灣省民政廳編印，《臺灣省各縣市寺廟名冊》。南投：省政府民政廳，
　　　1987 年。

臺灣總督府文教局社會課，《臺灣宗教調查報告書》，1919 年。

劉枝萬主編，〈臺灣省寺廟教堂名稱主神地址調查表〉，《臺灣文獻》，第
　　　11 卷第 2 期（1960 年）。

劉康國，〈拓墾家族與社會領導階層—以新竹劉朝珍家族為例〉。新竹：
　　　國立交通大學客家文化學院客家社會與文化學程碩士論文，2011
　　　年。

劉業華等,《新世紀廣東省地圖集》。廣州:廣東省地圖出版社,2007
　　　年。

劉詩敏,〈苎林劉承豪家族之研究(1751-1945)〉。臺中:國立臺中教育
　　　大學區域與社會發展學系碩士論文,2008年。

劉寧顏,《重修臺灣省通志(卷三)住民志・宗教篇》。南投:臺灣省文
　　　獻委員會,1981年。

劉寧顏,《重修臺灣省通志(卷七)政治志・建置沿革篇》。南投:臺灣
　　　省文獻委員會,1991年。

劉燕玉,〈臺灣三山國王廟區聯研究—以新竹縣及宜蘭冬山鄉爲例〉。新
　　　竹:國立新竹教育大學臺語文研究所碩士論文,2005年。

廣福宮重建委員會,〈廣福宮重建序〉。苎林鄉苎林村廣福宮,1980年。

潘朝陽,〈現象學地理學—存在空間的一個詮釋〉,《中國地理學會會刊》。
　　　臺北:中國地理學會,1991年。

賴玉玲,《褒忠亭義民爺信仰與地方社會發展—以楊梅聯庄爲例》。新竹:
　　　新竹縣文化局,2005年。

蘇國瑞,〈新竹縣新埔鎮廣和宮沿革〉。新埔鎮新民里,2001年。

清代汀州府永定客家移民在新北三芝的分布及其空間意涵

韋煙灶

摘要

　　本研究經過廣泛的世居宗族的訪查發現：新北三芝地區之清代汀州府永定縣的移民裔的分佈，呈現某種的空間規律性：分布的地理區位散佈於漳、泉兩大社群之間。永定縣一直被公認其原鄉是屬於純客家語區，但以鄉鎮級行政區觀之，則會顯現另一種空間特性，縣內的古竹、高頭、湖坑等三鄉鎮，由於在地緣上緊靠漳州府的南靖與平和兩縣，比較有機會學習到閩南語，這種閩客雙語使用能力的影響，使得這三個鄉鎮移民在渡臺之後在三芝所選擇定居的地理區位，呈現介於漳州人與泉州人分布區域的過渡地帶。本研究認為這種永定移民裔在研究區分布的地理區位特性並非巧合，而是其在渡臺之前已經具備閩、客雙語溝通能力，語言溝通能力是初墾之時相當重要的維生能力，更是一種維生的優勢，就是這種維生能力決定了這三鄉鎮永定移民裔分布的地理區位特性。相對的永定縣其他鄉鎮的在臺移民裔的分布區位則不具備這種特色。

關鍵詞：永定客家、族群、語言地理、閩客雙語

1. 前言

1.1 研究方法論

傳統地理學的研究方法論被地理學者整理出三大傳統：空間分析、區域研究與人地關係探討。此三大方法論傳統中，空間分析是最容易與其它相關研究領域對話的地理學方法論。作者過去一系列研究方法，在本質上多是植基於空間分析之上。

空間結構是對地表各種活動與現象之位置相互關係意義的描述[1]，能透過調查與研究，尋找到一種有秩序的空間分布特質，即是一種空間結構。學術的原創價值建立在開拓、探究與辯證三個步驟上，本文利用蒐集較為細緻的在臺永定移民裔祖籍分布的空間結構，獲取原創的概念，並試圖的提出解釋的論點，基本上已經到達探究的階段，後續仍有許多議題待解決。如空間分析的思考模式是地理學方法論的特點，但卻也可能是盲點，如：忽略了以特定時、空間背景所實證出來的概念、原理、原則在「時、空間轉換」時必要的檢驗手續，這種檢驗就是語言學所謂的「共時性」與「歷時性」的討論議題。

1.2 研究區選定與研究目的

1.2.1 研究區的選定

本研究配合行政區劃，選定以新北市三芝區作為個案討論區域（其位置如圖 5.1 所示）。作為對應的原鄉研究區域則為清代汀州府永定縣（如圖 5.1 所示，但為凸顯縣內的古竹、高頭、湖坑、三鄉鎮的位置，特別將這三鄉鎮清楚標示）。

---

[1] 陳坤宏編著，《空間結構：理論與方法論》（臺北：明文書局，1991 年）。

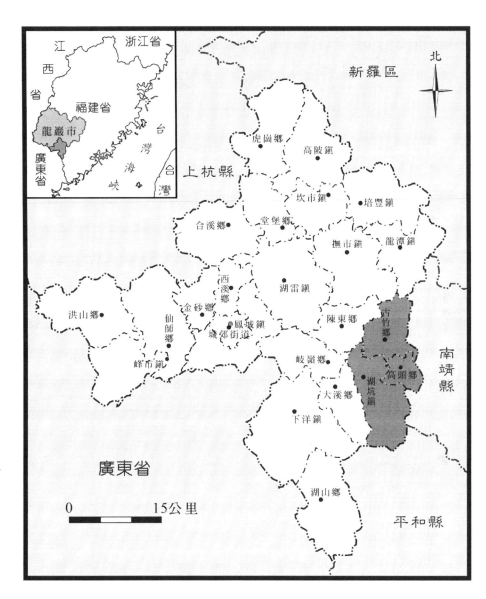

圖 5.1 龍岩市永定縣之行政區圖

1.2.2 研究目的

本文要達成的研究目的：

1.明瞭研究區各永定世居宗族及其祖籍地的空間分布形態。

2.明瞭永定縣轄下的高頭、古竹、湖坑三鄉鎮世居居民閩南語使用
能力狀況。

3.解析影響祖籍永定縣之世居宗族在三芝分布的地理區位特性。

1.2.3 研究方法及步驟

1.2.3.1 研究樣本資料蒐集

本研究透過訪談耆老及運用族譜、祠堂（公廳）及祖塔碑文，網路檢索、地圖比對等方式，以取得研究所需的「世居宗族」樣本。世居宗族指的是「**受訪者本人向上推三代即已定居本聚落的宗族；或該宗族定根本地已經超過 120 年（即臺灣割讓日本前的清末）**」；而世居居民指的是世居宗族所傳的後裔，且仍定居於本地的居民，進一步探討其來與入墾年代，以及來此地的拓墾史。然而，在研究操作上，世居宗族樣本取自「歷史文獻」的部分會以田野調查加以過濾，原因是絕大部分的歷史文獻通常對於「開基拓墾者」與「先驅拓墾者」未加以釐清，或將原本的閩南人錯認為是客家族裔（如石門區潘姓與朱姓），而造成資訊混淆的情形[2]。簡言之，本研究所要蒐集的世居宗族樣本，是實實在在一直定居某地的宗族，而非文獻上記載的土地請墾者或入墾者（此兩者未必然會留下來，成為當地的世居宗族）。

本研究所需的世居宗族祖籍地須能詳細到鄉鎮以下，才具有比對的價值，但要達到如此細緻的空間尺度，除了地圖比對外，網路檢索、GPS 定位及 GIS 軟體的運用是很重要的研究工具。

1.2.3.2 世居宗族抽樣的空間單元基準

許多研究聚落的學者都知道，堡圖上之小字（或土名）聚落位階很接近於臺灣地區聚落地理研究所定義的「自然村」，是構成臺灣社會的基本空間單元[3]。於是我們可根據這個學理，設定以自然村作為調查與作圖的最小空間單元。自然村的空間範圍界定在臺灣中、南部平原區，

---

[2] 所謂的「先驅拓墾者」是指最早進入當地拓墾的移民；「開基拓墾者」則是指最早定居當地且留下來開枝散葉的居民，往往成為當地的世居宗族。開基拓墾者可能是先驅拓墾者，但也可能不是，因為先驅拓墾者可能會留下來，在當地繼續發展成為開基拓墾者，也可能再次遷徙到臺灣島內他處或返回祖籍地。韋煙灶、張智欽，〈新竹市南寮地區的區域開發、聚落及宗族發展之探討〉，《地理研究報告》，第 40 期（2004 年），頁 92。

[3] 施添福，〈臺灣聚落研究及其史料分析：以日治時期的地形圖為例〉，《臺灣史與臺灣史料》（臺北：自立晚報文化出版部，1993 年），頁 152-153。

由於聚落發展年代較早且地勢開闊，聚落多半已成形，在田野調查時認定也不成問題。但在北部臺地及山地丘陵地帶由於聚落過於分散且規模不大，必須介入操作型定義，以利於研究操作：

1. 現今仍沿用日治時期土名或小字名的聚落，如新北市三芝區興華里車埕；

2. 土地廟或村廟冠有聚落名或廟誌中指名者，如桃園縣八德市溝後土地廟（土地廟名：廣福宮），可視為自然村；

3. 聚落名以聚落主要姓氏來命名者，像是新竹縣竹北市十興里田厝（為田姓人家所居），若其聚落名已經是「遠近馳名」，則這一類的地名可視為自然村；

4. 原有的聚落分化，個別聚落達到「遠近馳名」狀態，則可視為自然村，如堡圖上竹北一堡溪州庄（今竹北市溪州里）分為下溪洲與頂溪洲兩個自然村，目前下溪州已分化成中溪洲與下溪洲，於是分別有三個土地廟與之對應。

5. 1900 年以後新興的聚落，在人口規模達到一定的水準，也是「遠近馳名」，且其聚落所在區位自成一格，則可視為自然村，如新竹縣新豐鄉新豐村公館崎腳與埔和村田寮仔。但以本研究的操作型定義來看，其聚居的宗族之定居年份尚未超過 120 年，不會納入研究樣本計算，只作比較與參考之用。

6. 現代都會區及鄉鎮中心的聚落，不適用於上述「傳統」聚落，自然不適用於上述聚落空間階層的分割，故在田野調查與作圖上直接套用日治時期的土名及小字所指涉的空間範圍為最小空間抽樣單位。

1.2.3.4　地圖比對與繪製主題地圖

以繪製主題圖來呈現語言與祖籍空間結構的地圖操作方式，係將點狀資料轉化成面狀資料，樣本愈多自然愈具備空間抽樣的合理性，但資料來源有「不可得」與「無法大量取樣」的實務問題必須考慮。解決這個問題的方式，即是將傳統聚落空間切割成若干空間階層，如區分為超行政村聚落、行政村聚落、自然村、土名等階層，在調查與繪圖操作上，以微觀整合宏觀的調查方式，將聚落空間由小而大逐漸建構成一個完整

的拼圖。

　　將田野訪查所得到的宗族樣本祖籍地資料，利用地圖比對及網路檢索，比對出這些樣本祖籍地的現今鄉鎮級以下地名在地圖上的位置。其次，利用上述研究成果將研究區的世居宗族分類其方言群屬性，以點資料形式分別點繪在研究區上，以觀察研究區在拓墾初期族群分佈可能的空間結構。然而，此種地圖操作是帶有空間抽樣性的，但由於本研究所取得樣本相當細緻與廣泛，並不會影響到研究數據統計的客觀性。

2. 研究結果與討論

2.1 主題地圖與三芝祖籍統計資料所透露的地理訊息

　　運用主題地圖展現研究成果的效果，與統計學方法的歸納有異曲同工之妙。以下的操作是將田野調查的世居宗族祖籍樣本，經過分類歸納再以主題地圖來呈現。從主題地圖的空間結構特性中，即可看出許多具有自明性特徵。再介入語言接觸演變的原理，來進行空間分析，則其族群與語言（含次方言）分佈空間關係，即呼之欲出了。

　　新北市三芝的永定客家移民裔聚集的行政區，包括：新庄、坪埔、八賢、橫山、茂長、圓山（原二坪村的範圍）等 6 個里（行政村）[4]。若從區位來看，這些行政村均位於三芝北部，八連溪約略可視為閩、客族群的界線。這個區域一部分與石門區接壤，一部分則否，埔頭村是三芝的市街區，地理條件也最優越，位於族群交接的十字路口，因而匯集了各籍移民裔定居。三芝與淡水均是泉州籍移民佔優勢的鄉鎮區，三芝更是泉州同安籍聚集的地區，因此當地人稱本地的閩南語口音，不稱福佬語或閩南語，而稱為同安話或同安腔；石門區則是漳州籍移民裔佔優

---

[4] 大坑村與橫山村合併為橫山村（目前因行政區調整改為里，以下同），海尾、小坑兩村合併為錫板村，北勢、陽住兩村合併為後厝村，埔尾村和濱海村的一至三鄰合併為福德村，二坪村和濱海村的四至九鄰合併為圓山村，田心心、車埕兩村合併為興華村。
三芝區公所，〈新北市三芝區公所－行政區域〉。收錄於「三芝區公所」：
www.sanzhi.ntpc.gov.tw/_file/1688/SG/39024/D.html （2011/7/28 點閱）。

勢的鄉鎮區，這群永定移民裔聚集的區域就明顯位於漳、泉兩籍的過渡地帶（圖 5.2）。

　　表 5.1 顯示在 1926 年三芝庄之泉州府同安籍移民佔總人口的比例約爲 60.4%，汀州府籍佔 30.2%，漳州籍佔 8.3%。從歷史文獻、前人研究及田野調查可發現，汀州移民當中以永定籍最多，永定移民當中又以來自高頭鄉江姓佔了大部分。比對表 5.1 與表 5.2，再配合田野訪查，可知汀州客家籍移民裔集中分布在三芝北部 6 個行政村。

表 5.1 1926 年臺北州淡水郡各街庄居民的祖籍分佈

祖籍／行政區	泉州府			漳州府	汀州府	永春州	嘉應州	其他	合計
	安溪	同安	三邑						
淡水郡	47	214	36	94	34	17	1		443
淡水街	46	111	33	3		17	1		211
八里庄		45	3	17					65
三芝庄	1	58		8	29				96
石門庄				66	5				71

註：（1）泉州府三邑指南安、惠安、晉江三縣；（2）表格中數字單位為百人，空白表示人數不足百人或無。

資料來源：臺灣總督官房調查課編，《臺灣在籍漢民族鄉貫別調查》（臺北：臺灣時報發行，1928 年）。

表 5.2 新北市三芝區客家移民裔祖籍表列

姓氏	祖籍地舊地名	祖籍地現今行政區歸屬	目前主要居住之行政村（里）
江	汀州府永定縣高頭	龍岩市永定縣高頭鄉	埔頭里、坪埔里、新庄里、茂長里、八賢里、橫山里（原大坑村範圍）、圓山里二坪頂（內坪）

李（前總統李登輝家族）	汀州府永定縣湖坑鄉樓下村	龍岩市永定縣湖坑鎮樓下村	坪埔里
華	汀州府永定縣崁頭鄉佛子格金興厝	龍岩市永定縣（疑爲崁市鎮佛子甲）	坪埔里、圓山里八連溪頭
王	汀州府武平縣盤龍崗何（荷之誤）樹凹	龍岩市武平縣下壩鄉荷樹凹	坪埔里
簡	漳州府南靖縣永豐里梅壠村（梅壠總之誤）	漳州市南靖縣梅林鎮區	八賢里、橫山里、坪埔里
謝	漳州府詔安縣二都山官坡社上龍甲龍鏡牛逕（徑之誤）鄉老樓下四角堂	漳州市詔安縣官陂鎮半徑	茂長里、坪埔里、圓山里二坪頂（外坪）
賴	江西省鑑州（應爲贛州）府龍南縣歸福村白礁墻	江西省贛州市龍南縣	新庄里、橫山里（原大坑村）
許	潮州府元歌都牛皮社山前鄉	潮州市饒平縣上饒鎮	興華里車埕（臺灣堡圖上寫成車程）半天寮
羅	漳州府詔安縣二都秀篆堀龍	漳州市詔安縣秀篆堀龍村	興華里車埕
蘇	汀州府永定縣金豐里苦竹鄉	龍岩市永定縣古竹鄉古竹村	埔頭里
鍾	汀州府永定縣金豐里五黃	龍岩市永定縣湖坑鎮五黃村	坪埔里
馬	汀州府永定縣金豐里苦竹寨頭	龍岩市永定縣古竹鄉寨頭村	八賢里
吳	汀州府永定縣金豐里奧杏鄉	龍岩市永定縣湖坑鎮奧杏村吳屋	圓山里木屐寮
余	汀州府永定縣金豐里南溪鄉壩頭	龍岩市永定縣湖坑鎮南溪村壩頭	橫山里戲埔

資料來源：彙整並改自：吳中杰；古國順；許時烺；周彥文；三芝戶政事務所 1946 年戶長資料；郭啟瑞等；本研究田野調查，2011-2012 年。[5]

---

[5] 吳中杰，〈臺灣福佬客分布及其語言研究〉（臺北：臺灣師範大學華語文教學研究所碩士論文，1999 年）。古國順，《臺灣客語概論》（臺北：五南圖書公司，2005 年）。周彥文，〈北淡地區客家家族移民及互動研究案〉（臺北：行政院客家委員會，2010 年）。郭啟瑞等，《三芝—印象、回憶與傳說》（臺北：三芝資源資料工作室，2003 年）。

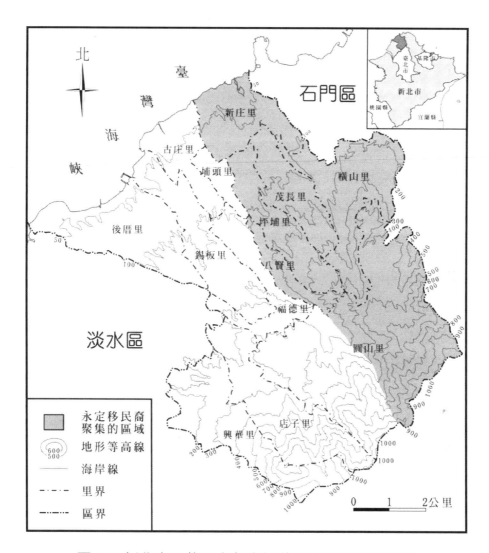

圖 5.2　新北市三芝區之永定籍移民裔聚集的行政村

資料來源：表 5.2 與田野調查 2011 年 4-6 月。

2.2　從三芝的語言調查所透露的語言地理訊息

　　但從表 5.2 所見的永定籍移民裔只被歸入於汀州府籍之中，其次，諸多文獻也只顯示其中大部分是永定籍[6]。但只知道這些移民裔是屬於

汀州府籍或永定籍仍然無法顯現閩、客族群與方言群的空間意涵,將祖籍更細分到鄉鎮級行政區,且將其在地圖中定位出來,則可以發現這些移民裔絕大多數是來自今永定縣湖坑鎮、古竹鄉及高頭鄉三鄉鎮,少數來自南靖縣梅林鎮。在三芝上述村落訪查發現,表 5.2 中所列舉的姓氏後裔所使用的是漳州腔閩南語口音,老派的甚至保留明顯的老漳音(將泉系及臺灣優勢音的/-ng/韻母唸成漳系的/-uinn/,如「轉」唸成/tuinn/,而非/tng/),但目前卻已經沒有人說永定客家話,根據在淡水鄞山寺涼亭訪談到一位出生且居住於三芝新庄村江姓宗族聚集之聚落的江姓老婦人(89 歲),其本身已經完全無法使永定客家,但其閩南語口音表現出偏漳系特色。她說明在孩提時候,有聽過祖母會使用客家語,而父執輩在家中已經以使用閩南語爲主,可見三芝永定客家話大量消亡的年代約在 1930 年代即發生。

　　從圖 5.1 及表 5.1 觀察,雖然石門區是屬於漳州移民裔高度優佔的區域,若是圖 5.1 上「永定移民裔聚集的區域」的永定客家人,其閩南語受石門的漳州口音影響,會呈現偏漳州口音,看似合理,但這個地區的漳州籍移民裔其實比永定籍要低許多,按理說不會被反客爲主,爲少數漳州閩南人的口音所同化;一些永定客聚集的行政村如埔坪、八賢均與石門有一段距離且有山脈阻隔,生活圈在閩南區的埔頭里與淡水街上,也不致被石門漳系口音所同化。從表 5.1 可觀察到三芝泉州籍移民裔以同安爲高度優佔,田野調查時發現三芝當地人稱當地的閩南語不名閩南語或福佬語而以「同安話」或「同安腔」名之,與 1926 年臺灣總督府官房調查課所彙整的祖籍統計資料是相呼應的。

　　上述的三芝永定移民語言地理現象,一個較合理的解釋是:三芝這些永定籍移民裔原本在原鄉即能使用閩南語,而且其閩南語是屬於漳系,也就是說,這些永定移民裔的渡臺祖,多數在渡臺之前即具備閩、客雙語的使用能力(移民之初,可能是在家說客家話,出門說漳州閩南

杰,〈臺灣福佬客分布及其語言研究〉。溫振華,〈清代三芝一帶漢人的拓墾〉,《北縣文化》,第 59 期(1999 年),頁 4-11。古國順,《臺灣客語概論》,頁 55。

周彥文,〈北淡地區客家家族移民及互動研究案〉,頁 9-10。

話）。但明明永定縣屬於「純客語區」的縣分，為何能使用閩南話？從三芝這些行政村的優勢姓氏的祖籍來研究，其中90%以上的移民來自湖坑、高頭與古竹三鄉鎮。這三鄉鎮所構成一小區域有較緊密的社會、經濟聯繫[7]，且均緊鄰漳州府的南靖與平和縣，透過地緣性的接觸（如通婚、貿易、打工、遷徙等）而學會漳系閩南語。

　　為此作者於2011年2月26至27日特別赴永定縣湖坑、高頭與古竹三鄉鎮進行訪查，發現了未見文獻上所提到的現象，高頭江姓與古竹蘇姓自幼家中的母語雖是客家語，但也兼教閩南語。湖坑李姓則是出外到閩南區打工才學會閩南語，目前70、80歲者能使用閩南語者約佔3成。蘇姓是古竹鄉第一大姓（似有祖籍來自福建同安與廣東大埔縣楓朗兩大支派），受訪者稱其為北宋天文學家蘇頌的後裔，約在500年前由同安輾轉遷居於此[8]，則古竹蘇姓是屬於「閩底客家人」，渡臺之初，在原鄉即具備閩客雙語使用能力。在三芝永定客家移民裔分布於漳系與泉系（同安）閩南移民裔包夾的人文地理區位，到1930年代之時，能使用原有母語—客家話的永定客家移民裔已經寥寥可數，到1980年代這些永定移民裔喪失使用客家語的能力，完全使用漳系閩南語。

2.3　從民間信仰系統的空間性所透露族群互動關係

2.3.1　淡水鄞山寺的捐助者及管理階層的祖籍結構所顯示的空間意涵

　　位於淡水老街的福佑宮與位於鄧公里的鄞山寺均不屬於地方公廟的形式，兩廟目前的廟宇管理委員會成員及產權，均是以清代同縣神明

---

[7] 如目前每星期的趕集活動日期安排，星期二、四在古竹，星期三、五在高頭，星期一、六在湖坑。（2011年2月26-27日於福建省永定縣調查）

[8] 謝重光，《客家文化與婦女生活—12-20世紀客家婦女研究》（上海：上海古籍出版社，2005年），頁23。對古竹蘇姓的來歷也有所討論：「福建永定縣古竹鄉的蘇氏客家人，是宋末抗元名將蘇劉義的後人，而蘇劉義的先人蘇頌是北宋著名天文學家，來自閩南同安縣，屬於福佬人。綜合古竹《蘆山派始祖益公遺下族譜》、廣東大埔縣楓朗《蘇氏族譜》等文獻記載，蘇劉義在崖山戰敗後，後代有人在廣東定居下來，後來又有一支從廣東遷往古竹，日久同化于客家，成為客家人了。這是歷史上福佬人融入客家的史例。」

會組織，如福佑宮由清代泉郡六邑（實包括由泉州府分出的永春州永春縣）負責廟務管理：晉水（晉江縣）、螺陽（惠安縣）、清溪（安溪縣）、武榮（南安縣）、銀同（同安縣）、桃源（永春縣）。

　　鄞山寺則由 21 姓信徒代表所組成的管理委員會管理廟務，以 2007 年淡水鄞山寺重建碑記所載的汀州籍郊商後裔之 21 姓信徒代表（姓氏有重複，實僅有 6 姓）：江姓（11 人）、胡姓（4 人）、游姓（2 人）、練姓（2 人）、蘇姓（1 人）及徐姓（1 人）。其中胡姓的祖籍為今永定縣下洋鎮（現今已搬離北淡地區）[9]，游姓祖籍似為今永定大溪鎮大溪村（見圖 5.2）、練姓（聚族於石門區乾華與茂林兩里）的祖籍為武平象洞鄉洋貝（今武平縣象洞鄉洋貝村），其餘姓氏祖籍在高頭（江姓）、古竹（蘇姓）或湖坑（徐姓），合佔 61.9%（扣除不定居三芝的胡、練兩姓，則比例提高為 72.2%）。

　　鄞山寺偏廳所供俸對建寺有功的施主長生祿位（如圖 5.2 所示），其中獻地建寺的大施主羅可斌與羅可榮兄弟祖籍為今永定縣金沙鄉。其餘姓氏有江（5 人）、胡（4 人）、張（2 人）、何（2 人）、徐（1 人）、游（1 人）、鍾（1 人）、王（1 人）、翁（1 人）、邱（1 人）、鄭（1 人）、郭（1 人）。上述姓氏大抵可反映清代中期（鄞山寺建於 1822（道光 2）年）北淡一帶汀州府籍移民的主要姓氏結構。粗估上述各姓氏之祖籍地位於永定縣湖坑、高頭及古竹三鄉鎮的比例約在 40% 以上。

---

[9] 本文所稱之「北淡地區」是指目前新北市淡水、三芝與石門三區。

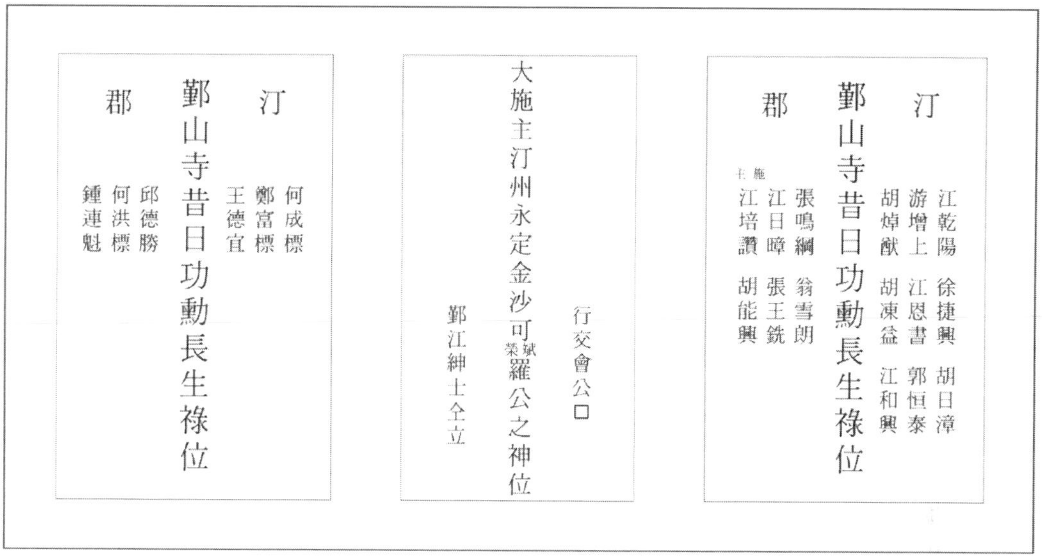

汀　鄞山寺昔日功勳長生祿位　郡
江乾陽　徐捷興　胡日漳
游增上　江恩書　郭恒泰
胡焯猷　胡凍益　江和興
張鳴綱　翁雪朗
施主　江日暐　張王銃
江培讚　胡能興

大施主汀州永定金沙可斌羅公之神位
行交會公口
鄞江紳士仝立

汀　鄞山寺昔日功勳長生祿位　郡
何成標
鄭富標　邱德勝
王德宜　何洪標
鍾連魁

圖 5.3　淡水鄞山寺偏廳所供奉之建寺有功施主長生祿位示意圖

2.3.2　從八庄大道公祭祀圈構成與變遷來看永定移民裔族群意識的轉化

八庄大道公（保生大帝）相傳於 1741（乾隆 6）年時有泉州府同安移民從白礁慈濟宮分香火來臺奉祀，並建爐於滬尾碼頭，供往來碼頭信眾祭拜，嘉慶年間因碼頭船戶共同發起創建福佑宮，經同安鄉親開會推舉，由頭人燕樓李家開基祖李鼎成，將保生大帝香爐迎請至李家草厝奉祀，1796（嘉慶元）年香爐開始輪庄祭祀。到了 1802（嘉慶 7）年才塑造老祖金身參與輪庄祭祀的祭祀圈：第一庄水梘頭、第二庄北新庄、第三庄草埔尾、第四庄土地公埔、第五庄小基隆、第六庄灰窯子、第七庄下圭柔、第八庄淡水街，開始有八庄大道公的稱呼；1885 年將水梘頭分為中田寮與水梘頭兩個輪祀單位，仍稱八庄祭祀圈[10]。

約在 1930 年，居住八連溪以北的永定客家人過溪加入八庄大道公祭祀活動，1945 年以後，八庄大道公的遶境路線開始出現在八連溪以

---

[10] 八庄文史工作會，〈八庄大道公〉，收錄於「八庄大道公」：www.918.org.tw/top1/（2011/6/11 點閱）。

北，小基隆與土地公埔的永定客家人也融入此祭祀圈。因此八庄大道公
輪祀系統產生整合地域社會的功能，並超越祖籍神的性質，成爲淡水與
三芝住民最重要共同信仰的神祇[11]。目前八庄大道公祭祀圈的範圍爲淡
水區東北部各里與三芝區大部分的里，只有橫山與茂長兩里未加入其祭
祀系統（圖 5.4）。

　　從八庄大道公祭祀圈變革的歷程可發現，屬於小基隆及土地公埔兩
個祭祀單位的客家人原先並不參加這輪庄祭祀系統，1930 年以後才逐
漸融入。1930 年這個時間點也是三芝永定客家話明顯消亡的時間點，
母語消亡導致族群意識也逐漸轉變，而漸漸融入到閩南族群中。實際上
在田野訪查中，三芝永定客家移民裔大多未見強烈的客家意識，至多只
認爲自己是「客底」而已。

---

[11] 同上註。

圖 5.4 北淡八庄大道公祭祀圈的分布範圍

註：空白部分不屬八庄大道公祭祀圈範圍，如三芝區茂長與橫山兩里。

3. 討論

3.1 世居宗族原鄉祖籍地方言或次方言系統再確認的必要性

　　臺灣學界對於「客家研究」，至今仍存在對某些移民裔祖籍地方言或次方言系統認定的空間錯亂現象，比較普遍的是將原本就是閩南移民裔錯認為是福佬客（客底），如周彥文[12]與黃詩涵[13]將石門區望族潘姓與朱姓世居宗族錯認為福佬客（客底）。潘姓祖籍為詔安縣五都親營鄉（今漳州市東山縣西埔鎮親營村）；朱姓祖籍為詔安縣五都西埔墟（今東山縣西埔鎮頂西村），東山島是一個純閩南語區，石門區潘姓與朱姓均屬是「客底」之可能性應當是很低的。若將研究建立在這樣的錯誤命題基礎之上，其後續的討論也就值得商榷了[14]。

　　本研究另一個重要的研究基礎奠基於中觀尺度的原鄉祖籍地方言或次方言系統的確認，語言是族群與社群認同基礎，也是入墾之初重要的「維生方式」，甚至是一種維生優勢，這使得清代臺灣絕大多數的漢籍移民墾區的墾民，會有明顯的血緣性與地緣性聚集的空間特性。過去學界從未論及屬於「純客語區」的部分永定縣移民裔在原鄉或移民之初可能已具備閩客雙語溝通能力，本研究論證了三芝永定移民裔入墾之初即具備閩、客雙語溝通能力，這一點是探究閩客族群人地互動關係上很重要的概念基礎。

3.2 研究區閩、客族群人地互動關係之詮釋

---

12 周彥文，〈北淡地區客家家族移民及互動研究案〉，頁 10；18。

13 黃詩涵，〈由古書契論北淡地區客家移墾－以汀州客江、潘二氏為例〉（臺北：淡江大學漢語文化暨文獻資源研究所碩士論文，2011 年）。

14 如黃詩涵的論文題目〈由古書契論北淡地區客家移墾－以汀州客江、潘二氏為例〉；摘要：「本文試著透過蒐集北淡區文獻資料，並逐一訪查北淡區各客家家族，根據其所提供之家譜與古契書，將其分類、考訂與驗證，由諸多家族中，篩選出北淡區最具代表性，文獻史料亦最為豐富之三芝江姓與石門潘姓，做為本文論述之要角，初步勾勒出北淡區早期客家移民的型態。」（節錄）。

3.2.1 閩客雙語社群所構成的人文區位－位於漳、泉兩大閩南族的緩衝地帶

　　三芝區八連溪是漳州與泉州兩系閩南族裔的分界點，以北到三芝與石門區界也是祖籍汀州府永定縣高頭三鄉鎮客家移民裔聚集的區域。這群祖籍永定的客家移民族裔，在前已經論證其屬於能通閩、客雙語的社群；其他定居同區域的祖籍南靖縣梅林的簡姓與詔安縣二都的謝姓，也都是屬於閩、客雙語社群[15]。以三芝的個案可發現，閩客雙語社群所構成的人文區位，是屬於漳、泉兩大閩南族的緩衝地帶。

3.2.2 三芝永定客移民裔之閩、客語間的競合關係

　　根據梁玉青[16]針對三芝永定客家移民裔的語言系統進行調查發現：母語已經完全福佬化；閩南語偏漳系；閩南語中仍殘存少許的客語「基因」[17]。關於其閩南語偏漳系的解釋，本研究認為這本就是其原鄉「固有的」第二語言系統有密切關係，而非在新鄉三芝因語言接觸所習得的；在三芝當地泉州移民裔的閩南語被稱為同安腔，也間接驗證這種語言表現特質。

　　三芝客家移民裔其客家母語之所以會消亡，與其具備閩、客雙語能力且周邊環繞佔人數優勢閩南人有很大的關係。莊初升與嚴修鴻[18]在討論漳屬四縣閩客過渡區地帶之閩、客語競合時觀察到：「漳州地區仍使用客語或閩客雙語的地區，時至今日尚在持續的變化當中；客語區漸漸演變為閩客雙語區，而閩客雙語區則會變為閩語區」，三芝的客家移民

---

[15] 莊初升、嚴修鴻，〈漳屬四縣閩南話與客家話的雙方言區〉，《福建師範大學學報：哲學社會科學版》，第 3 期（1994 年），頁 81-94。2010 年 01 月 25 日與 2011 年 02 月 27 日作者赴詔安與南靖訪查。

[16] 梁玉青，〈臺北縣三芝鄉福佬客的閩南語語音研究〉（彰化：彰化師範大學國文學系碩士論文，2002 年）。

[17] 本文漢字音聲調標示依 1（陰平）、2（陽平）、3（陰上）、4（陽上）、5（陰去）、6（陽去）、7（陰入）、8（陽入）為序。這些殘留的客語「基因」包括：部分古全濁聲母讀送氣音，如「徒」讀/thoo2/，而非漳、泉兩系閩南語的不送氣音/too2/；章母三等字介音消失，如「章」讀客式的/tsang1/，而非漳系的/tsiang1/或泉系的/tsiong1/；古次濁入聲母歸入陰入調，而非歸入一般閩南語的陽入調，如「鹿」讀客式的/lok7/，而非閩南式的/lok8/。（例字為研究者所加）

[18] 莊初升、嚴修鴻，〈漳屬四縣閩南話與客家話的雙方言區〉。

裔之閩、客語的競合，大致是循著此一模式進行。但要補充的是，這種閩、客語競合過程中客語消亡的速度，與渡臺之初是否已具備閩、客雙語能力有很大的關係。否則在人數佔局部區域優勢的三芝永定客，其客語消亡的速度遠比在石門區之練姓宗族來得快（石門練姓宗族仍維持使用武平客家語，是屬於北淡的客家語言島）[19]。

3.2.3 省籍分類意識與語言競合的關係

石門區是屬於漳系閩南語佔優勢的地區，八連溪以南的三芝爲泉系同安腔閩南語區，八連溪以北的三芝永定客家移民裔爲優佔。三芝永定客家移民裔的生活圈小則以埔頭里（三芝市街區）爲中心，中則以淡水市街爲中心，大則以臺北中心區爲中心，這三個不同大小的區域，均是泉系閩南語佔優勢的情況，三芝客家移民裔其福佬化後所使用的閩南語卻偏漳系，若不從其入墾之初即具備使用閩、客雙語能力，就很難解釋了。其語言福佬化過程是有選擇性的，是趨向選擇原本已經在日常生活中使用的漳系閩南語。

分析石門練姓宗族的武平客家語言島，與三芝永定客家移民裔選擇放棄原有的客家語的差異，提示了分類意識對客家語保留的影響，石門練姓客家移民裔所面對的是另一個族群，反照出較強烈的我群與他群分類意識，進而影響到語言意識，語言意識再影響到原有母語的保留程度。

1826（道光6）年北淡地區發生「興福滅廣」的閩粵械鬥，使得諸多粵東移民裔被迫沿大漢溪向桃園龍潭與新竹關西移動，如翁、羅、許、嚴、黎等姓[20]。但此次族群分類械鬥應未波及到三芝及石門的福建籍客家移民裔及廣東饒平籍許姓，除了用這些客家移民裔具備使用閩、客雙語能力的優勢來解釋外，「興福滅廣」的字義也透露出省籍意識是重要的影響因素，如石門區乾華與茂林兩里（地近金山區，屬於阿里磅溪流域，1826 年興福滅廣事件重要衝突地爲阿里磅；另一個衝突地點爲今

---

[19] 張屏生，〈從閩客方言的接觸談語音的變化—以臺北縣石門鄉的武平客家話爲例〉，《第七屆國際暨第十九屆國聲韻學學術研討會》（臺北：國立政治大學，2001 年）。

[20] 關西鎮石岡子嚴姓祖籍爲今潮州市饒平縣浮山鎮荔林村，屬於潮汕閩南語區，故此南邊桃竹的五姓不全然爲客家移民裔。

三芝區華興里車埕半天寮）的練姓，祖籍汀州府武平縣（純客語縣份），在此事件後非但未被迫外遷，而且發展成當地望族，可見該宗族應是當時、當地閩粵械鬥的優勝者。

定居三芝半天寮（許厝）的許姓在此事件中雖有部分後裔他遷新竹關西大旱坑，但留下來者仍眾，在 1953 年實施耕者有其田之前，仍有水田 40 餘甲，是當地的殷實大戶。半天寮當地海拔雖近 400m，但受惠於大屯火山山麓湧泉帶，有局部的平坦地，維生條件頗佳。若真的發生劇烈的閩粵械鬥，其土地及產業應為閩人所奪。故 1826 年北淡發生的興福滅廣械鬥是否嚴重波及「半天寮」許姓，不無疑問！2010 年 01 月 23 日研究者曾赴該許姓原鄉訪查，當地許姓耆老曾表示：「**本地許姓約在 400 餘年前由漳州龍溪，輾轉經平和，進入饒北避難並定居下來。在解放前，每年均會派人赴祖居地漳州龍溪祭祖**」。可見饒平縣上饒鎮山前村許姓與永定古竹蘇姓，均同屬於「閩底客家人」，在 1940 年代，仍與祖居地龍溪許姓宗親互通。在渡臺之初，其閩南語應當有所保存。亦即該宗族渡臺之初，很可能屬於能操閩、客雙語的社群。如果半天寮許姓一直以來，均能以閩南語與當地閩南族群溝通，應多少能化解語言與省籍意識差異所產生的衝突，有助於該宗族立足當地。

圖 5.5 半天寮許姓原鄉潮州市饒平縣上饒鎮山前村的許姓宗祠（2010/01/23 攝）

圖 5.6 三芝半天寮許姓宅前農地（位居大屯山山麓湧泉帶，過去則渚水成塘以灌溉水田。TM2：300242/2787714）

4. 結　論

　　本研究經過廣泛的世居宗族訪查發現：三芝清代汀州府永定移民裔的分佈，呈現某種的空間規律性：分布的地理區位散佈於閩、粵兩大族群或是漳、泉兩大社群之間。永定縣一直被學者公認其原鄉是屬於純客語區，但以縣下的鄉鎮級行政區觀之，則會顯現另一種空間特性，縣內古竹、高頭、湖坑三鄉鎮，由於在地緣上緊靠漳州府的南靖與平和兩縣，比較有機會學習到漳系閩南語，這種閩客雙語使用能力的影響，使得這三鄉鎮移民在渡臺定居三芝之後所選擇定居的區位，呈現介於漳州與泉州移民分布區域的過渡地帶。

　　本研究認為這種永定移民裔在研究區分布的地理區位特性並非巧合，而是其在渡臺之初已經具備閩、客雙語溝通能力，語言溝通能力是初墾之時相當重要的維生能力，甚至是一種維生的優勢，就是這種維生能力決定了這三鄉鎮永定移民裔分布的地理區位性，也是導致其客家母語在渡臺後百餘年間逐漸消亡的主因。相對的永定縣其他鄉鎮的在臺移民裔的分布區位則不具備這種特色。

　　以空間方法論作為田野調查、歸納現象、製作主題地圖與演繹新概念的指導原則，運用詳實的原鄉與新鄉的田野調查工作，將取得的有效數據繪製主題地圖來觀察資料的空間分佈型態，再透過地圖（實際上也是真實世界的想像縮影）上空間分佈型態，演繹（聯想）出新的概念與議題，再進一步尋找新的證據，重新展現到主題地圖上，如此不斷的循環操作。以地圖為本的研究方法可避免造成對祖籍地方言或次方言系統認定產生空間錯亂現象（將原本祖籍閩南語區的移民錯當是福佬客）。

　　本文將上述的研究方法論放到研究區加以實踐與驗證，已獲致諸多具有學術意義的論點，在主題地圖呈現後，有些觀點無需再證自明；但有些則僅得提出假設性的論點，待後續研究加以證明。如三芝區八連溪以北的永定移民裔是否與漳州閩南移民裔混居，或是自成獨立的人文區域，有待後續針對日治時期的官方文書、文獻、戶政資料進行彙整，與進行微觀的田野調查工作來驗證。

參考文獻

八庄文史工作會，〈八庄大道公〉，收錄於「八庄大道公」：
　　www.918.org.tw/top1/（2011/6/11 點閱）。

三芝區公所，〈新北市三芝區公所－行政區域〉。收錄於「三芝區公所」：
　　www.sanzhi.ntpc.gov.tw/_file/1688/SG/39024/D.html　（2011/7/28
　　點閱）。

古國順，《臺灣客語概論》。臺北：五南圖書公司，2005 年。

吳中杰，〈臺灣福佬客分布及其語言研究〉。臺北：臺灣師範大學華語文
　　教學研究所碩士論文，1999 年。

韋煙灶、張智欽，〈新竹市南寮地區的區域開發、聚落及宗族發展之探
　　討〉，《地理研究報告》，第 40 期（2004 年）。

周彥文，〈北淡地區客家家族移民及互動研究案〉，行政院客家委員會
　　99 年度獎助客家學術研究計畫。臺北：行政院客家委員會，2010
　　年。

高傳棋，〈三芝鄉的聚落發展初探〉，《北縣文化》，第 59 期（1999 年）。

施添福，〈臺灣聚落研究及其史料分析：以日治時期的地形圖為例〉，《臺
　　灣史與臺灣史料》。臺北：自立晚報文化出版部，1993 年。

郭啓瑞、周正義、張玫珍、洪英烈、蔡進隆，《三芝—印象、回憶與傳
　　說》。臺北：三芝資源資料工作室，2003 年。

莊初升、嚴修鴻，〈漳屬四縣閩南話與客家話的雙方言區〉，《福建師範
　　大學學報：哲學社會科學版》，第 3 期（1994 年）。

梁玉青，〈臺北縣三芝鄉福佬客的閩南語語音研究〉。彰化：彰化師範大
　　學國文學系碩士論文，2002 年。

陳坤宏編著，《空間結構：理論與方法論》。臺北：明文書局，1991 年。

張屏生，〈從閩客方言的接觸談語音的變化─以臺北縣石門鄉的武平客家
　　話為例〉，《第七屆國際暨第十九屆國聲韻學學術研討會》。臺北：
　　國立政治大學，2001 年。

溫振華，〈清代三芝一帶漢人的拓墾〉，《北縣文化》，第 59 期（1999 年）。

黃詩涵，〈由古書契論北淡地區客家移墾－以汀州客江、潘二氏爲例〉。
　　　臺北：淡江大學漢語文化暨文獻資源研究所碩士論文，2011 年。
臺灣總督官房調查課編，《臺灣在籍漢民族鄉貫別調查》。臺北：臺灣時
　　　報發行，1928 年。
謝重光，《客家文化與婦女生活—12-20 世紀客家婦女研究》。上海：上
　　　海古籍出版社，2005 年。

桃竹地區姜姓宗族源流與分佈的考察

韋煙灶

1. 前言

　　桃園與新竹兩縣散佈祖籍為舊陸豐縣大安墟鹽墩村姜世良派下裔孫的姜氏宗族，[1]姜氏宗族在桃竹地區之所以突出，姜氏先後參與三個地區的墾務，最初在雍正末年到乾隆初年以姜勝本為墾號，與來自漳州府龍溪縣的郭振岳合作拓墾今新屋社子溪以北到觀音大堀溪間之「大溪墘庄」；[2]姜朝鳳家族（以姜勝智為首）與來自潮州府大埔縣的劉承豪合作開墾九芎林；最出色的當屬姜朝鳳曾孫姜秀鑾擔任金廣福墾區的墾戶首。[3]站在漢人的立場，姜秀鑾對新竹內山地區開發有著卓越的貢獻，因此《臺灣通史》將新豐姜氏之開臺祖姜朝鳳（陸豐 11 世祖）與徐立

---

[1] 本文所指稱的「舊陸豐縣」於 1731（雍正 9）年由海豐縣析出，1965 年揭西建縣，原屬於舊陸豐縣管轄的五雲及上砂劃歸揭西縣管轄，故源出五雲洞的彭姓宗族，多以陸豐標誌其原鄉，雍正初年以前遷者的祖籍則標誌海豐。1988 年採取閩、客分縣的作法，屬於客家語區的範圍由陸豐縣獨立出，設立陸河縣；屬於閩南語區的部分於 1995 改制為陸豐市。葉雁玲主編，《廣東省地圖冊》（廣州：廣東省地圖出版社，2008 年），頁 140；144；252。

[2] 根據新屋鄉永安村郭家祖塔〈汾陽堂郭氏源流記要〉：「……於乾隆九年（西曆一七四四年）十月與業戶姜勝本對半均分，立鬮拈定，……各管己業」。其次，諸多作者根據《范姜氏族譜》中所附 1751（乾隆 16）年墾單：「……田犁份壹張半，帶圳水壹分半……。今有佃范姜殿高，自給出墾單，子孫永管業...乾隆拾六年十月……竹塹大溪墘庄業戶姜勝本圖記福」，及范姜姓宗族收藏之「姜勝本圖記福」印鑑，來認定姜勝本業主為范姜家族，然而范姜姓掌握姜勝公號主應是清代中後期之事。墾契中的「今有佃范姜殿高」（契約文原件為：「今有佃姜殿高」，「范」姜殿高為《范姜氏族譜》編者所加，顯示當時的業戶是姜家，范姜氏則是實際參與土地拓墾的墾佃，但與業號姜勝本之姜姓本家，具有同宗之誼。汾陽佳城興建委員會，〈汾陽堂郭氏源流記要〉，2000 年。范姜姓族譜編輯委員會，《范姜氏族譜》（桃園：范姜姓族譜編輯委員會，1976 年）。

[3] 金廣福墾庄的範圍涵蓋現今新竹縣北埔鄉、寶山鄉與峨眉鄉的全部，以及竹東、新竹市東區、香山區小部分區域所組成的武裝拓墾區域。其設置起於 1834（道光 14）年，迄於 1895（光緒 21）年，是在一個有利的時空背景下所產生的，如：新竹地區經過百年的拓墾之後，已開發地區的土地贍養力已經接近飽和，迫使新移民及自然增長的人口，必須往新闢土地移動；「番害問題」對官方及民心帶來很大的困擾，亟待徹底解決；土地開發、樟腦、藤、茶葉、木材、稻米生產等經濟利益，促成竹塹城的大企業主及來自各地的小資產階級願意投資墾務。吳學明，《金廣福墾隘研究（上）》（新竹：新竹縣文化局，2000 年），頁 24-60。

鵬等人同列於〈列傳三：王世傑列傳〉中。[4]

　　本文將根據這幾年來作者在兩岸跨界研究所獲得的資訊，來探索姜氏宗族的源流與族群屬性，並配合在桃竹地區以自然村為調查空間單位的微觀的田野訪查成果，來呈現姜氏宗族在此區域的空間分布情況，最後來連結到姜氏宗族的族群屬性對金廣福墾區拓墾過程中可能的正面影響。

2. 姜氏宗族的來歷

2.1 粵東閩南語的分類與分布

　　潘家懿與鄭守治的研究的結論發現，粵東全區 7 市 2700 多萬人口中，有一半人的母語是閩南語，集中分布在沿海的潮州、汕頭、揭陽、汕尾 4 個地級市，而西部和北部的惠州、梅州、河源 4 個山區和半山區的地級市，講閩語的人口總數有 6、70 萬。[5]

　　粵東閩語按其語言特點可分為潮汕話和福佬話兩大類，潮語區居民的祖先入粵時代久遠，潮語早已從閩語分化出來，成為閩南話獨立的一支。汕尾市城區、海豐縣、陸豐市，以及惠州市惠陽區、惠東縣、博羅縣，甚至河源市源城區等地。在元明之際的「海豐縣」還幾乎是一片蠻荒，其人口大多數是在明初至清初的三百年間從閩南（尤其是漳州）、閩西和贛南等地輾轉遷入的。由於入粵時間短，原鄉的方言大致還基本保存（主要為漳州腔閩南語）。閩語區內則夾雜一些客家方言點，客語區內也有少數的閩南方言點（圖 6.1）。[6]

---

[4] 連橫，《臺灣通史》（臺北：眾文圖書公司，1932 年），頁 799-802。

[5] 潘家懿、鄭守治，〈粵東閩南語的分布及方言片的劃分〉，《臺灣語文研究》，第 5 卷第 1 期（2010 年），頁 162。

[6] 潘家懿、鄭守治，〈粵東閩南語的分布及方言片的劃分〉，頁 153。

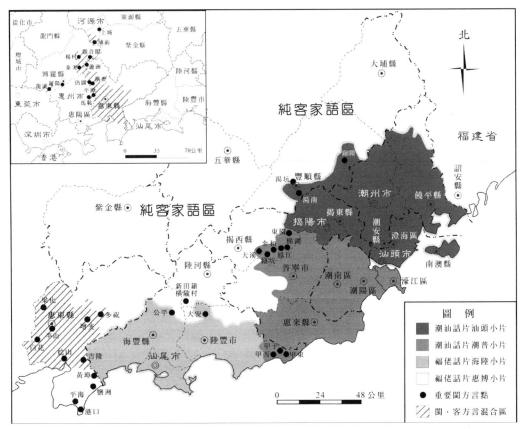

圖 6.1　粵東閩語區的分布範圍

資料來源：改自潘家懿、鄭守治，〈粵東閩南語的分布及方言片
的劃分〉，《臺灣語文研究》，第 5 卷第 1 期（2010 年），頁 147。

　　潘家懿與鄭守治的研究與作者在桃竹地區的調查是不謀而合的，新
竹沿海的新豐鄉紅毛港與桃園新屋蚵殼港周邊的粵籍移民裔所使用的
閩南語偏漳州腔，[7]一個被泉州腔圍繞的區域，來自粵東的世居宗族是
不太有機會學習到漳州腔閩南語的，合理的解釋是其閩南語乃攜自粵東
原鄉。作者從桃竹地區世居宗族祖籍的訪查中發現，祖籍海、陸豐的閩
南族群，在遷入粵東之前的祖居地大多為漳州（參圖 2.1），其開臺祖多
為海、陸豐開基後的 9-13 世間（平均約為 11 世），以一世 25-30 年換算

---

[7]　韋煙灶、曹治中，〈桃竹苗地區臺灣閩南語口音分布的區域特性〉，《地理學報》，第 53
　期（2008 年），頁 49-83。

成確實的年代，頗符合「大多數都是在明初至清初的三百年間從閩南、閩西和贛南等地輾轉遷入的」。

　　桃竹地區的姜氏宗族即是這種在明代由漳入粵的典型宗族，從目前各桃竹各地姜氏宗族所編的族譜及墓誌大多指稱，姜氏開粵始祖姜世良在入粵之前的祖籍地為福建漳州府龍溪縣江（紅？）豆村，入粵的第一站為碣石衛，其後部分裔孫再遷徙到海豐及陸豐大安墟鹽墩村等地，桃竹地區姜氏宗族的原鄉均在陸豐大安，大批渡臺的時程約為雍正末年到乾隆初年之間。

　　姜世良於 1368（明洪武元年）年間由閩入粵（圖 6.2），但姜世良入粵的時代背景為何？作者根據其駐足與遷徙路徑，以及《天水堂十一世渡臺祖姜朝鳳公派下族譜》[8]所載諸多姜世良派下裔孫葬於各地衛所駐地的資訊推斷，姜世良應為明洪武年間奉派到廣東碣石衛（見圖 6.3 及圖 6.4）駐防的軍人。明代軍制行「衛所兵制」，軍戶與民戶分籍，軍籍為世襲，軍戶歸衛所管轄，衛的位階相當於府級行政區，千戶所（如福建之金門所）則相當於縣級行政區。從姜世良派下世系表來看，姜世良有二子，除了持續一代一人繼續世襲軍職（直到明朝覆亡）外，其餘子孫在海、陸豐一帶繁衍落腳。

　　陸豐大安是一個谷口型的城鎮，為唐初所設安陸縣縣治所在地，也是流貫舊陸豐縣的螺河流域諸多支流匯流處，其地理位置頗類似清代的桃園大溪，灌溉水源充沛、航運便利，是交通與商業的輻輳點，也是與土著鄰接的要衝。[9]在明朝由大安往北就是當地土著的生活領域（如圖 6.5 之「無府州縣衛所衙署之模擬範圍」的區域，大安墟的位置約在圖 6.5 碣石衛之「石」字上）。目前我們尚無法證實，姜氏宗族是否曾經與畬族進行土地資源爭奪的鬥爭？而且能將此經驗複製到桃竹地區的拓墾上？或者姜氏宗族由於軍戶出身的關係，一直保持尚武的習性？若能確認姜氏宗族具備上述的原鄉文化技能，則當有助於其在臺的拓墾工

---

[8] 姜鏡泉，《天水堂十一世渡臺祖姜朝鳳公派下族譜》（新竹：財團法人臺灣姜世良祭祀公業基金會，2003 年）。

[9] 潘家懿、鄭守治，〈粵東閩南語的分布及方言片的劃分〉，頁 153。

作，但這些仍有待日後的研究再一一解開。

圖 6.2　位於新竹縣新豐鄉鳳坑村公墓姜朝鳳祖塔墓誌

圖 6.3　位於廣東陸豐市碣石鎮羅西村之姜氏開粵始祖世良公之墓

圖 7.2.5　位於陸豐市大安鎮艷墩新鄉之世良派下祖塔

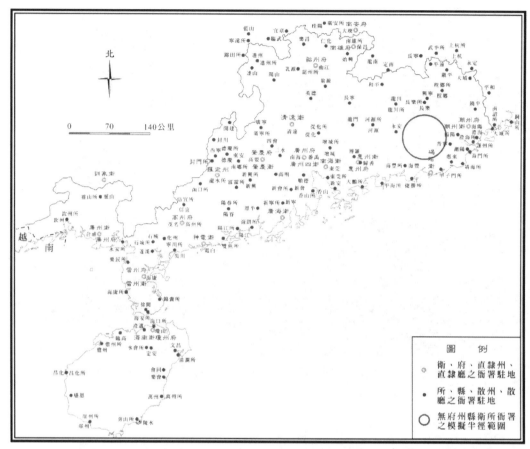

圖 6.3 明代廣東省衛、所及府、州、縣衙署的分佈地點

資料來源：改繪合併自譚其驤主編，《中國歷史地圖集：第八冊》
（北京：中國地圖出版社，1996 年），頁 72-73；郭紅、靳潤成，
《中國行政區劃通史：明代卷》（上海：復旦大學出版社，2007
年），頁 635。

2.2 歷史文獻所呈現的歷史語言證據

　　桃竹地區姜氏宗族的祖籍地，不管是陸豐大安、碣石衛或漳州龍
溪，均屬於閩南語區，作者在 2009 年 7 月親到陸豐大安姜姓宗族聚集
的鹽墩村旱田詢問，結果證實該地為閩南語區。目前的原鄉的方言分區
是否能反映渡臺之初姜氏宗族所使用的母語？與金廣福拓墾時期能否
使用閩、客雙語？答案是肯定的。證據如下：

1775（乾隆40）年來自陸豐大安的姜姓宗族分家鬮書（〈姜阿妙兄弟同立分家鬮書〉）所呈現的語言證據：

> ……父親遺有家業水田壹所，帶瓦屋三間、茅屋並牛稠七間，共拾間；……坐落土名茄東坑口（今新豐鄉鳳坑村境內），……，其樹林仔庄（今新豐鄉鳳坑村姜厝）前水田壹所，另四界帶地屋壹所，瓦屋共五間，……乾隆四十年十月　立分鬮書……。[10]

〈新竹北埔姜家史料〉載1832（道光12）年姜秀鑾及姜秀福兄弟分家鬮書：「兄弟承父所遺，僅有屋前之田，屋後之山竹果等項，餘者數處之田併山崙等業，係鑾兄弟粒積。……。[11]

此兩則姜家的分家鬮書均為閩、客式用詞併用：屬於閩南語的用詞尤為突出（括弧內為客式用詞），如：牛稠（牛欄）、崙（排、崗、墩）、粒積；屬於客家語的用詞（括弧內為閩式用詞）如：瓦屋（瓦厝）、茅屋（草厝）、屋前（厝前）、屋後（厝後）。可見姜姓宗族從較早期的1775（乾隆40）年，到1832（道光12）年，均能維持使用閩南語，且具備使用閩、客雙語能力，姜姓為亦閩亦客的族群屬性。

3. 姜氏宗族在桃竹地區的分佈及其歷史與地理意涵

清代姜氏宗族在桃竹地區的開基之地，至少涵蓋觀音、新屋、新豐、芎林、新埔、竹北、竹東、北埔、寶山、峨眉等10個鄉鎮市，最早入墾之地，也是親族最聚集的當屬新屋。後續發展最有成就者首推開基於新竹縣新豐鄉鳳坑村姜厝的姜朝鳳派下裔孫，個別人物最出色者當推金廣福墾區墾戶首姜秀鑾。

以其所使用的母語而言，目前仍居新豐姜厝的姜朝鳳三子勝韜房裔孫保留閩、客雙語能力，其使用的客家語為海陸客語，閩南語為漳泉混

---

[10] 吳學明，《金廣福墾隘研究（上）》，頁26-27。
[11] 吳學明，《金廣福墾隘研究（上）》，頁27。

合腔，但有趣的是其週邊來自福建閩南移民裔所使用的閩南語腔調全為泉州口音，此與當地閩南人祖籍多數屬於泉州（尤其是同安縣的金門）有關，故當地姜姓宗族的閩南語口音是攜帶自原鄉。[12]

新屋的姜氏宗族中靠近沿海閩南語區（祖籍仍是同安縣為多）也能使用閩客雙語，當初拓墾時的合作對象為來自漳州府龍溪縣昇平樓的郭家，此郭家與大園郭天光家族為同宗關係，陸豐閩南語偏漳州口音，基本上能與來自福建漳、泉移民溝通。[13]靠內陸姜氏宗族的母語則逐漸客化，40歲以下的族人不僅以客家語為母語，且族群認同傾向也是客家，70、80歲的老年層，才知曉祖先以閩南語為母語（在家說閩南語，出外說客家語），認同自己為閩南底。竹北、芎林、北埔的姜氏宗族則更是毫無例外的認同客家。故現今姜氏宗族的族群取向與所處的人文地理位置有密切的關聯，位於閩客過渡區者有雙重認同，位於客家語區者則認同客家。

新豐與新屋姜氏宗族分佈地區的其他姓氏移民，大多數的祖籍地為陸豐大安墟，與姜氏宗族是同鄉關係。桃園及新竹沿海閩南人對這群祖籍粵東且在原鄉即能使用客、閩雙語的族群稱為「半福佬客」，這群半福佬客的族群屬性亦閩亦客，在地緣上恰巧位於現今桃竹地區閩、客族群的過渡地帶，有這群半福佬客作為閩、客族群之間的緩衝，或許使得桃園南半部與新竹地區在清代從未出現大到被記錄於史料的閩粵或閩客械鬥事件。[14]

新屋范姜姓宗族來歷頗值得討論，范姜氏五祖之祖父范集景，生二子文周（又名文修）與文質。范集景死後，妻雷氏攜二子改嫁陸豐大安墟鹽墩村姜同英，文周改姓為姜。文質仍承范姓，但文質為報姜同英撫

[12] 韋煙灶、曹治中，〈桃竹苗地區臺灣閩南語口音分布的區域特性〉，頁49-83。葉佳蕙、韋煙灶、林雅婷，〈新竹縣新豐鄉居民之族群意識與祖籍分布的對應關係〉，《臺灣地理學會99年度地理學會學術研討會論文集》，頁8-22。

[13] 韋煙灶、林雅婷，〈台灣西北部沿海地區的居民語言與祖籍分布的空間關係〉，《台灣語言文化分佈與族群遷徙工作坊（2010）新竹場》，頁1-24。

[14] 張智欽、韋煙灶、林雅婷，〈方言群的空間分布特性與歷史地理區域形塑之關聯性探討—以楊梅及新屋地區為例〉，《台灣語言文化分佈與族群遷徙工作坊新竹場》，頁1-12。韋煙灶、林雅婷，〈台灣西北部沿海地區的居民語言與祖籍分布的空間關係〉。

育之恩，對五子是冠范或姜姓，無法均衡，乃同承范、姜雙姓（范姜）。新屋及觀音的姜、范姜兩姓，乍看姓氏相異，祖籍地不同，實則同是自陸豐大安墟鹽墩村遷臺。范姜姓遷徙至海豐公平墟前，范姓祖先原居地在陸豐吉康都水唇田心壩（今汕尾市陸河縣水唇鎮田心壩，客語區），雖然新屋范姜五祖的成長地為陸豐大安墟（福佬語區），但其族群與語言認同，則是趨向於客家，反映在其居住聚落採用客式地名—新屋。

　　從移入地（觀音、新屋、新豐）的空間結構來看：與范姜親屬關係相近的姜姓宗族（范文質繼父姜同英兄弟姜同雲、姜興芝的兒子們：姜文迎、姜文欽等派下[15]）與范姓的居住地偏在較內陸地區；與姜朝鳳及其兄弟、堂、從兄弟所傳的姜氏宗族，其居住地偏在沿海地區。居住地的空間分佈，充分展現出姜氏宗族血緣關係的親疏遠近。[16]

表 6.1　桃竹地區姜氏宗族的分佈情形

鄉鎮市區暨行政村	自然村	姜氏宗派	遷臺及開基年份	資料來源	備註
觀音鄉保生村	茄苳坑	姜李魁派下		姜阿李《姜姓宗譜》	
大潭村	兩座屋	姜文周派下	1736 年前後渡臺	姜仁通《姜姓族譜》	渡臺祖姜文周（又名文修）為范姜五祖之父范文質之親兄關係。
新屋鄉永興村	北湖	姜文能派下	約 1736 年渡臺定居本地。	1.姜仁通 2.姜阿李《姜姓宗譜》	渡臺祖姜文能為陸豐 10 世祖，姜文能與范姜五祖之父范文質為同母異父關係。
永安村	崁頭厝	姜仕傑派下	1736 年前後	1.姜仁通 2.姜阿李 3.東明村天水堂〈先祖世良公派下世系表〉	渡臺祖姜仕傑為陸豐 10 世祖。

---

[15] 姜仁通，《天水堂姜姓族譜》（桃園：財團法人姜世良公祭祀公業基金會，2001 年）。姜鏡泉，《天水堂十一世渡臺祖姜朝鳳公派下族譜》（新竹：財團法人臺灣姜世良祭祀公業基金會，2003 年）。姜朝璋公祖塔管理委員會，《十一世渡臺始祖姜朝璋公派下族系表》（桃園：姜朝璋公祖塔管理委員會，2003 年）。

[16] 張智欽、韋煙灶、林雅婷，〈方言群的空間分布特性與歷史地理區域形塑之關聯性探討—以楊梅及新屋地區為例〉，頁 8-9。

赤欄村	下姜厝	姜文能派下	約 1736 年渡臺定居本地。	1.姜仁通 2.姜阿李	與范姜五祖之父范文質爲同母異父關係。
東明村	甲頭厝	姜文欽派下	約 1736 年渡臺定居本地。	1.姜興芝公派下之祖堂易地重建委員會〈姜興芝公派下之祖堂沿革誌〉 2.姜仁通 3.東明村天水堂〈先祖世良公派下世系表〉	渡臺祖姜文欽之父姜興芝與范姜五祖之祖父姜同英爲兄弟關係。
東明村	姜厝	1.姜文欽派下	同上	同上。	同上。
		2.姜毓珍派下姜克贊支派	同上	1.姜阿李主編 2.〈先祖世良公派下世系表〉	渡臺祖姜毓珍爲陸豐 10 世祖,姜克贊爲姜毓珍之孫。
清華村	紅泥陂	姜	同上。		
九斗村	上青埔	姜公喜派下	同上。	1.姜仁通 2.姜阿李主編 3.〈先祖世良公派下世系表〉	渡臺祖姜公喜另名姜成錦,爲陸豐 11 世祖。
頭洲村	富九	姜	同上	同上	
頭洲村	青草陂	姜仕俊、朝坤、啓哲派下)	同上	同上	渡臺祖姜仕俊爲陸豐 10 世祖,姜朝坤、啓哲爲陸豐 11 世祖。
頭洲村	犁頭洲	1.姜仕俊、朝鳳、文迎派下	同上	同上	渡臺祖姜文迎爲陸豐 10 世祖,其父姜同雲與范姜五祖之祖父姜同英爲兄弟關係。
		2.姜公喜派下	同上	同上	姜公喜另名姜成錦。
深圳村	深圳	姜殿存派下	同上	同上	渡臺祖姜殿存爲陸豐 11 世祖。
後庄村	後庄（姜厝）	姜朝璋、公成派下	1735 年之前渡臺定居本地。	1.姜鏡泉《天水堂姜世良公派下至十一世族譜》。 2.姜仁通 3.〈先祖世良公派下世系表〉	渡臺祖姜公成另名姜成發,與姜朝璋均爲陸豐 11 世祖。
新豐鄉鳳坑村	姜厝（下樹林仔）	姜朝鳳派下勝韜支派	1737 年渡臺旋遷居本地	1.鳳坑村姜厝,天水墓園重建委員會〈姜氏淵源暨墓園概述〉	新豐姜厝渡臺祖姜朝鳳之三子。

			地。	2.《姜氏族譜》	
新豐鄉鳳坑村	林仔尾	姜勝韜支派	略晚於姜厝。	〈姜氏淵源暨墓園概述〉	位於下樹林仔南邊約300公尺。
新埔鎮文山里	土地公埔	姜昇亮派下		姜仁通	渡臺祖姜昇亮爲陸豐11世祖。
竹北市東海里	三崁店	姜枝水支派		姜阿李	
芎林鄉文林村	九芎林/柯子林	姜朝鳳派下勝智支派	1737年渡臺，1775年遷九芎林。	姜坤賢主編《十二世祖姜勝智公派下族譜》。	姜勝智爲渡臺祖姜朝鳳5子，與大埔人劉承豪合作設九芎林隘，拓墾九芎林，1787年拓墾成功。
芎林鄉芎林村	九芎林	姜朝鳳派下勝略支派	約1781年入墾九芎林。	姜阿李	姜勝略爲渡臺祖姜朝鳳4子。
竹東鎮員山里	下員山（下七份）	姜如潛派下		1.新屋九斗村上青埔《姜姓族譜》2.〈先祖世良公派下世系表〉	渡臺祖姜如潛爲陸豐10世祖。
寶山鄉沙湖村	沙湖壢	姜德秀派下		姜仁通	渡臺祖姜德秀爲陸豐10世祖。
北埔鄉北埔村	北埔街	姜秀鑾派下	1737年渡臺，1834年拓墾本地。	吳學明《金廣福墾隘研究》	金廣福大隘墾首，渡臺祖姜朝鳳（陸豐11世祖）曾孫。
南埔村	北埔街/大南埔	姜滿堂派下	1873年入墾大南埔，1877年北埔經商	〈重修曾祖滿塘公墓誌〉。	新姜派。
峨眉鄉中興村	下排子	姜朝忠派下		姜仁通	渡臺祖姜朝忠爲陸豐11世祖。

4. 結論

　　本文彙整姜氏宗族所編輯的族譜，配合田野訪查與文獻梳理，大體可以完整呈現桃竹地區姜姓宗族的歷史源流與在臺灣的空間分佈情

形。姜氏宗族在桃竹區域發展的在有不可磨滅的貢獻。另外，令作者感興趣的姜氏宗族在拓墾之初所顯現的亦閩亦客的族群特質，而在桃竹地區這種帶有亦閩亦客的世居宗族不在少數，在過去的桃竹地區有關的歷史、語言、族群關係、區域發展研究，均未發現此種族群特質，透過揭開桃竹地區姜氏宗族分布地理空間與歷史源流的脈絡，當有助於更客觀的詮釋與分析歷史文獻與論述。

參考文獻

吳學明，《金廣福墾隘研究（上）》。新竹：新竹縣文化局，2000 年。

汾陽佳城興建委員會，〈汾陽堂郭氏源流記要〉，2000 年。

韋煙灶、林雅婷，〈台灣西北部沿海地區的居民語言與祖籍分布的空間關係〉，《台灣語言文化分佈與族群遷徙工作坊（2010）新竹場》。

韋煙灶、曹治中，〈桃竹苗地區臺灣閩南語口音分布的區域特性〉，《地理學報》，第 53 期（2008 年）。

范姜姓族譜編輯委員會，《范姜氏族譜》。桃園：范姜姓族譜編輯委員會，1976 年。姜仁通，《天水堂姜姓族譜》。桃園：財團法人姜世良公祭祀公業基金會，2001 年。

郭紅、靳潤成，《中國行政區劃通史：明代卷》。上海：復旦大學出版社，2007 年。

姜朝璋公祖塔管理委員會，《十一世渡臺始祖姜朝璋公派下族系表》。桃園：姜朝璋公祖塔管理委員會，2003 年。

姜鏡泉，《天水堂十一世渡臺祖姜朝鳳公派下族譜》。新竹：財團法人臺灣姜世良祭祀公業基金會，2003 年。

張智欽、韋煙灶、林雅婷，〈方言群的空間分布特性與歷史地理區域形塑之關聯性探討—以楊梅及新屋地區為例〉，《台灣語言文化分佈與族群遷徙工作坊新竹場》。

連橫，《臺灣通史》。臺北：眾文圖書公司，1932 年。

葉佳蕙、韋煙灶、林雅婷，〈新竹縣新豐鄉居民之族群意識與祖籍分布的對應關係〉，《臺灣地理學會 99 年度地理學會學術研討會論文集》。

葉雁玲主編，《廣東省地圖冊》。廣州：廣東省地圖出版社，2008 年。

潘家懿、鄭守治，〈粵東閩南語的分布及方言片的劃分〉，《臺灣語文研究》，第 5 卷第 1 期（2010 年）。

譚其驤主編，《中國歷史地圖集：第八冊》。北京：中國地圖出版社，1996 年。

新竹沿海地區的地理環境變遷與區域發展

韋煙灶

摘要

　　新竹沿海區域發展是臺灣西部沿海區域發展的縮影。「洲潟型海岸地形」架構出區域基本的生態環境構造，西臨潟湖、東接平原、沿海浮復地持續陸化、位居農業發展的風頭水尾等。這樣的生態環境，一方面處處潛藏維持生活及生計的維艱；另一方面卻提供多元發展的潛力，是研究區自然環境的特質。新竹沿海區域發展的特質是自然與人文環境辯證過程中人地互動結果的呈現，所展現的特質包括：多元維生方式（農、漁、鹽、商）、海埔浮復地持續開發、居民生活空間持續擴張、土地贍養力持續改善、傳統聚落的血緣性特徵顯著。地理區域獨立、泉州系移民高度優佔的地緣性特徵，母語的均質高、生活方式類似、庶民文化的均質性。數百年來開墾海埔地以及漁、鹽技術的傳承經驗，以及隆恩業戶掌控沿海土地開發權，使得本區自清代以來，相較於臺灣其它地區，械鬥鮮少、豪族勢力不彰，是個社會相對安定且持續發展的區域。地理特徵的突出，提供新竹沿海區域穩定發展的基礎，強烈的人地互動關係，形塑出鮮明的區域性格。

關鍵詞：新竹沿海、地理環境、區域、族群、隆恩業戶

1. 新竹沿海地區之區域劃分

　　本書所指稱的「新竹沿海地區」（或略稱「本區」）是新竹縣、市合起來（以下稱「新竹地區」）的沿海地區，北起自新竹縣新豐鄉坡頭村，南至新竹市香山區南港里，首尾不大，南北僅約 28 公里長，但地理環境卻頗為多元，按山河阻隔、腹地寬窄及人文發展趨向，可再分成三大區域：新豐台地區、新竹平原區、香山沿海區，其中新竹平原區可再分為鳳岡與南寮兩分區；香山沿海區可再分為北香山與南香山兩分區。

1.1 新豐台地區

　　「新豐區」為新豐沿海地區的略稱，其範圍介於羊寮溪至湖口台地末端的鳳山山脈的臨海地區，所涵蓋的行政村包括：新豐鄉坡頭、新豐、埔和（此三村合稱紅毛港）及鳳坑村等 4 村。這個區域以台地地形為主，鳳山山脈最高的山頭可達標高 131m，向西一直延伸到臺灣海峽，且北緩南陡，與研究區內其它區域的地理分隔頗為清楚。

1.2 新竹平原區

　　「新竹平原區」是新竹平原沿海地區的略稱，其範圍從鳳鼻尾以南至崎頂臺地北坡。行政區涵蓋竹北市、新竹市北區及香山區的沿海各里，與苗栗竹南鎮相接。此區域涵蓋約 21 公里的海岸線，按腹地寬窄與河流切割的形塑，可再分為 2 個次級區域：鳳岡區、南寮區。

1.2.1 鳳岡區

　　鳳鼻尾以南至頭前溪以北的範圍在文中稱為「鳳岡區」，所涵蓋的行政村包括：鳳山溪北岸的竹北市崇義、尚義、大義（此 3 里舊稱貓兒錠）及大眉等 4 里，鳳山溪南岸至頭前溪北岸的竹北市白地、新庄及新港里及新竹市舊港里。本區大部分土地屬於新竹平原區的範圍，頭前溪是新竹地區最大的河流，也是新竹縣、市的界河，作為地理區界是相當明確的指標。

1.2.2 南寮區

「南寮區」是新竹市南寮地區的略稱，其範圍介於頭前溪南岸與客雅溪北岸間，新竹空軍基地（北起頭前溪南岸，南至客雅溪北岸。以下均簡稱「機場」）以西之地，但爲配合行政區劃，以便統計，排除香山區的港南與虎山里，故所涵蓋的行政村包括新竹市北區的舊港、南寮、康樂、古賢、中寮、海濱、港北等 7 里。這個區域的東界爲機場，是明顯的人文界線。二次大戰前後急速開闢的「新竹海埔地」，幾乎是全落在本區，海埔地開發固然是人爲的操作，但卻與本區位於頭前溪口南岸的自然環境特質有密切相關。

1.3 香山沿海區

「香山區」是新竹香山沿海地區的略稱，其範圍介於客雅溪以南至崎頂臺地北坡之間，東以竹東丘陵西緣（約標高 10 公尺）爲界，由於地形區隔明顯，故所指涉的範圍也相當具體。所涵蓋的行政村包括：新竹市香山區的浸水、大庄、香山、美山、朝山、海山、鹽水、內湖及南港等 7 里的沿海平原區。本區與南寮區在地理環境上最大的差別，在於本區平原範圍狹小，寬處不過 2 公里，窄處不及 200 米，向陸發展受到一定程度的侷限。按腹地寬窄與人文地理發展，可再分爲 2 個分區：北香山區、南香山區。

1.3.1 北香山區

港南、虎林與虎山 3 里位於客雅溪以北，其他地區位於客雅溪南岸到美山里的北界，包括浸水、大庄、香山、美山等 4 里，合計 6 里，本區主要位於客雅溪與三姓公溪聯合沖積的平原，平原相對開闊，但地勢低窪，易有水患。

1.3.2 南香山區

介於美山里北界到與苗栗縣接壤的沿海各里，稍大的河流爲鹽港溪（舊稱鹽水港）。其行政區包括朝山、海山、鹽水、內湖及南港等 5 里。這個區域地勢雖不高，但平原狹小，到了南港里已無平原可言，崎頂台

地的邊坡緩緩入海，台地表面覆蓋沙丘，生活空間不及其他的新竹沿海地區。

2. 新竹沿海地區的自然地理環境特色

2.1 農業發展的風頭水尾區位性

2.1.1 氣候

臺灣西部沿海地區處於農業發展的風頭水尾的地理位置的概念，一般人並不難於理解。然而其間細緻的論述，卻仍須透過地理概念的建構加以釐清。

新竹沿海地區缺乏地形屏障，冬半年（10-4月）期間東北季風長驅直入，農曆9月飆起的「九降風」，風勢尤為強勁。由於冬、春季節氣溫較新埔、關西、竹東等地的內陸河谷平原為低，風速也較大（表7.1），農業氣象條件不如內陸之河谷平原區，這可從本區第一期稻作插秧時程較其它新竹內陸地區晚約10-15日得到的間接印證（向西1公里，第一期稻作插秧時間約推遲一日）。

新竹地區的氣候為秋冬少雨，春夏多雨的降水型態，但早春的2-3月份降雨偏多，其偏多的趨勢甚至高於多雨的臺北地區，也正因為如此，研究區春耕並無明顯缺水的現象。新竹平原區由東而西第一期稻作插秧期錯開，新竹農田水利會依此時序，有條不紊的次第供水，避免在同一時間大量需水，使得灌溉用水得以發揮最高的使用效率。[1]由於秋冬缺水、無法預期的颱風及強盛的東北季風，使得本區的第二期稻作產量較不穩定，即便今日也是如此。

---

[1] 韋煙灶，〈新竹及竹南平原的地下水區劃分與水資源探討〉（臺北：國立臺灣師範大學地理系博士論文，2003年），頁23。

表 7.1 新竹地區各氣象站長期氣候要素之比較

	年平均風速（m/sec）	年平均皿蒸發量（mm）	年平均降水量(mm)	7月均溫年平均值（℃）	1月均溫年平均值（℃）
新竹舊站	3.05	1374.5	1761.0	28.5	14.9
新竹新站	2.95	1328.3	1781.8	28.8	15.1
南寮測站	4.50	1550.8	1521.0	29.1	15.1
永安測站	--	--	1699.2	28.9	15.0

註：中央氣象局新竹氣象觀測所，原有的舊氣象站位於新竹市博愛路，1990 年 7 月遷至竹北市光明五街 60 號是為新站。

資料來源：韋煙灶，〈新竹及竹南平原的地下水區劃分與水資源探討〉（臺北：臺灣師範大學地理系博士論文，2003 年），頁 34；中央氣象局，〈氣候統計—月平均〉，《中央氣象局全球資訊網》（2013/08/30 點閱）。

2.1.2 農地為鹽分高土壤

沿海地區高鹽分土壤與地處沿海受海水及鹽霧影響、淺層地下水位較高，以及缺充足的灌溉水等均有關。土壤顆粒大小與位在古潟湖與否有關，潟湖沈積環境在理論上土壤粒徑較細，有機質較多，肥沃度稍高，土壤容易保水；然而，洗鹽較費力，又為地勢較低，排水條件不佳之自然區位，但也因潟湖的細粒沈積物長期浸泡，使約位於地面下 0.3-0.5 公尺處（如新豐區鳳坑村姜厝及南寮區港南里南油車港），形成天然的黏重底土層（當地農民稱為「垎塗[2][3]」）。

作者曾多次實地開挖南寮區的土壤剖面，南寮區在 1900 年海岸線

---

[2] 臺灣農民習稱因水田耕作所澱積的黏重底土層為「垎塗」(kiah[4] thoo[5])或「塗垎」(thoo[5] kiah[4])，理論上，水田耕作時間愈久，垎塗層愈明顯，以陸化及水田耕作時間的長短而論，南寮地區最靠東邊的土壤陸化最久，海埔地及古潟湖區的土壤育時間最短，但後者的垎土層的化育程度最明顯，這與水田化理論發生矛盾現象，因此本區所謂的垎塗極可能在土地水田化之前就已經形成了，亦即本的區垎塗主要來自於潟湖沈積物而不盡然是水田耕作的影響。這可反證為何油車港潟湖區（鹽埕埔）在光復前後海埔地開發的過程中，最先陸化，也最先水田化，或與其有相對較適宜耕作的土壤條件有關。

[3] 葉昕祐，〈雲林縣口湖地區土壤鹽化現象之研究〉（臺北：臺灣師大地理系碩士論文，2006 年），頁 17。

以東（圖 7.1）的土壤鹽度尚屬於適宜耕作的範圍。以西之地因地下水面多位於地面下 0.4~0.7 米處，除了地下水充足外，就土性而言，其實是鹽度過高，尤其是地下水的電導度超過 1,300μS/cm（2006 年 03 月 11日實測），土壤鹽分高對稻米生產質量有相當的影響。本區土壤含鹽量的情況是愈往西，鹽度愈高。根據韋煙灶與黃琡勻在 2003 至 2004 年的實地調查爲推論依據：新開發的海埔地，若不是以充足的圳水來洗鹽，則土壤鹽化情況將會頗爲嚴重的。[4][5]

2.1.3 淺層地下水位的影響

根據作者的調查，新竹平原區的淺層地下水，在古海岸線以西之地僅距離地面約 0.5 米；此以東之地至機場間的地下水位約 2.0-1.0 米。由於地下水位較高，農民利用菜田的角落，開挖深約 1 米，長、寬各約 1.5 米的「菜窟仔」（土質鬆軟，開挖容易），即有充足的地下水湧出，以雙肩挑渲桶 （suan^{24} thang^{41}） 澆灌菜園。鳳岡區的新港、白地及新庄等里，南寮區的海濱、港北及港南等里都是新竹地區蔬菜主要的栽植區，此與有方便的地下水灌溉有密切關聯。若遇大旱之年，單靠人力舀水灌田，沿海地區就勉強可渡過缺水危機，使得本區農業對環境變動的適應力反而比內陸地區要來得強。[6]

2.2 新竹沿海地區「洲潟海岸」的地形變遷特色

本區的海岸地形特徵屬於洲潟型海岸，洲潟型海岸地形演變模式的概念至少在 1966 年已經被國內學者引用，[7]石再添繼之，用以建構臺灣

4　韋煙灶、黃琡勻，〈新竹機場興建與擴建對新竹南寮地區農地水田化及海埔地開發的影響〉，《中國地理學會九十四年度年會暨學術研討會》（臺北：中國地理學會，2004 年），頁 41。

5　假設本區的農業僅以雨水及地下水作為灌溉水源，透過蒸發散作用，將使土壤水鹽分因濃縮而大幅提高，按照灌溉水質的標準，當灌溉水的電導度值大於 4,000μS/cm 時，除了極耐鹽分作物外，其它作物很難生長。陳買，《灌溉水質污染監視處理手冊》（臺北：臺灣省水利會暨臺灣省農田水利協進會，1979 年），頁 6。

6　以新竹市區及竹北市區一帶淺層地下水約距地面 8.0-10.0m，在大旱之年，是無法像沿海地區一樣靠人力舀水灌田解決乾旱問題。

7　張劻曾，〈臺灣海埔地之地形變遷〉，《臺灣之海埔經濟（第一冊 ）》（臺北：臺灣銀行經濟研究室，1966 年），頁 76。石再添，〈臺灣西南部嘉南洲潟海岸的地形及其演變〉，《地理

西部海岸地形的特徵與演變，之前作者將之轉移運用到沿海區域研究上[8]，但繼之發現這種海岸地形模式並不符合本區近百年來海岸變遷的實際狀況，原因在於本區屬於華倫亭海岸分類中的「離水堆積進夷海岸」[9]，既是「進夷海岸」，則從第一到第五階段的海岸線不應靜止不前，韋煙灶透過《淡水廳志》[10]及《新竹縣志初稿》[11]兩部方志附圖的比對，並輔以田野調查證據加以證實，提出了修正模式：「形成濱外沙洲→濱外沙洲變為與北端陸地連結的沙嘴→沙嘴內側潟湖淤淺陸化成沼地→沙嘴變為沙丘→沙丘化為海堤、潟湖轉變為鹽田或農地→外海形成另一道濱外沙洲→聚落向海方向推進」[12]（如圖 7.1、7.2、7.3、7.4）

　　受偶發性的洪汎堆積與階段性圍海造陸的影響，海岸線向外海的外移為跳躍式，而非連續式，故古海岸線兩側都會有些微地形的遺跡；其次，配合這樣的概念模式推理，古海岸線通常就是過去的濱外沙洲或沙嘴所在。本區許多傳統聚落緊臨「古海岸線」，而大多數聚落形成年代在 150-250 年前之間。在當時家門口 10 餘米就是海，可見在 1900 年以前的 100 年間的海岸線變化較小，（圖 7.1 及圖 7.3）。古海岸線東西側的地形落差在田野訪查上並不難確認。由於海岸線長期維持在相近位置，造成幾個明顯的微地形特徵。

　　本區的古海岸線東側之地面標高約 2.5-3 米；西側則約為 0.5-1.0 米。一般沿海地區由於地勢低平，聚落選址必須特別防範洪潦，本區普遍存在規模不大的海岸沙丘，1900 年以前建立的臨海聚落通常會選址在沙丘上或沙丘背後，宅地面東或面南[13]，由於海岸沙丘的發展大致會

研究報告》，第 5 期（1979 年），頁 12。

[8] 韋煙灶，〈新竹平原沿海地區生態環境的變遷與居民維生方式的轉變〉，《地理研究報告》，第 29 期（1998 年），頁 89。

[9] 石再添，〈地形學〉，《中山自然科學大辭典・第六冊：地球科學》（臺北：臺灣商務印書館，1973 年），頁 25。

[10] 陳培桂，《淡水廳志》（臺北：國防研究院暨中華學術院，1968 年），頁 14-16。

[11] 鄭鵬雲、曾逢辰，《新竹縣志初稿》（臺北：國防研究院暨中華學術院，1968 年），頁 5。

[12] 韋煙灶，〈臺灣西部沿海區域發展模式之探討—新竹市油車港地區的個案研究〉，《社會教育學報》第 6 期（2003 年），頁 40-41。

[13] 由新竹市港北里的陳姓耆老於 1989 年所編之《陳氏族譜》的序言中清楚的描述沿海傳統聚落的自然區位及維生方式：「陳家祖厝（即大廳）前有一口大池塘，後面繞圍一座盆地、沙

與海岸線略爲平行，故臨海聚落的空間分布型態就大致呈現南北走向，古海岸線以西地區則無此空間規律性。

由於海難或洪泛，偶見無主浮屍漂至堤岸邊，按臺灣民間習俗會在浮屍之處附近安葬屍首，民間傳說或得「地理」或鬼魂托夢請求就地立祠，因此這些小祠（應公廟）通常會緊鄰立祠在當時的海岸線，將研究區立祠供奉的應公廟連接起來，其位置是十分的接近這條古海岸線的。這條 1900 年前後的古海岸線由北而南的連線如下：

新豐鄉坡頭村及新豐村西側目前海岸（但海水可循各港汊侵入到今臺 61 號公路以東之地）→新豐村池和宮前停車場及鳳坑村姜厝北測及東側新豐溪與茄苳溪匯流周圍約標高 2.0-2.5m 以下（1907 出版之《新竹廳志》稱爲「屈指港灣」）→姜厝沙丘西側目前海岸→鳳坑村鳳鼻尾目前海岸→竹北市尚義里羊寮港蘇宅前沙丘（目前已毀）→庄尾（似爲河口灣，有沈船傳說）→外湖西側沙丘（更外側爲崁仔腳沙汕遺址，中間魚塭爲崁仔腳潟湖遺跡，鳳山溪北岸均屬之）→崇義里拔仔窟西側沙丘→崁仔腳沙丘→新港里海仔尾濱海公路東側沙丘→新竹市北區舊港里舊港島西緣→新竹市北寮洲（舊時別稱金龜汕）→南寮里南寮舊漁港（西側新竹漁港東側爲南寮沙汕遺址）→海濱里代天府西側聚落邊緣→港北里海濱路東側約 400 公尺處水圳旁→港北橋（油車港溝）→香山區港南里三姓媽廟（西緣爲鹽埕埔潟湖—油車港鹽場，外側爲五層坽汕遺址）→延平路 2 段→延平路 2 段 1451 巷→順天宮前（爲小河口灣）→海埔路 73 巷→延平路 2 段 1241 巷 32 弄（爲小河口灣）→十一靈公廟→姓媽公廟→虎山里楊寮海防營入口→罟寮三姓公廟舊址→香雅橋（爲客雅溪之河口灣）→浸水里浸水北街→大庄里溝埤橋（兩側爲三姓公溪之河口灣）→宮口街（爲河口灣）→萬厝聚落西緣→中華路 5 段 208 巷底沙丘→美山里中華路 5 段 320 巷底福寧宮（濱海公路東側）→頂寮香山福地土地廟前→朝山里下寮香山天后宮廟口（非目前所見舊海堤）→中華路 5 段 420 巷及其東側 20m 處沙丘→海山里長興街→鹽水里長興

崙仔，……爬登沙崙頂上，望市區及壯大的大海等。……昔日族人密居於祖厝鄰近，務課農漁業……。」

宮（西側沙丘爲古砂嘴—北汕遺址）→內湖里內湖路→鹽港溪橋（爲鹽
港溪河口灣）→南港里濱海公路東側林宅前→濱海公路東緣（西側沙丘
爲古砂嘴—南汕遺址）。（2007 年 02 月至 2008 年 09 月調查修訂）

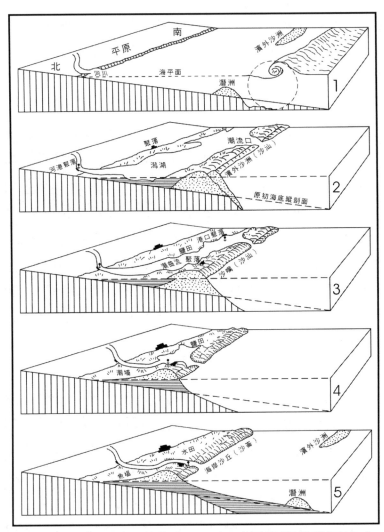

圖 7.1　新竹沿海地區海岸地形變演變與聚落發展模式

資料來源：韋煙灶，〈臺灣西部沿海區域發展模式之探討—新竹
市油車港地區的個案研究〉，頁 75-76。

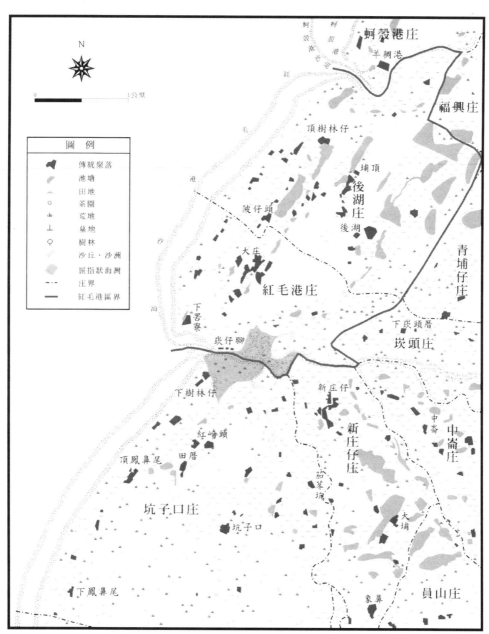

圖 7.2 臺灣堡圖上的新豐紅毛港及沿海地區

資料來源：葉佳蕙，〈新竹紅毛港的區域形塑與其周邊的族群關
係〉（臺北：國立臺灣師範大學地理學系教學碩士班碩士論文，
2010 年），頁 4。

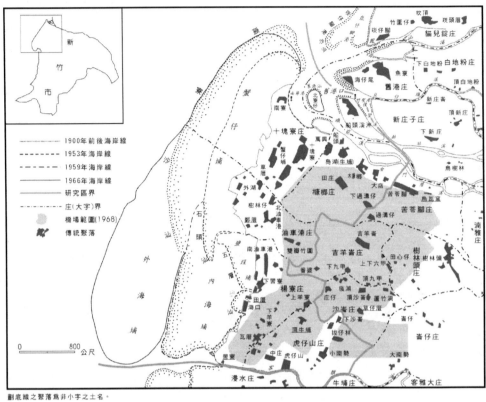

劃底線之聚落為非小字之土名。
資料來源：臺灣堡圖及田野調查

圖 7.3 南寮區的傳統聚落分布與百年來海岸之變遷

資料來源：韋煙灶等，《與海相遇之地：新竹沿海的人地變遷》
（新竹：新竹市文化局，2013 年），頁 9。

3. 新竹沿海地區的人文區域發展

經過十餘年來的調查，新竹沿海地區內各傳統自然聚落主要宗族姓
氏及其祖籍地，目前雖未說完全釐清，但是各傳統聚落的開拓時程，以
及居家族的地緣及血緣性空間結構之輪廓已經清楚浮現了。

3.1 聚落開發與移民入墾年代之探討

3.1.1 先驅拓墾者與開基拓墾者在臺灣土地開發過程的角色差異

為了處理現有各聚落宗族入墾年代與文獻上所記載墾戶（業戶）請

墾的年代不一致的矛盾，作者提出「先驅拓墾者」與「開基拓墾者」角色的差異性，來調和這個矛盾。先驅拓墾者是指最早進入當地拓墾的移民；開基拓墾者則是指定居當地且留下來開枝散葉的移民，往往成為當地的主要家族。開基拓墾者可以是先驅拓墾者，也可能不是，因為先驅拓墾者可能會留下來，在當地繼續發展成為開基拓墾者，也可能因無後、返回祖籍地或再次遷徙到臺灣島內它處。[14]本區風頭水尾的農業環境，使較早的移民拓墾失敗離去，目前尚定居各聚落的主要家族，代表其不僅能紮根與定根於研究區，也能拓根而開枝散葉，成為聚落內主要家族。

---

[14] 韋煙灶、張智欽，〈新竹市南寮地區的區域發展、聚落及宗族發展之探討〉，《地理研究報告》第 40 期（2004 年），頁 92。

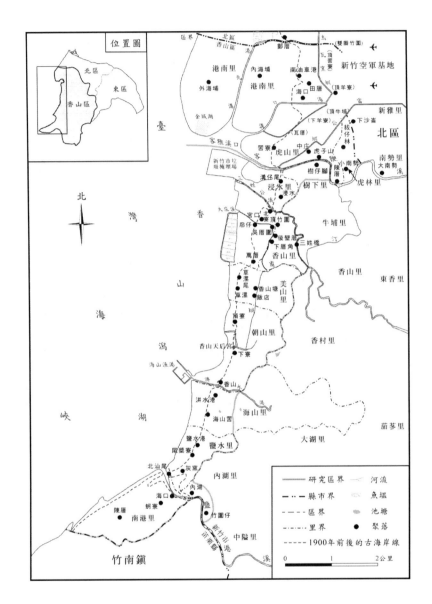

圖 7.4 香山區的地理環境與聚落分布圖

資料來源：韋煙灶等，《與海相遇之地：新竹沿海的人地變遷》
（新竹：新竹市文化局，2013 年），頁 11。

3.1.2 新竹沿海地區世居家族的遷移及入墾年代

本處所指的世居家族指的是「受訪者本人向上推三代即已定居本聚
落的宗族；或該宗族定根本地已經超過 120 年（即臺灣割讓給日本前的

清末）」；世居居民指的是世居家族所傳的後裔，且仍定居於本地的居民。120 年前當時的研究區大抵仍維持在農業傳統聚落型態，各聚落的家族分佈與清代拓墾時期的差距較小，藉此還原本區拓墾以來的社群結構與族群分佈脈絡。

作者 10 餘年來陸續，透過相關書籍文章、日治時期戶政資料，配合田野調查掌握各自然村的世居家族。接著運用大量族譜，佐以耆老訪談、網路檢索及抄錄祖堂（公廳）碑文、祖塔墓誌、塚地墓碑籍貫等方式取得世居家族開基祖原鄉資料，進一步了解各家族來到新竹沿海地區的遷徙史及定居年代。

表 7.2、表 7.3 係根據附表所列的 186 個世居家族（絕大多數定居當地超過 120 年，少部分家族雖不足 120 年，但可視爲該聚落的創建者）爲統計基礎，並儘量以自然村級的空間單元，進行田野調查與資料彙整，故相當程度能反映清末時，本區的族群及祖籍分布的實況。

表 7.4 中最早入墾的家族，記載爲 1733 年，較晚入墾年代爲 1967 年，主要入墾年代爲 1760-1790 年，1760-1800 年與文獻所記載莘豐庄、貓兒錠庄、竹塹南庄的拓墾年代，均約有 30 至 50 年的時間差，呼應前述提出「先驅拓墾者」與「開基拓墾者」存在時間差異的論點。

3.2 傳統聚落世居居民祖籍地的空間性分析

從表 7.2 可清晰看出：新竹沿海地區的開基拓墾者之祖籍地，絕大部分爲清代泉州府籍，佔本研究祖籍可考的世居宗族的 90.3%（168/186，若將永春縣納入，則爲 94.6%），在臺灣島上各地是很少見的情形（清代臺灣漢人主要移民祖籍地行政區，請參圖 2.1）。祖籍屬泉州府中又以同安籍最多，佔祖籍可考世居宗族的 51.1%（95/186），再將世居宗族的祖籍範圍縮小到金門島，則至少佔 7.5%（14/186），比例也不低；晉江籍佔第二位，爲 21.0%（39/186）；惠安籍佔第三位，爲 10.2%（19/186）；南安籍佔 3.2%（6/186），安溪籍佔 0.5%（1/186）；漳州府籍全來自漳浦縣，只有新豐區的陳姓及吳姓，佔 2.7%（5/186）。本研究

可考的開基拓墾者中屬於粵籍的家族以新豐區較多，其他各區則僅有零星幾筆，且整體以海陸客為多，粵籍的家族合佔 7.0%（13/186）。若以區域來分新豐、鳳岡及南寮三區均是同安移民裔高度優佔的區域，北香山區是晉江移民裔高度優佔之區，南香山區為惠安移民裔相對占優勢之區，香山區南部鹽港溪下游兩岸的惠安籍移民極可能多數來自惠安縣頭北（今泉州市泉港區）地區。整體而言，本區傳統自然聚落移民結構所表現的原鄉與新鄉對應的地緣性色彩，不可謂不濃厚。

表 7.2　新竹沿海地區世居家族的祖籍歸屬分類

區域	族群\個數	永春州	泉州府					漳州府	潮州府	惠州府	小計
			晉江	惠安	南安	安溪	同安				
新豐區	樣本數	0	0	2	0	0	29	5	0	6	42
	%	0.0	0.0	4.8	0.0	0.0	69.0	11.9	0.0	14.3	100.0
鳳岡分區	樣本數	4	0	1	1	1	27	0	2	1	37
	%	10.8	0.0	2.7	2.7	2,7	73.0	0.0	5.4	2.7	100.0
南寮分區	樣本數	1	0	0	1	0	26	0	0	0	28
	%	3.6	0.0	0.0	3.6	0.0	92.9	0.0	0.0	0.0	100.1
北香山分區	樣本數	1	31	1	3	0	8	0	0	2	46
	%	2.2	67.4	2.2	6.5	0.0	17.4	0.0	0.0	4.3	100.0
南香山分區	樣本數	2	8	15	1	0	5	0	0	2	33
	%	6.1	24.2	45.5	3.0	0.0	15.2	0.0	0.0	6.1	100.1
全區	樣本數	8	39	19	6	1	95	5	2	11	186
	%	4.3	21.0	10.2	3.2	0.5	51.1	2.7	1.1	5.9	100.0

資料來源：彙整統計表 7.4。

3.3 傳統聚落的世居居民母語口音的空間性分析

　　若我們探以世居家族的祖籍地方言來探詢這些家族渡臺之初所使用的方言，來反映移民隨「語緣」聚居的地理空間分布特性。在此之前，必須先理解本文所使用的一些閩、客方言及其次方言的操作分類定義。

　　與臺灣移民相關的福建、粵東閩、客方言音系頗為多元、複雜。按照閩、客研究習慣性的分類方式，本文將臺灣可能出現的閩、客方言口音分為以下數種，並依據口音分布的區域，對應其族群屬性。

3.3.1　閩、客方言口音分類

3.3.1.1　閩南話：漳州音系（以下簡稱漳系）、龍岩系（在操作上併入漳系）、泉系（泉州市）、潮汕系（舊潮州府轄區的「三陽」地區，即今之潮州市（海陽）、揭陽市（揭陽）與汕頭市（潮陽）；饒平縣北部與揭西縣西北半部屬於客家話區）、福佬系（今海豐縣、陸豐市與汕尾城區的閩南話區）。

3.3.1.2　客家話：四縣系、海陸系（海豐縣與陸豐縣的內陸山區；陸河縣全境及揭西縣五雲及上砂兩鎮，目前陸河全境加上五雲及上砂，相當於清代陸豐縣吉康都的範圍）、大埔系、饒平系、詔安系、揭揚（揭西）系、豐順系、上杭系（永定與上杭）等等[15]。

3.3.2　閩、客族群與音系社群的認定

　　依據臺灣漢人祖籍分佈的狀況，以及原鄉所操的方言口音差異，本研究將福建、粵東的閩南族群分為 4 個主要音系社群：漳系簡稱「漳州閩」（以下同）、泉州閩、潮州閩、海陸閩。客家族群相對較複雜，配合口音分布的區域性，分成 5 個主要音系社群：四縣系（簡稱「四縣客」，以下同）、海陸客、大埔客、饒平客、詔安客，現今臺灣客委會認定的 5 種臺灣客家話口音分類，普遍說法為「四海大平安」；另外的次要音系則府、州名附加縣名稱之，如汀州客—永定、汀州客—武平、漳州客—平和、漳州客—南靖、潮州客—豐順、潮州客—普寧、潮州客—揭揚稱之。然而，在此必須強調的是：上述之原鄉閩、客方言分區及閩、客族群分區圖，均是為還原到清末時的社會狀況，不宜直接引用作為現今

---

[15]　閩西南的客家次方言分類係依據王秀斌主編所列的分類。王秀斌主編，《福建省地圖冊》（福州：福建省地圖出版社，2008 年），頁 44-51。

閩、客族群及族群/社群語言區認定的依據。

　　根據表 7.4 的彙整統計，新竹沿海地區，且不管是整體獲哪個分區，其樣本比例均是以閩南族群佔絕對的優勢，閩南族群中又以泉州閩社群佔 91.4%的絕對優勢，其他三個閩南社群（漳州閩、潮州閩及海陸閩）僅合約 5.4%；整體客家族群中以海陸客社群稍多，但大部分的客家族群多是在二次世界大戰前後遷入新竹沿海地區的河岸新生地與海埔新生地，若排除這些樣本，新竹沿海地區在清末之時，幾乎是接近 100%的閩南社群分布區。新竹沿海地區世居家族之祖籍與族群結構的均一性，是很突出的區域特色。

　　3.3.3 南寮區與北香山區世居居民母語口音之微觀空間分析

　　董忠司（2001）將臺灣閩南語區分為 6 個主要次方言群：海口腔、偏海腔、偏內腔、內埔腔、北部通行腔、南部通行腔，而將南寮區作為偏海腔的方言點[16]。從更細膩的祖籍地空間性來看，晉江東石、同安馬巷、金門等地均環繞著廈門灣及圍頭灣，這個區域至少有 60.0%（72/120）的世居宗族的祖籍地落在廈門灣的周邊地區。其實就現階段的調查，新豐、鳳岡、南寮及香山這四個區域，世居居民所使用的母語，應均可歸類為同安腔（新竹腔）[17]。新豐及鳳岡兩區地理區為相對偏遠，保留較多成分的老同安腔特質；南寮區及北香山區地形較開闊且與核心區（新竹市區）距離較近，且屬同一個行政區，語音特質表現出新同安腔的特質。（丟失央元音/ir/與/er/）

---

[16] 董忠司主編，《臺灣閩南語辭典》（臺北：五南圖書公司，2001 年），頁 5。

[17] 韋煙灶、曹治中，〈桃竹苗地區臺灣閩南語口音分布的區域特性〉，《地理學報》，第 53 期（2008 年），頁 65-76。

表 7.3 新竹沿海地區世居家族的族群歸屬分類

區域	族群\個數	海陸客	四縣客	饒平客	大埔客	詔安客	潮州客（非大埔與饒平）	泉州閩（含永春）	漳州閩	潮州閩	海陸閩	小計
新豐區	樣本數	4	0	0	0	0	0	33	3	0	2	42
	%	9.5	0.0	0.0	0.0	0.0	0.0	78.6	7.1	0.0	4.8	100.0
鳳岡分區	樣本數	1	0	0	0	0	1	34	0	1	0	37
	%	2.7	0.0	0.0	0.0	0.0	2.7	91.9	0.0	2.7	0.0	100.0
南寮分區	樣本數	0	0	0	0	0	0	28	0	0	0	28
	%	0.0	0.0	0.0	0.0	0.0	0.0	100.0	0.0	0.0	0.0	100.0
北香山分區	樣本數	0	0	0	0	0	0	44	0	0	2	46
	%	0.0	0.0	0.0	0.0	0.0	0.0	95.7	0.0	0.0	4.3	100.0
南香山分區	樣本數	0	0	0	0	0	0	31	0	0	2	33
	%	0.0	0.0	0.0	0.0	0.0	0.0	93.9	0.0	0.0	6.1	100.0
全區	樣本數	5	0	0	0	0	1	170	3	1	6	186
	%	2.7	0.0	0.0	0.0	0.0	0.5	91.4	1.6	0.5	3.2	99.9

資料來源：彙整與統計自表 7.4。

3.3.4 新豐地區的閩、客雙語－半福佬客社群

本文所謂之世居家族的族群屬性，是藉由比對其原鄉祖籍地現今所在的位置來確認。然而，祖籍地位於福建、粵東閩客交界地帶的世居宗族，較難確認其閩、客族群屬性。依據莊初昇、嚴修鴻的調查[18]，福建漳屬四縣雙方言區的居民一般操客家話為母語；根據葉國泉、羅康寧的研究[19]，粵東饒平縣新豐、東山及新塘等鎮，揭東縣玉湖、龍尾、新亨、桂嶺、白塔等鄉鎮，揭西縣城河婆鎮以北的鄉鎮以及普寧市里湖鎮的雙方言區內，居民內部交際也使用客家話。

另一方面，族譜上詳細記載宗族在大陸原鄉更早的遷徙史，也可確認閩客交界地帶宗族的族群屬性，如：來自閩、粵的閩南語區→閩、客話交界地帶（雙方言區）→臺灣，視為閩南族群；來自閩、粵的客語區→閩、客話交界地帶→臺灣，視為客家族群，如新豐鄉鳳坑村的姜氏宗族其祖籍為陸豐縣大安墟鹽墩鄉（今廣東省汕尾市陸豐市大安鎮艷墩村），陸豐大安屬於閩南話區，其語言區位為閩客交接地帶的閩方言區，在遷到陸豐縣鹽墩鄉之前的祖籍為漳州府龍溪縣，龍溪縣為純閩南話區，這些證據均可認定該姜姓宗族屬閩南族群。

因此桃竹沿海地區之閩南人將這一群來自粵東海、陸豐地區能說閩客雙語的社群稱為「半福老客」，以鄭姓、田姓及姜姓為代表[20]，埔和村後湖子的鄭姓與後湖村頂鄭與下鄭的鄭姓宗族源出一脈，從其族譜的資料，其先祖來自福建，其開臺祖娶蚵殼港閩南之女為妻，來臺前定居於惠州府陸豐縣大安墟本圍內[21]，從訪談及頂鄭為閩南式地名來研判，概

---

[18] 莊初昇、嚴修鴻，〈漳屬四縣閩南話與客家話的雙方言區〉，《福建師範大學學報》，第 3 期（1994 年），頁 81-94。

[19] 葉國泉、羅康寧，〈廣東雙方言區的分布及其成因〉，《雙語雙方言與現代中國》（北京：北京語言文化大學出版社，1999 年），頁 328-335。

[20] 新屋及新豐地區呈具有空間分佈規律性的半福佬客族群，本研究區僅涉及姜、田、鄭三姓，詳細資料，請參圖 7.4，以及韋煙灶、林雅婷，〈桃園及新竹沿海地區閩、客移民分佈的地理意涵—以新屋及新豐的調查為例〉，《客家文化與兩岸關係和平發展研討會》（龍岩：龍岩學院客家文化中心暨龍岩市委宣傳部，2008 年），頁 209。

[21] 鄭阿送，〈蚵殼港鄭家族譜〉，《蚵殼港鄭家族譜》（新竹：作者自印，1956 年），頁 350。社團法人新竹縣新豐鄉鄭長恩紀念會，〈鄭泰容祖塔吉修建事記錄〉，2007 年。

為閩底半福老客；鳳坑村姜姓宗族的遷徙路徑為漳州府龍溪縣（閩語區）
→陸豐縣碣石衛（閩語區）→陸豐縣大安墟（閩、客語過渡區）[22]，從
宗族遷徙路徑、訪談及地圖的綜合研判，故為閩底半福佬客；鳳坑村田
姓宗族的遷徙路徑為嘉應州程鄉縣（今梅縣）→潮州府惠來縣→惠州府
海豐縣中坑尾→海豐縣東涌鎮東北村（今汕尾市城區東涌鎮東北村）[23]，
從宗族遷徙路徑、訪談及地圖的綜合研判，故為客底半福佬客。

3.4 同族聚居之血緣性特徵

　　新豐區來自金門的許姓優佔且相鄰的自然村至少有 4 個（與羊寮溪
對岸的桃園新屋蚵殼港許姓連成一氣），李姓優佔的相鄰自然村有 6
個；鳳岡區曾姓優佔的自然村至少有 7 個，戴姓優佔的自然村有 5 個；
南寮區來自同安馬巷彭厝彭氏優佔的自然村目前至少有 10 個（許多聚
落因機場修築與擴建而消失），香山區楊姓優佔的自然村至有 11 個，這
種情況符合研究區居民對這五大望族的稱呼：紅毛港許、崁頂曾、魚寮
戴、楝櫚彭、虎仔山楊。其次，如南寮區的油車港共有 5 支陳姓，雖比
鄰而居，卻分別來自馬巷、金門、同安（非前兩者）及南安等地。傳統
聚落的血緣性色彩濃厚，也是本區區域發展的一大特色。

4. 地理環境交織影響所形塑的區域特色

4.1 西臨潟湖、東接平原或臺地是有利於區域發展的人文生態區位

4.1.1 洲潟生態區是有利的人文生態區位
潟湖區咸被生態學者認為是生物量十分豐富的地區，這樣的生態環

---

[22] 天水墓園重建委員會，〈姜氏淵源暨墓園概述〉（新竹：天水墓園重建委員會，1999 年）。

[23] 田端仕公祠堂重建委員會，〈田端仕公派下祠堂重建誌〉（新竹：田端仕公祠堂重建委員會，
2003 年）。韋煙灶、黃琡勻，〈新竹機場興建與擴建對新竹南寮地區農地水田化及海埔地開
發的影響〉，《中國地理學會九十四年度年會暨學術研討會》，2004 年，頁 41。

境特質將回饋到當地居民的維生方式上。研究區過去的自然環境基本構造，是由東到西是一連串的濱外沙洲或沙嘴與其所圍成的洲潟生態區。潟湖區內從事漁撈作業又遠比外海安全，面對這樣的生態環境結構，除了提供了絕佳的副食品與足夠的動物蛋白質外，也帶給本區居民取之不竭的財富。潟湖區的優良漁場，充分發揮其地盡其利的作用。作者以自家的情況作爲樣本來估算，在 1950 至 70 年代間，沿岸漁業的年收入約佔全年總收入的 1/3 以上。

4.1.2 西臨潟湖、東接平原或臺地是向海或向陸發展兩相宜的生活空間

基於靠海吃海的維生法則，海洋資源豐富，大海在維持生計上，如南寮區從事曬鹽、香山區的水產養殖、四個區域均發展傳統沿岸漁業—牽罟（四區均有帶罟寮字眼的地名）、近海漁業，南寮區漁港口條件較佳，日治時期已有遠洋漁業及海外貿易等向海性的維生方式，有吸收農村過剩勞力的海綿作用，可吸納因子孫繁衍所造成農村勞力過剩帶來的土地贍養壓力。尤其牽罟是一種包容性很強的漁撈活動，「偎（ua）索分魚」，參與者有份，而且一般的參與者並不需具備任何特殊技術與設備即可從事，非屬漁民的「當地人」仍然有機會參與，可多少貼補家用。

向陸的生活方式則進行土地拓墾、開發水利設施，發展水、旱田農業經濟。而有土斯有財，農業活動也是多元的如：圈養豬、禽，種植雜糧、蔬菜、水果，除提供自家生活所需外，剩餘的可以賣到都市，以換取現金及購買生活所需用品。

而向海與向陸的維生方式並非互斥的，「晴罟雨耕」也使得年中勞力可獲得較充分的利用，可增加家庭收入。據作者長期的訪查發現：在進入現代社會以前，就各區域而言，鳳岡及南寮兩區的居民的經濟生活至少處於溫飽的階段，絕少出現貧無立椎的窘況；從田野訪查可知，新豐及香山兩區，則日治時期至二次大戰後的最初 20 年間，在維生上仍是相當的艱辛。此外，由於食物來源的多元性，[24]可推想：在傳統社會

---

[24] 農村餘糧所圈養的畜、禽多半賣到市集，用於換取現金或生活用品，農民通常不捨得用以作日常食物，沿海地區則因有容易取得且低價的海產食物，動物蛋白質的來源可依靠海產食

裡，居民的營養及體格狀況，想必也是優於其它內陸地區的農民。

4.1.3　西臨潟湖、東接平原或臺地有利於聚落與宗族穩定發展

訪談新豐區鳳坑村田厝耆老時，耆老描述當初開基祖先為何選在本地開基的理由，提出了：「背後有山丘可砍柴煮飯，門口有平地可耕田，前面有大海可捕魚」一種十分合乎人文生態法則的聚落選址考量。前臨潟湖後接平原或台地的區位條件，有充裕的邊際土地，隨農業條件的改善可供開墾，易於形成單姓聚落。尤其是南寮區內廣大古潟湖區的陸化，使得當地居民的陸域生活空間不斷地擴張。土地贍養力的提昇與沿海的不斷陸化，抵消本地宗族因丁口繁衍所造成的土地贍養壓力，促使這些宗族相對地穩定發展下來，這些自然區位特質有利於開基拓墾者發展出血緣性聚落，形成研究區一個個的單姓聚落[25]。

浮復地陸化的過程同時使得沿海聚落及農田所在的生活環境改善，離海較遠，風害、鹽害、海水倒灌的威脅自會減輕，這種現象以南寮區最顯著。

4.2　農業生態環境持續改善，逐次提高農地土地贍養力

4.2.1　灌溉設施興築促使農地的水田化及發展近郊農業

新豐區由於是臺地地形，早期所發展的埤塘灌溉，灌溉水源不足的窘境，應是本區農業發展的一大障礙，加上潟湖區陸化的土地有限，是故在日治時期居民成批前往阿里山充當伐木工人，[26]1966年以後石門水庫完工，新建的光復圳送來源源不絕的水源，農業環境才得以大幅改觀，原有的小型埤塘整併為大型埤塘，農地水田化，生產力提高。

鳳岡、南寮及香山三區的灌溉水源，可說相當依賴頭前溪與鳳山溪

物。

[25] 韋煙灶、張智欽，〈新竹市南寮地區的區域發展、聚落及宗族發展之探討〉，《地理研究報告》，第40期（2004年），頁98-99。針對新竹市南寮地區17個傳統聚落的血緣性調查發現：「17個自然村中，一姓村與主姓村各半，沒有雜姓村，而主姓村中前兩大姓加起來的百分比大多超過50%了。各自然村的姓氏結構相對單純。……因此，本區聚落的血緣特徵相當顯著。」

[26] 整理自新豐鄉戶政事務所1946年底的〈戶口調查簿〉。

兩溪，其他河川所能提供的灌溉能量有限，如汀甫圳最遠可灌溉至鹽水港即是明顯的例證。本區的農地最初僅有隆恩圳（含支圳）、猫兒錠圳、澎湖窟埤（澎湖圳）、泉興圳（汀甫圳之前身）。沿海地區屬於「水尾」的邊陲特性是無需質疑的。從乾隆中葉至咸豐年間百年餘，研究區無大規模的水圳開發，日治時期也僅再整修汀甫圳，其間說明在使用地下水灌溉之前，研究區能開闢的水源已發揮到極限。但由於新竹平原（用水區）的面積相較於供水河川源流區（供水區），是小了許多，加上河谷平原第一期水稻插秧時序上下游錯開，使得研究區雖已位居相當的「水尾」地段，然而，除非是在大旱年才有斷水之虞，灌溉水源雖不能令人滿意，也應算是差強人意了。

1960 年以後，地下水灌溉設施的普及，由於本區淺層地下水位十分接近地面，灌溉效能特佳，農民選擇作物的自主性大幅提高，蔬菜成為研究區普遍種植的高經濟價值的作物，也大幅提高農民的收入，進而發展成以種植蔬菜為主的所謂「近郊農業」。

4.2.2 防洪與排水設施的投入減輕洪水災害，促進河川引水的灌溉效能

新豐區受惠於臺地地形區因而少有水災發生，只有沿海一帶由於海水倒灌曾稍許發生淹水；香山區沿海平原的坡度較陡，無大河流貫，又有海灣可蓄洪，也很少發生淹水。鳳岡區及南寮區內具有改變河性的現代化防洪工程，如堤防與護岸等，大抵起於光緒初年。1876（光緒 2）年頭前溪芎林與竹東一帶所興建的堤防是對本區有影響最早之現代化防洪設施。[27]日治中期官方投入大量的經費著手改善頭前溪排水設施，1919（大正 8）年開始興建堤防、護岸。[28]此後，頭前溪因中游束堤改變原來頭前溪網流的河性，[29]後壁溪、豆仔埔溪、新社溪、金門厝溪等

---

[27] 張勤，《重修臺灣省通志·卷四經濟志：水利篇（第一冊）》（南投：臺灣省文獻委員會，1992 年），頁 166。

[28] 張勤，《重修臺灣省通志·卷四經濟志：水利篇（第一冊）》，頁 443。張谷誠編，《新竹叢誌》（新竹：新竹市立文化中心，1996 年），頁 363。

[29] 網流是指呈辮狀交織河道，通常發生於坡度稍陡且土石含量較多之行水區中，頭前溪下游平原符合這樣的自然區位條件。

原來屬於頭前溪網流上的分流，成為斷頭河，有的上游段一變為水圳的取水口，下游段則成為排水溝，相當程度的減輕了新竹平原區的洪水災害威脅。

南寮區沿海的排水問題則一直要等到 1959 年「海埔地實驗區」開發之後，海埔新生地可作為洪水緩衝區，原本沿海的傳統聚落及農地的洪泛問題，才獲得較為妥善的解決。頭前溪之束堤工程的完成，使河水流路集中，此時設置攔河堰的技術也已經不成問題，使得進入各水圳取水口的水量大增，導致沿海地區農地新一波的水田化革命。由於沿海地區的灌溉水源大增，有充足的水源來洗鹽，解決海埔地開發土壤鹽化的問題；加上機場興建，原本用於機場內水田的灌溉水源得以釋出，[30]提供更下游的地區使用；戰後初期的 20 年間新竹農田水利會大力將灌區內的水圳水泥化，水圳漏水的問題也得到大幅度的改善。[31]故本研究推斷：灌溉水源的解決是南寮區在 1940 至 1967 年間，海埔地得以急速擴展的主因。

4.2.3 海岸防風林的養成屏障臨海聚落並提高土地贍養力

海岸防風林具有防風及阻鹽、調節氣候、降低蒸發量、促進稻作生長增加收穫、[32]防沙定止海岸線，保護聚落及人員，並營造海岸地帶生態環境等功能，[33]一旦此一生態穩定之後，防風林在農業上的功能就發揮了。

---

[30] 機場內的範圍在臺灣堡圖上的農業土地利用均為水田符號，表示這個區域在清末—日治初期農地已經水田化。

台灣臨時土地調查局，《台灣堡圖》（臺北：遠流出版公司，1996 年），圖幅：75 新竹。

[31] 吳聲淼，《臺灣省新竹農田水利會誌》（新竹：新竹農田水利會，1996 年），頁 7。

[32] 林夢輝，〈防風林對北部沿海農作物的重要性〉，《桃園區農業專訊》，第 21 期（1997 年），頁 17-18。

（1）9-11 月之東北季風其風速超過 3.5m/sec 時，將導致水稻減產，且稻米碾製後之完整米率降低，入口品質為黏性低且較硬。　（2）在防風林高度的 1-4 倍距離內的平均風力較同時間無防風林之處，其平均風速可降低 25-75%，而前者水稻收穫量比後者高出 25.2-85.6%。超過防風林高度的 4 倍距離以上，則距離愈遠風害愈大，減產量愈大。　（3）防風林在第一期稻作時，對防風林下的水稻有遮蔽作用，阻礙水稻生育，故必須在第一期稻作季風停止（4月中旬），後進行防風林之剪修工作。

[33] 郭寶章，〈臺灣之防風林及其功效〉，《臺灣銀行季刊》，第 14 卷第 1 期（1963 年），頁 188-216。

本區內的海岸防風林大半養成於日治中期，[34]而且多栽植木麻黃於沙丘之上。戰後退輔會在新墾的海埔地，有計畫地按農地坵塊栽植耕地防風林，略呈東西向，海岸防風林主要設於海灘及溪口，其分布空間型態與海岸線相符，飛砂防止林則分布於海堤外、高潮線上端，以木麻黃、林投及黃槿為主。新豐、鳳岡與南寮區，內外有兩道沙丘皆栽植防風林，避風、避鹽效果最佳；香山地區大部份聚落貼近海岸線，在缺乏足夠縱深可栽植海岸防風林的情況下，泰半為居民所自行栽植，多為黃槿、木麻黃、林投、苦苓與竹子等，栽植於宅第四周及田埂上，多東西走向。

4.3 展現多元維生方式的區域經濟特色

面對潟湖、海域，除了可提供豐富且多樣的水產食物外，又有鹽場產鹽，農村除了稻米外，可提供雜糧、疏菜、肉類。在食的方面各家透過自家生產、採集與交換，達到相當程度自給自足，也可生產些許的手工業品銷往核心區販賣，補貼家用。就整體而言，本區居民的維生方式，大抵是以農漁為主的社會經濟型態。自清代至 1960 年為止，其發展的方向，有由漁業為主或農漁並重，漸漸轉變成農業為主漁業為副的趨勢。簡而言之，本區在成為工商業社會以前，居民的維生方式基本上是一個以農為主、漁、鹽為副，小康的社會經濟型態。[35]

新竹平原區（鳳岡、南寮及香山三次區域）距核心區竹塹城，近則僅約 4 公里，最遠的不過 10 餘公里，居民往來方便，且清代有竹塹港與香山港兩個通商口岸，農、漁、鹽產品的集散產銷皆不成問題。對於居民的維生方式與區域經濟發展方向，同時可選擇農、漁、鹽、工、商。在成為工商業社會以前，本區是一個具有多元維生方式選擇的人文生態環境。這樣的人文生態環境提供區域穩定發展的有利基礎。

---

[34] 永山止米郎於 1928（昭和 2）年任新竹州知事，任內於轄內沿海遍植木麻黃，做為防風林。又記載新竹州沿海 115 公里計畫造成海岸防潮林（1932 年完成），見黃旺成主修，郭輝總纂，《新竹縣志》〈大事記〉（新竹：新竹縣政府，1957 年），頁 65。

[35] 韋煙灶，〈新竹平原沿海地區生態環境的變遷與居民維生方式的轉變〉，《地理研究報告》第 29 期（1998 年），頁 89。

　　新豐區的區域經濟發展的多元性就不及新竹平原區了，除了旱作農業及漁業的維生方式外，缺乏鹽業，相對於核心區距離較遠。農業發展條件則是「地高而燥，絕少水源。農人隨地築陂，周廣數甲或十數甲者，所在皆有。然皆賴天時降雨，雖有陂之名而未可恃陂為用」[36]。文獻中提到的紅毛港的港口條件：「紅毛港在紅毛溪口，古昔為屈指港灣，有荷蘭人鄭氏等時，寄船舶口碑。然於今，港口，土沙塞，水淺淤，不為繫泊用。[37]」

> 環淡皆海，礁砂沿邊如星羅碁布，匪船多不敢近邇。惟雞籠一口，匪艇最多。……其餘如南嵌港、許厝港、紅毛港，皆砂石相錯，大船難近。遇風沖礁，雖極堅洋船必破。至滬尾港、竹塹舊港、香山港，皆港門一線，大船雖可出入，必須乘潮遙立望燈，小舟帶引，方可出入，否則有淺涸之患。[38]

　　清代的紅毛港，看似有較避風的屈指港灣，卻搭配使堅洋船必破的「砂石相錯」[39]，如何也算不得是優良的港灣，因此無論就文獻檢索或現地訪查，均無法找到任何港市遺跡。

　　比之新竹平原區，從拓墾之初以來的區域經濟，就一直缺乏較佳的農業發展條件與具規模的港口貿易機能支持，在傳統農業社會時代裡，其區域經濟的發展狀況也就一直遜於新竹平原區了。

4.4 機場的興建及擴建對周邊地區地理景觀的影響

　　機場於中日戰爭期間的 1938 年興建，並於 1951 年、1953 年、1958 年、1961 年、1964 年及 1968 年多次擴建，加上其本身所佔的面積相當廣大（約 481.7164 甲），[40]而南寮區本身即富有特殊的人文景觀：包含

---

[36] 陳朝龍，《新竹縣采訪冊》（臺北：國防研究院暨中華學術院，1968 年），頁 162。

[37] 波越重之編，《新竹廳志》（臺北：成文出版社，1908 年），頁 22。

[38] 陳培桂，《淡水廳志》（臺北：國防研究院暨中華學術院，1968 年），頁 19。

[39] 南嵌、許厝港及紅毛港所在，均屬於紅土臺地礫石層的地質區，上覆的紅土層約 2-5 米，以下為數十米的礫石層。紅土臺地礫石層向海延伸，紅土層浸水化去，剩餘的礫石層露水面上、下，形成礫灘，因而阻礙大船的進出。

[40] 黃琡勻，〈新竹空軍基地興建對新竹市南寮地區之影響〉，《大專學生參與國科會研究計畫》

村廟發達以及其傳統的農漁社會經濟型態的的維生方式等等，因此機場好比一個人文生態體系在短時間內受到外力侵入，對於當地的人文生態所造成的影響，不容忽視，機場的興建及擴建影響的層面，列舉以下數端，詳細內容另文討論：

1. 機場興建與擴建使周邊地區廟宇及民間信仰之祭祀圈發生重組。
2. 機場興建與擴建使周邊地區的聚落發展的影響。
3. 機場興建與擴建對南寮區的都市化發展產生隔離作用。
4. 機場興建與擴建影響南寮區農地水田化。
5. 機場興建與擴建加速沿海地區海埔地的開發進程。

4.5 1940 年代-1966 年代間沿海浮復地急速陸化成為海埔新生地

從二戰結束後初期陸化的「鹽埕埔」鹽田區水田面積約 40 公頃土地，20 年間港南沿海合計圍墾的海埔地面積超過 400 公頃（相當於新北市三重區面積之半）。至今這個廣袤開闊的新竹海埔地，除作為農田與魚塭使用外，也成為新竹地區居民的休閒及遊憩場所，也因為人煙稀少，成為候鳥及留鳥聚居的野鳥活動區，是臺灣西部重要的賞鳥勝地之一。

5. 代結語：人與地的良性互動，提供區域穩定發展的基礎

5.1 一個具有和諧社群關係的地域

作者在長期的田野調查及日常生活中，從未聽聞這個地區在清代至日治期間，有「拼庄」的相關俚語的口碑傳說，也找不到分類械鬥所遺

（未出版，2005 年）。

留下的遺址。施添福彙整相關史料，羅列 1787～1860 年間竹塹地區的
29 次分類械鬥，其中僅有發生在 1833（道光 13）年，這一次提到可能
與新竹平原區有關「塹南：竹塹、中港」械鬥類型為閩粵械鬥。[41]鳳岡、
南寮兩區在清代是純閩區，閩粵械鬥應是可以排除的，且同籍聚居的情
況很普遍，閩南籍分縣及分府的摩擦就相對少了。新豐區則有精明的在
地業主及半福佬客的緩衝。故整個研究區在有清一朝是一個能夠長期維
持社會秩序的區域。

　　施添福論及萃豐庄之所以能夠長期維持社會秩序的安定，至少受兩
項因素的影響：其一、萃豐庄擁有一個相當融洽的領導階層；其二、萃
豐庄擁有一個強而有力的粵籍在地地主。[42]作者認為應當再加上半福佬
客的粵籍身份及語言所扮演緩衝族群衝突的角色，如此更能周延的解釋
新豐區和諧的社群關係。

　　整體而言，本研究認為，研究區之所以能夠長期維持社會秩序的安
定，與相近的祖籍地與相似的母語帶來共通的地域意識；其次，竹塹隆
恩業戶帶有濃厚的官方色彩，土地開發的所有權終須歸隆恩業戶所有，
從前述「張合顯與楊姓爭訟之事」與「洋藔原浮復塚埔開墾之事」，隆
恩業戶的仲裁均是將所收租金用於慈善公益事業上；而在隆恩業戶的壓
制下，研究區即使能發展許多跨行政村的大宗族，但卻未出現稱霸一方
的「豪族」，這些人文地理特質的交互影響下，使得研究區得以一直維
持較為和諧的社群關係。

　　這種和諧的社群關係在清代那個自求多福的時代裡，當有助發揮抵
禦外侮、急難救助及扶貧濟弱等功能，以維持各宗族及聚落的穩定發展。

5.2 看似邊陲卻充滿發展潛力的自然區位

　　研究區開發之初具有：雨量少、蒸發量大、風沙大、灌溉水源末端、

---

[41] 施添福，《清代在臺漢人的族籍分布和原鄉生活方式》（臺北：臺灣師大地理系，1987 年），
　　頁 72-73。

[42] 施添福，〈清代臺灣竹塹地區的「墾區庄」：萃豐庄的設立和演變〉，《臺灣風物》，第 39
　　卷第 4 期（1989 年），頁 37-70；頁 62。

海水鹽漬、土壤及地下水含鹽量高等不利於農業發展的自然特質，看似位於傳統農業生態的邊陲地帶，因此趕走了許多「先驅拓墾者」。但是留下來奮鬥的「開基拓墾者」則充分利用「人對環境的主動適應」以調和人地間的矛盾，如：將聚落選址於沙丘或河岸自然堤（levees）高地上，避開洪水；栽植防風林阻滯凜冽的東北季風；利用水位接近地面的淺層地下水來灌溉，本區農業對環境變動的適應力反而比內陸地區要來得強，也得以發展近郊農業；定居在前鄰潟湖、東靠平原的自然區位，發揮兼具農、鹽、漁民於一身的性格，以維生的多樣性來適應無法預期的天災地變（潟湖也具有緩衝洪水的功能[43]）；利用以血緣及地緣關係的人際紐帶運作，來發揮抵禦天然災害及急難救助的功能。

5.3 一個穩定且具發展潛力的人文生態系統

陸域土地的不斷擴增，向海維生的海綿作用，避免因生存空間激烈爭奪。隆恩業戶扮演仲裁與維持地方和諧的角色，也抑制豪族發展，避免不同社群間的弱肉強食。相近的語言及庶民文化帶來和諧的社群關係。綜合這些因素的交互影響，使得各區域的各聚落及宗族在拓墾以來的 200 餘年間，均得以穩定、平和的發展，進而開枝散葉。

沿海所處的生態環境，一方面處處潛藏著自然環境惡劣的壓力，謀生艱困；另一方面當地居民卻能運用人為力量及當地風土，逐步地改造人文生態環境，將劣勢轉變為機會，逐漸建構出一個一個穩定、且具有多元發展潛力的人文生態環境，讓在地居民子子孫孫，得以永續的生活在這個區域上，這就是研究區所展現異於內陸區域的人文生態特質，獨特的區域性格。

---

[43] 潟湖水域像是一個三環陸的海灣，在發生大雨時，諸溪流水流易匯聚於灣內，因為洪水（淡水）比重小於海水，於是外海洪水與海水形成一楔形狀之交界面，阻滯洪水於灣內，形成類似滯洪區（或稱洪水緩衝區）的功能。

表 7.4 新竹沿海地區各自然村世居家族的祖籍地分佈

行政村	自然村	世居宗族	祖籍地舊地名（含定居祖籍前的遷徙路徑）	祖籍地之現今行政區及渡臺之後的遷徙路徑	遷臺年份及本地開基年份	族群歸屬
新豐鄉坡頭村	頂樹林子	張姓	泉州府同安縣金門	金門→澎湖→頂樹林子	本地開基年代約 1830-1860 年。	泉州閩
	頂外湖	1.李姓	泉州府同安縣坑口鎮	廈門市翔安區瓊坑村坑口→金門古寧頭→澎湖→蘆洲→草漯→本地	1738 年渡臺，約1780 年遷居本地。	泉州閩
		2.李友派下	泉州府同安縣	廈門市或金門	後湖仔李厝分出，李煙後代遷居本地約100 餘年。	泉州閩
	李厝	李安派下	泉州府同安縣	廈門市	遷居本地約200 餘年。	泉州閩
	陂仔頭	1.朱改派下	泉州府同安縣金門	金門→澎湖→紅毛港	乾隆 29 年（1765）之後。	泉州閩
		2.史姓	泉州府同安縣金門	金門→澎湖→紅毛港		泉州閩
		3.林姓	泉州府同安縣	廈門市或金門		泉州閩
埔和村	後湖子	1.廖朝昇(伸)派下	惠州府陸豐縣(或寫汀州府寧化縣山禾畲)	汕尾市陸豐市或陸河縣或揭陽市揭西縣→埔和村 7 鄰	嘉慶年間渡臺	海陸客
	後湖子（石人頭）	2.吳姓	漳州府漳浦縣	漳州市漳浦縣	約 70-80 年前遷居本地。	漳州閩
	田寮	1.陳姓	漳州府漳浦縣（漳浦厝陳姓所分出）	漳州市漳浦縣		漳州閩
		2.李姓	泉州府同安縣	廈門市	遷居本地約200 餘年。	泉州閩
	後厝仔	1.吳姓	漳州府漳浦縣	漳州市漳浦縣		漳州閩
		2.陳姓	泉州府同安縣金門	金門→澎湖→紅毛港	遷居本地約100 餘年。	泉州閩
		3.姚姓	泉州府同安縣金門	金門→澎湖→紅毛港	遷居本地約100 餘年。	泉州閩
	埔頂(後湖仔)	李捷騰派下	泉州府同安縣金門	金門→澎湖→埔頂	約1740 年前後	泉州閩

	（陂後）李厝	李姓	泉州府同安縣金門	廈門市或金門	遷居本地約200餘年。	泉州閩
	田寮仔	許、朱等雜姓	泉州府同安縣金門為主		成莊約30-40年，大庄許姓分出、坡頭朱姓分出。	泉州閩
新豐村	翁厝	翁理派下	泉州府同安縣金門	金門→澎湖→紅毛港	約1780年前後	泉州閩
	大庄	許世川派下	泉州府同安縣翔鳳里東界鄉菅榛嶺尾（在金門）	金門→澎湖→紅毛港	1818年遷臺定居本地	泉州閩
	水沖隙	許姓	新豐村大庄分出	金門→澎湖→紅毛港	約120-130年前由大庄遷居此地	泉州閩
	漳浦厝	陳扶派下	漳州府漳浦縣	漳州市漳浦縣	1774年定居本地	漳州閩
	下底厝	陳合派下	泉州府同安縣金門	金門	略晚於漳浦厝陳姓定居本地。	泉州閩
	下外湖	1.陳姓	漳浦厝與下底厝分出陳姓	漳州市漳浦縣及金門	約120年前遷居此地。	漳州閩
		2.方姓	泉州府同安縣前厝鄉方家村	廈門市翔安區垵邊村前厝→新竹市沙崙→本地	定居本地至少100年。	泉州閩
	崁子腳	1.陳姓	泉州府同安縣金門	金門→澎湖→紅毛港		泉州閩
		2.吳天來派下	泉州府同安縣→臺灣某地→紅毛港	廈門市		泉州閩
		3.許	泉州府同安縣金門	金門→澎湖→紅毛港		泉州閩
	下罟寮	許會玩派下	泉州府同安縣金門	金門→澎湖→紅毛港	1851年遷臺定居本地	泉州閩
	公館崎腳	雜姓	紅毛港三村及鳳坑村分出之閩南籍宗族		約80-100年前陸化	泉州閩
鳳坑村	坑子口	謝貴明派下	惠州府陸豐縣三溪鄉南亞石結屋	汕尾市陸河縣河口鎮對門村南亞石結屋→桃園、中壢→關西老焿寮→坑子口	1748年渡臺，約1850年遷居本地	海陸客
	姜厝（下樹林仔）	姜朝鳳派下勝韜支派	漳州龍溪縣→惠州府陸豐縣碣石衛→大安墟鹽墩鄉鹽墩村	汕尾市陸豐市大安鎮艷墩村	乾隆2年（1737）渡臺旋遷居本地。	海陸閩
	林仔尾	姜勝韜派下	姜厝向南擴張分出	汕尾市陸豐市大安鎮艷墩村	成庄年代略晚於姜厝。	海陸閩

	田厝	田端仕派下	嘉應州梅縣→潮州府惠來縣南洋鄉青草田垹（今揭陽市惠來縣仙庵鎮田垹村）→海豐縣赤坑鎮→汕尾市城區東涌鎮東北村	汕尾市城區東涌鎮東北村	1733 年渡臺，約 1750 年遷本地。	海陸客
	沙崙內	田端仕派下	田厝分出	汕尾市城區東涌鎮東北村	晚於田厝	海陸客
	頂鳳鼻尾	1.戴送來派下	泉州府同安縣→竹北白地粉→鳳坑村	廈門市或金門	約1850 年前後移居鳳鼻尾。	泉州閩
		2.陳元通派下	泉州府同安縣金門	金門		泉州閩
		3.彭姓	泉州府同安縣	廈門市或金門		泉州閩
		4.黃隆院派下	泉州府同安縣	廈門市	1815 年遷臺、定居本地。	泉州閩
	罟寮仔	1.戴姓	泉州府惠安縣	惠安→澎湖→頂鳳鼻尾	約1825 年定居本地。	泉州閩
		2.鄭姓	泉州府惠安縣	泉州市惠安縣或泉港區	與戴姓約同時	泉州閩
	下鳳鼻尾	邵姓	泉州府同安縣金門金門城	金門金城鎮金門城		泉州閩
竹北市佾義里	羊寮港	蘇士協派下	盧山縣（泉州府同安縣蘆山之誤）	廈門市同安區新民鎮長青路蘆山堂	約1765年渡臺定居本地。	泉州閩
	山腳	郭奕（亦）榮兄弟派下	郭姓嘉慶 2 年分家鬮書：記載祖籍爲桃源（永春別稱）余庄	泉州市永春縣桃城鎮化龍居委會（化龍村，屬舊 25 都轄，該村有余姓與郭姓）	1733年渡臺定居本地	泉州閩
	下山邊	郭奕榮兄弟派下	同上	同上	1733年渡臺定居本地。	泉州閩
	頂山邊	1.郭奕榮兄弟派下	同上	同上	1733年渡臺定居本地。	泉州閩
		2.吳坤元派下	泉州府安溪縣頂屯（疑爲邨之誤）鄉	泉州市安溪縣汀溪鎮頂村村？		泉州閩
	東勢	1.周姓	永春州永春縣下東厝	泉州市永春縣	約1733年渡臺定居本地。	泉州閩
		2.張姓	泉州府同安縣	廈門市或金門		泉州閩
		3.陳世棟派下	泉州府晉江縣瓷頭（今名圍頭）陳卿村	金門縣金湖鎮成功村（陳坑爲成功舊名，	約1796年（乾隆—嘉慶年	泉州閩

			→同安縣金門陳坑	更早地名陳卿）→南寮上岸→本地	間）渡臺，旋居本地。	
	外湖	曾廷派下	泉州府同安縣大路尾楓樹腳	廈門市同安區蓮花鎮雲埔村大路尾→崁頭厝→田心仔→本地	約1770年渡臺，之後子孫分派定居本地。	泉州閩
	庄尾	曾廷派下	同上	同上	同上	泉州閩
崇義里	田心仔	曾廷派下	同上	同上	同上	泉州閩
	拔仔窟	1.黃姓	泉州府同安縣	廈門市或金門		泉州閩
		2.林姓	泉州府同安縣	廈門市或金門		泉州閩
		3.鄭姓	泉州府惠安縣	泉州市惠安縣或泉港區		泉州閩
	竹圍仔	1.曾肇珠派下	泉州府同安縣西計灌口仁安里18都龍山鄉倉頭社	廈門市集美區灌口鎮	約1720年渡臺定居本地。	泉州閩
		2.林姓	泉州府南安縣	泉州市南安市		泉州閩
	崁頂	曾廷派下	泉州府同安縣大路尾楓樹腳	廈門市同安區蓮花鎮雲埔村大路尾→崁頭厝→本地	約1770年渡臺定居本地	泉州閩
	崁頭厝	曾廷派下	同上	同上	同上	泉州閩
	崁子腳	林姓	泉州府同安縣	廈門市		泉州閩
大義里	園頂（後面）	曾廷派下	同前崁頂條	同前崁頂條	同前崁頂條	泉州閩
	鳳岡	曾文神派下	同前崁頂條	同前崁頂條	同前崁頂條	泉州閩
新港里	魚寮	1.戴媽黃氏派下	泉州府同安縣	廈門市	約1770年渡臺定居本地。	泉州閩
		2.戴傳榜派下	泉州府同安縣	廈門市	約1820年渡臺定居本地。	泉州閩
	海仔尾	1.戴貞派下	泉州府同安縣	廈門市	約1890年渡臺定居本地。	泉州閩
		2.戴成吉派下	泉州府同安縣	廈門市	約1890年渡臺定居本地。	泉州閩
		3.陳姓	泉州府同安縣	廈門市或金門		泉州閩

白地里	下白地粉	戴德娘梁氏派下	泉州府同安縣	廈門市	約1770年渡臺定居本地。	泉州閩
	頂白地粉（新庄崙）	許姓	泉州府同安縣金門	金門		泉州閩
	豐田	林資孫派下	泉州府同安縣東山頭鄉→西山頭鄉	廈門市→安平港登陸→臺南→大湖口→定居本地	約1780年渡臺，約1790-1800年遷居本地。	泉州閩
新庄里	頂新庄子	1.曾姓	泉州府同安縣	廈門市或金門縣		泉州閩
		2.林姓	泉州府同安縣	廈門市或金門縣		泉州閩
	下新庄子（下庄）	1.戴陸派下	泉州府同安縣坏林鄉馬巷口17都	廈門市翔安區馬巷鎮	約1820年渡臺定居本地。	泉州閩
		2.戴舜和派下	泉州府同安縣	廈門市或金門縣	約1800年渡臺定居本地。	泉州閩
		3.林姓	泉州府同安縣	廈門市或金門縣		泉州閩
	豬母寮（烏樹林）	1田端仕派下	嘉應州梅縣→潮州府惠來縣→汕頭市（按：應為汕尾市）東涌鎮東北村	汕尾市城區東涌鎮東北村→新豐鳳坑田厝→本地	1733年渡臺，約1930年代遷本地。	海陸客
		2.馮仕雲派下	潮州府豐順縣童（疑為銅之誤）盤鄉小童盤湯坑街分水寨南溪圍	梅州市豐順縣湯坑鎮銅盤村小銅盤→新埔汶水坑→本地	約1750年渡臺，約1930年定居本地。	豐順客
		3.曾汝潮派下）	潮州府澄海縣漳化都圖濠鄉渡頭	汕頭市澄海區上華鎮圖濠→臺北士林→新埔小茅埔→本地	1737年渡臺，初居士林，14世祖乃仕在清法戰爭期間（1885年）移居小茅埔。	潮州閩
新竹市北區舊港里	溪洲	1彭煌禮及煌敬派下	泉州府同安縣馬巷彭厝	廈門市翔安區新店鎮彭厝村	約1790年渡臺定居本地。	泉州閩
		2.張首芳派下安邦支派	漳州府海澄縣海滄鄉→泉州府同安縣崎巷（後劃歸海澄縣）	漳州府龍海市角美鎮漸鴻村崎巷→廈門出海→艋舺→本地	1829年渡臺，不久遷居竹塹。	泉州閩

		3.陳姓	泉州府同安縣	廈門市		泉州閩
古賢里	烏瓦窯	陳姓等雜姓	泉州府同安縣	廈門市或金門縣		泉州閩
	苦苓腳	林高庇派下三、四房	泉州府同安縣馬巷龍田鄉田邊村	廈門市翔安區馬巷鎮龍田村	約1760年渡臺定居本地。	泉州閩
康樂里	大店	1.林高庇派下二、五房	泉州府同安縣馬巷龍田鄉田邊村	廈門市翔安區馬巷鎮龍田村	約1760年渡臺定居本地。	泉州閩
		2.莊姓	泉州府同安縣	廈門市或金門縣		泉州閩
		3.許都派下	泉州府同安縣	廈門市或金門縣→紅毛港登陸→本地	約乾隆中葉遷臺定居本地。	泉州閩
	楝榔	彭汝旦派下	泉州府同安縣馬巷彭厝	廈門市翔安區新店鎮彭厝村	1765年渡臺定居本地。	泉州閩
併入機場內	下過溝仔	林高庇派下大房	泉州府同安縣馬巷	廈門市翔安區	約1760年渡臺定居本地。	泉州閩
併入機場內	田庄	彭汝旦派下	泉州府同安縣馬巷彭厝	泉廈門市翔安區新店鎮彭厝村	1765年渡臺定居本地。	泉州閩
南寮里	南寮	彭煌丁派下	泉州府同安縣馬巷彭厝	廈門市翔安區新店鎮彭厝村	約1790年渡臺定居本地。	泉州閩
	船頭		泉州府同安縣為主	目前已變成公墓	船頭聚落疑即造船港聚落	泉州閩
	王爺宮	原為塚墓之地		鄰近村落移入（機場內聚落移入）		泉州閩
	牛埔	1.彭姓	泉州府同安縣馬巷彭厝	廈門市翔安區新店鎮彭厝村	約1765年渡臺定居本地。	泉州閩
	牛埔	2.吳姓	泉州府同安縣	廈門市	約1770年渡臺定居本地。	泉州閩
中寮里	十塊寮（中寮）	1.彭姓	泉州府同安縣馬巷彭厝	廈門市翔安區新店鎮彭厝村	約1765年渡臺定居本地。	泉州閩
		2.許姓	泉州府同安縣	廈門市或金門縣	約1850年以前定居本地。	泉州閩
海濱里	草厝	彭姓	泉州府同安縣馬巷彭厝	廈門市翔安區新店鎮彭厝村	約1765年渡臺定居本地。	泉州閩
	蟹仔埔	彭姓	泉州府同安縣馬巷彭厝	廈門市翔安區新店鎮彭厝村	約1765年渡臺定居本地。	泉州閩

港北里	外湖	1.彭姓	泉州府同安縣馬巷彭厝	廈門市翔安區新店鎮彭厝村	約 1765 年渡臺，約 1845-1855 年間定居本地。	泉州閩
		2.陳南裕派下	泉州府同安縣馬巷	廈門市翔安區	1873 年渡臺。	泉州閩
		3.連世派下	永春州永春縣	泉州市永春縣	約 1845-1855 年間定居本地。	泉州閩
	雙寬（瓣）竹圍	1.許姓	泉州府同安縣	廈門市或金門縣	約1775年間渡臺定居本地。	泉州閩
		2.洪文岩派下	泉州府同安縣13都	廈門市翔安區新店鎮洪厝村	約1775年間渡臺定居本地。	泉州閩
	樹林（涵）仔	陳姓	泉州府同安縣	廈門市或金門		泉州閩
	北油車港	陳世發派下	泉州南安縣潁川庄 72 都	泉州市南安市	約1750年渡臺定居本地。	泉州閩
		張姓	泉州府同安縣	廈門市或金門		泉州閩
	鄭厝	鄭姓	泉州府馬巷廳	廈門市翔安區	約1820年渡臺定居本地。	泉州閩
香山區港南里	下罟寮（頂韋）	韋助派下	泉州府南安縣潭能港	泉州市南安市水頭鎮上林村韋厝	推測約於1750年前後渡臺定居本地。	泉州閩
	下罟寮（下韋）	韋亥派下	泉州府南安縣潭能	泉州市南安市水頭鎮上林村韋厝	推測約於1740年前後渡臺定居本地。	泉州閩
	南油車港（頂罟寮）	1 陳家誌派下	泉州府同安縣金門鎮拾都鄉斗門	金門縣金沙鎮何斗里斗門	康熙年間（應為 1710~1720 年間）渡臺定居本地。	泉州閩
		2 黃宅縣派下	泉州府同安縣金門	金門縣	1710-1720 年間渡臺，約 1760 年定居本地。	泉州閩
		3.蔡姓	泉州府同安縣	廈門市或金門縣	約1850年定居本地。	泉州閩
	南油車港（田厝）	鄭聰英派下	永春州永春縣	泉州市永春縣→新豐鳳坑村田厝→南油車港田厝	渡臺年代不詳，1909年遷居本地。	泉州閩
	海口	王姓	泉州府同安縣金門	金門縣	約1760年前後渡臺定居本	泉州閩

					地。	
	海埔地	以客家爲主的雜姓	桃、竹、苗內山地區		1940-60 年代遷入	海陸客爲主
虎林里	小南勢	1.楊爾齊派下	泉州府晉江縣郭岑	泉州市晉江市東石鎮郭岑村	1720 年左右渡臺定居本地。	泉州閩
		2.楊滄岑長房派下	泉州府晉江縣郭岑	泉州市晉江市東石鎮郭岑村	1720 年左右渡臺定居本地。	泉州閩
	拔仔林	1.楊滄岑長房派下	泉州府晉江縣郭岑	泉州市晉江市東石鎮郭岑村	1720 年左右渡臺定居本地。	泉州閩
		2.楊滄岑四房派下	泉州府晉江縣郭岑	泉州市晉江市東石鎮郭岑村	1740 年左右渡臺定居本地。	泉州閩
		3.曾廷派下	泉州府同安縣大路尾楓樹腳	廈門市同安區蓮花鎮雲埔村大路尾→竹北貓兒錠崁頂曾姓分出→本地	約1770年渡臺	泉州閩
虎山里	陳厝	陳姓	泉州府晉江縣	泉州市市區或晉江市或石獅市	約1772年渡臺（疑爲陳仁愿請墾之地）。	泉州閩
	虎仔山	楊滄岑二房派下	泉州府晉江縣郭岑	泉州市晉江市東石鎮郭岑村	1720 年左右渡臺定居本地。	泉州閩
	中庄	1.楊滄岑二房派下	泉州府晉江縣郭岑	泉州市晉江市東石鎮郭岑村	1720 年左右渡臺定居本地。	泉州閩
		2.楊滄岑四房派下	泉州府晉江縣郭岑	泉州市晉江市東石鎮郭岑村	約1740年渡臺定居本地。	泉州閩
原香山鄉楊寮村	頂羊寮	1.楊滄岑四房派下	泉州府晉江縣郭岑	泉州市晉江市東石鎮郭岑村	1740 年左右渡臺定居本地。	泉州閩
		2.王姓	泉州府晉江縣	泉州市市區或晉江市或石獅市	約1740年渡臺定居本地。	泉州閩
		3.洪金田派下	泉州府同安縣窓東鄉12都	廈門市翔安區新店鎮窗東村		泉州閩
	下羊寮	楊滄岑四房派下	泉州府晉江縣郭岑	泉州市晉江市東石鎮郭岑村	約1740年渡臺定居本地。	泉州閩
	瓦厝	1.楊滄岑四房	泉州府晉江縣郭岑	泉州市晉江市東石鎮郭岑村	約1740年渡臺定居本地。	泉州閩

		派下				
		2.楊滄岑大房派下	泉州府晉江縣郭岑	泉州市晉江市東石鎮郭岑村	約1740年渡臺定居本地。	泉州閩
	莒寮	楊滄岑二房派下	泉州府晉江縣郭岑	泉州市晉江市東石鎮郭岑村→虎仔山→本地	1870年左右遷居本地。	泉州閩
浸水里	浸水	1.楊滄岑長房派下	泉州府晉江縣郭岑	泉州市晉江市東石鎮郭岑村	約1740年渡臺定居本地。	泉州閩
		2.楊滄岑三房派下	泉州府晉江縣郭岑	泉州市晉江市東石鎮郭岑村	約1740年左右渡臺居本地。	泉州閩
	溝仔底	1.楊滄岑三房派下	泉州府晉江縣郭岑	泉州市晉江市東石鎮郭岑村	約1740年左右渡臺居本地。	泉州閩
		2.楊滄岑長房派下	泉州府晉江縣郭岑	泉州市晉江市東石鎮郭岑村	約1740年左右渡臺居本地。	泉州閩
樹下里	樹仔腳	楊滄岑大房派下	泉州府晉江縣郭岑	泉州市晉江市東石鎮郭岑村	1720年左右渡臺定居本地。	泉州閩
	三塊厝	1.朱延生派下	泉州府南安縣瘦田村溪仔底	泉州市南安市	1726年渡臺定居本地。	泉州閩
		2.朱永（觀）派下	泉州府同安縣高普（浦之誤）→金門→澎湖→本地	廈門市集美區杏林鎮高浦村→澎湖→後龍外埔大庄→本地	1825年前後遷居本地。	泉州閩
		3.姚端玉派下石古支派	泉州府晉江縣英林鄉下伍堡村	泉州市晉江市英林鎮嘉排村下伍堡→香山牛埔→本地	嘉慶-道光年間渡臺，約1890年定居本地。	泉州閩
		4.吳姓	泉州府同安縣	廈門市或金門	1726年前後定居本地。	泉州閩
		5.黃姓	泉州府晉江縣	泉州市市區或晉江市或石獅市	1726年前後定居本地。	泉州閩
大庄里	北寮（角）	以客家為主的雜姓				海陸客為主
	宮口	蔡興求派下	泉州府晉江縣	泉州市市區或晉江市或石獅市	約1790年渡臺，嘉慶年間遷居本地。	泉州閩
	廍仔	呂姓	泉州府晉江縣	泉州市市區或晉江市或石獅市	約1850年入墾本地。	泉州閩

	吳厝園	吳姓	泉州府晉江縣	泉州市市區或晉江市或石獅市	約1790年渡臺定居本地	泉州閩
香山里	頂竹圍	陳姓	泉州府晉江縣	泉州市市區或晉江市或石獅市	約1790年渡臺定居本地。	泉州閩
	頂厝	陳姓	泉州府晉江縣	泉州市市區或晉江市或石獅市	約1790年渡臺定居本地。	泉州閩
	下厝（角）	張姓	泉州府晉江縣	泉州市市區或晉江市或石獅市	約1790年渡臺定居本地。	泉州閩
	後壁厝	張姓	泉州府晉江縣	泉州市市區或晉江市或石獅市	約1790年渡臺定居本地。	泉州閩
	萬厝（蔗廍）	萬姓	泉州府晉江縣潯江	泉州市豐澤區潯美村→嘉義朴子市→本地	約1850-1860年間遷入本地。	泉州閩
美山里	草納（漯之別字）尾	1.張姓	泉州府惠安縣	泉州市惠安縣或泉港區	約1850年以後。	泉州閩
	草納尾	2.王姓	泉州府晉江縣	泉州市市區或晉江市或石獅市	約1850年以後。	泉州閩
	草納	王姓	泉州府惠安縣	泉州市惠安縣或泉港區	約1816年渡臺定居本地。	泉州閩
	香山塘	楊滄岑長房派下	泉州府晉江縣郭岑	泉州市晉江市東石鎮郭岑村→樹仔腳→本地	1850年左右遷居本地。	泉州閩
	飯店					泉州閩
	五厝坪					泉州閩
朝山里	頂寮	1.王姓	泉州府晉江縣	泉州市市區或晉江市或石獅市	約1772年前後定居本地。	泉州閩
		2.王姓	泉州府惠安縣頭北	泉州市泉港區	約1772年前後定居本地。	泉州閩
		3.鄭姓	泉州府南安縣石井	泉州市南安市石井鎮（水頭鎮？）	約1772年前後定居本地。	泉州閩
	下寮	1.王姓	泉州府晉江縣	泉州市市區或晉江市或石獅市.	約1772年前後定居本地。	泉州閩
		2.王姓	泉州府惠安縣頭北	泉州市泉港區	約1772年前後定居本地。	泉州閩
		3.林姓	泉州府晉江縣	泉州市市區或晉江市或石獅市	約1772年前後定居本地。	泉州閩
		4.楊姓	泉州府晉江縣	泉州市市區或晉江市或石獅市	約1772年前後定居本地。	泉州閩
	下寮（網罟寮）	1.鄭姓	泉州府同安縣	廈門市或金門	約1880年前後定居本地。	泉州閩

		2.林姓	泉州府同安縣	廈門市或金門	約1880年前後定居本地。	泉州閩
		3.陳姓	泉州府惠安縣頭北	泉州市泉港區	約1880年前後定居本地。	泉州閩
	香山	1.楊世秋派下	泉州府晉江縣郭岑	泉州市晉江市東石鎮郭岑村	1860年左右遷居本地。	泉州閩
		2.蔡姓	泉州府同安縣	廈門市或金門	約1772年定居本地。	泉州閩
海山里	洪水港	林姓	泉州府惠安縣	泉州市惠安縣或泉港區	乾隆37年（1772）陳璋琦等請墾。	泉州閩
	海山罟	1.朱菩派下	泉州府同安縣六都馬巷鄉	廈門市翔安區馬巷鎮區→竹南鎮頂大埔登陸→本地	1750年渡臺，第3代遷居本地。	泉州閩
		2.黃姓	泉州府惠安縣頭北	泉州市泉港區	乾隆37年（1772）陳璋琦等請墾。	泉州閩
		3.陳姓	泉州府惠安縣頭北	泉州市泉港區	乾隆37年（1772）陳璋琦等請墾。	泉州閩
	鹿仔坑（林厝）	2.林圓光派下	泉州府惠安縣帆尾鄉樺厝	泉州市泉港區山腰街道外厝→朝山里下寮→本地	約1800年渡臺，約1850年定居本地。	泉州閩
	鹿仔坑（李厝）	3.李姓				
	水柳林	魏斐茂派下	惠州府陸豐縣龍潭坑順安寨	揭陽市惠來縣鰲江鎮烏坑村	道光年間渡臺。	海陸閩
	菅蓁林	張姓				
鹽水里	鹽水港（善龍庄）	1.吳繼毅派下	泉州府惠安縣北勢遣門	泉州市惠安縣或泉港區	乾隆年間渡臺定居本地。	泉州閩
	鹽水港（米粉寮）	2.林姓	泉州府惠安縣頭北	泉州市泉港區	乾隆37年（1772）陳璋琦等請墾。	泉州閩
		3.陳姓	泉州府晉江	泉州市市區或晉江市或石獅市	乾隆37年（1772）陳璋琦等請墾。	泉州閩
		4.楊滄岑長房派下	泉州府晉江縣郭岑	泉州市晉江市東石鎮郭岑村	1815年左右渡臺定居本地。	泉州閩
	鹽水港（尾檠寮）	6.柯姓	泉州府惠安縣頭北柯厝	泉州市泉港區南埔鎮柯厝	1865年左右渡臺定居本地。	泉州閩

	灰窯（北草厝）	王芷萊派下	泉州府惠安縣 11 都林邊鄉竹街埔（雞仔鋪）	泉州市泉港區塗嶺鎮（11 都位於塗嶺鎮）。	約 1820-30 年渡臺定居本地。	泉州閩
內湖里	竹圍仔（崁子腳）	1.鄭姓	惠州府陸豐縣（似為大安墟）	汕尾市陸豐市→後龍→本地	約1880年遷居本地。	海陸閩
		2.洪進章派下	永春州永春縣	泉州市永春縣→彰化東螺西堡新眉社→本里虎尾寮→本地	約 1720 年渡臺，約1780 年遷居虎尾寮，約1880年遷居本地。	泉州閩
	內湖	蔡書順派下	泉州府晉江縣	泉州市市區或晉江市或石獅市→後龍→頭份鎮土牛→本地（內湖國小一帶）	18150 年渡臺，1826 年由土牛遷居本地。	泉州閩
	粟仔坑（厝仔坑）					
	八股					泉州閩
	虎尾寮	洪進章派下	永春州永春縣	泉州市永春縣→彰化東螺西堡新眉社→本地	約 1720 年渡臺，約 1780 年遷居本地。	泉州閩
南港里	蚵寮	林潘派下派	泉州府惠安縣頭北	泉州市泉港區	約 1815-1825 年間渡臺定居本地。	泉州閩
		林大目派下	泉州府惠安縣頭北	泉州市泉港區	約 1815-1825 年間渡臺定居本地。	泉州閩
	海口	1.林大目派下	泉州府惠安縣頭北	泉州市泉港區	約 1815-1825 年間渡臺定居本地。	泉州閩
	海口（陳厝）	2.陳姓	泉州府同安縣	廈門市或金門縣→？→彰化縣芳苑鄉王功→本地	1910 年遷入本地。	泉州閩

資料來源：田野訪查記錄（2003-2013 年）；各（家）族譜、宗祠沿革誌、墓誌、《臺灣大租調查書》、《臺灣私法物權篇》；莊英章，《家族與婚姻—台灣北部兩個閩客村落之研究》（臺北：中央研究院民族研究所，1994 年），頁 20-21；張德南老師提供歷年之田野蒐集文獻及筆記資料；施添福，〈清代臺灣竹塹地區的「墾區庄」：萃豐庄的設立和演變〉，《臺灣風物》，第 39 卷第 4 期（1989年），頁 37-70；韋煙灶，〈新竹平原沿海地區生態環境的變遷與

居民維生方式的轉變〉,《地理研究報告》第 29 期（1998 年）,
頁 91-94；陳國川,《臺灣地名辭書卷十八：新竹市》（南投：臺
灣省文獻委員會暨臺灣師大地理系,1996 年）。

參考文獻

天水墓園重建委員會,〈姜氏淵源暨墓園概述〉。新竹:天水墓園重建委員會,1999 年。

王秀斌主編,《福建省地圖冊》。福州:福建省地圖出版社,2008 年。

台灣臨時土地調查局,《台灣堡圖》。臺北:遠流出版公司,1996 年。

田端仕公祠堂重建委員會,〈田端仕公派下祠堂重建誌〉。新竹:田端仕公祠堂重建委員會,2003 年。

石再添,〈地形學〉,《中山自然科學大辭典‧第六冊:地球科學》。臺北:臺灣商務印書館,1973 年。

石再添,〈臺灣西南部嘉南洲潟海岸的地形及其演變〉,《地理研究報告》,第 5 期(1979 年)。

吳聲淼,《臺灣省新竹農田水利會誌》。新竹:新竹農田水利會,1996 年。

林夢輝,〈防風林對北部沿海農作物的重要性〉,《桃園區農業專訊》,第 21 期(1997 年)。

波越重之編,《新竹廳志》。臺北:成文出版社,1908 年。

社團法人新竹縣新豐鄉鄭長恩紀念會,〈鄭泰容祖塔吉修建事記錄〉,2007 年。

施添福,〈清代臺灣竹塹地區的「墾區庄」:萃豐庄的設立和演變〉,《臺灣風物》,第 39 卷第 4 期(1989 年)。

施添福,《清代在臺漢人的族籍分布和原鄉生活方式》。臺北:國立臺灣師範大學地理學系,1987 年。

韋煙灶,〈新竹及竹南平原的地下水區劃分與水資源探討〉。臺北:國立臺灣師範大學地理學系博士論文,2003 年。

韋煙灶,〈新竹平原沿海地區生態環境的變遷與居民維生方式的轉變〉,《地理研究報告》,第 29 期(1998 年)。

韋煙灶,〈臺灣西部沿海區域發展模式之探討—新竹市油車港地區的個案研究〉,《社會教育學報》,第 6 期(2003 年)。

韋煙灶、林雅婷，〈桃園及新竹沿海地區閩、客移民分佈的地理意涵—以新屋及新豐的調查為例〉，《客家文化與兩岸關係和平發展研討會》。龍岩：龍岩學院客家文化中心暨龍岩市委宣傳部，2008 年。

韋煙灶、張智欽，〈新竹市南寮地區的區域發展、聚落及宗族發展之探討〉，《地理研究報告》，第 40 期（2004 年），頁 90-120。

韋煙灶、曹治中，〈桃竹苗地區臺灣閩南語口音分布的區域特性〉，《地理學報》，第 53 期（2008 年）。

韋煙灶、黃琡勻，〈新竹機場興建與擴建對新竹南寮地區農地水田化及海埔地開發的影響〉，《中國地理學會九十四年度年會暨學術研討會》，2004 年。

張劭曾，〈臺灣海埔地之地形變遷〉，《臺灣之海埔經濟（第一冊）》。臺北：臺灣銀行經濟研究室，1966 年。

張谷誠編，《新竹叢誌》。新竹：新竹市立文化中心，1996 年。

張勤，《重修臺灣省通志‧卷四經濟志：水利篇（第一冊）》。南投：臺灣省文獻委員會，1992 年。

莊初昇、嚴修鴻，〈漳屬四縣閩南話與客家話的雙方言區〉，《福建師範大學學報》，第 3 期（1994 年）。

莊英章，《家族與婚姻—台灣北部兩個閩客村落之研究》。臺北：中央研究院民族研究所，1994 年。

郭寶章，〈臺灣之防風林及其功效〉，《臺灣銀行季刊》，第 14 卷第 1 期（1963 年）。

陳國川，《臺灣地名辭書卷十八：新竹市》。南投：臺灣省文獻委員會，1996 年。

陳培桂，《淡水廳志》。臺北：國防研究院暨中華學術院，1968 年。

陳朝龍，《新竹縣采訪冊》。臺北：國防研究院暨中華學術院，1968 年。

陳買，《灌溉水質污染監視處理手冊》。臺北：臺灣省水利會暨臺灣省農田水利協進會，1979 年。

黃旺成主修，郭輝總纂，《新竹縣志》。新竹：新竹縣政府，1957 年。

黃琡勻，〈新竹空軍基地興建對新竹市南寮地區之影響〉，《94 年大專學

生參與國科會研究計畫》，未出版，2005 年。

葉佳蕙，〈新竹紅毛港的區域形塑與其周邊的族群關係〉。臺北：國立臺
　　　灣師範大學地理學系教學碩士班碩士論文，2010 年。

葉昕祐，〈雲林縣口湖地區土壤鹽化現象之研究〉。臺北：臺灣師大地理
　　　系碩士論文，2006 年。

葉國泉、羅康寧，〈廣東雙方言區的分布及其成因〉，《雙語雙方言與現
　　　代中國》。北京：北京語言文化大學出版社，1999 年。

董忠司主編，《臺灣閩南語辭典》。臺北：五南圖書公司，2001 年。

鄭阿送，〈蚵殼港鄭家族譜〉，《蚵殼港鄭家族譜》。新竹新豐鄉後湖村，
　　　1956 年。

鄭鵬雲、曾逢辰，《新竹縣志初稿》。臺北：國防研究院暨中華學術院，
　　　1968 年。

新竹、苗栗沿海地區惠安頭北人分布的區域特色

韋煙灶

摘要

在臺灣，新竹及苗栗地區史料中不乏關於「頭北船」與本地商鋪貿易的資料，本研究透過田野訪查與族譜調查將新竹、苗栗沿海地區惠安頭北人的分布區域以地圖方式呈現其空間自明性。透過頭北話在竹苗沿海地區使用的區域特色，交集高空間密度媽祖信仰的區域特色，其所交集之地區涵蓋新竹市香山鹽水港、苗栗縣竹南崎頂與中港、到通霄白沙屯地區及苑裡街區，所列的區域與新竹、苗栗沿海惠安頭北裔社群的分布範圍吻合。

關鍵詞：頭北、區域、新竹苗栗沿海、泉港區

1. 緒論

1.1 頭北、頭北港、蕭厝與泉港區

從作者過去的田野訪查中，從新竹市香山的鹽水港開始，就常常聽到受訪居民祖籍是「頭北」，講的是頭北話或頭北腔；新竹地區的史料也不乏「頭北船」與本地商鋪貿易的資料。「頭北」不是惠安境內的行政區或聚落名，是一個地理區，故無法從地圖上直接找到其地名，只知是位於泉州惠安縣境，但未有臺灣學者進一步去理解其地理區的意涵，韋煙灶與曹治中透過網路檢索、[1]文獻回顧（如林玉茹、[2]駱嘉鵬）[3]及訪談位於臺北市莆仙同鄉會，才確定了頭北的位置。頭北又稱肖（本字為「蕭」）厝，北以山脈隔開仙游（本字為「遊」）縣、東臨湄洲灣、西部以山脈阻隔與泉州核心區－晉江平原的聯繫，東南部可連接惠安縣城。

自 981（北宋太平興國 6）年惠安設縣以來，頭北地區一直歸屬惠安縣管轄，由於其地理形勢獨立，相關歷史文獻習慣將之稱為惠北，[4]元代以迄清代，均在頭北境內設置巡檢司管轄，[5]並在峰尾半島（今泉州市泉港區峰尾鎮誠峰及誠平兩村）築峰尾城（泉港區歷史上唯一的古城）。[6]峰尾當地人稱「頭北港」位於半島之東面灣澳（圖 8.1），[7]但也有

---

1 韋煙灶、曹治中，〈桃竹苗地區臺灣閩南語口音分布的區域特性〉，《地理學報》，第 53 期（2008 年），頁 49-83。

2 林玉茹，《清代竹塹地區的在地商人及其活動網路》（臺北：聯經出版社，2000 年），頁 122-123。在該書頁 122-123 的表 3-3 中也提到「頭北船」或「惠安頭北」，但該書頁 53 圖 2-2「清代竹塹地區港口對渡大陸港口路線圖」，卻獨缺頭北。惠安頭北的切確地理區位資訊，是臺灣學者仍感陌生的。

3 駱嘉鵬對於通霄白沙屯的惠安腔有詳細的調查，但對於地理區位的認識也僅止於「白沙屯的方言源自福建泉州惠安」，也並未深入理解，「惠安頭北」原鄉的閩南話口音並不等同於「惠安腔」。
   駱嘉鵬，〈白沙屯方言的聲調特色〉，《文與哲學報》，第 5 期（2005 年），頁 535-562。

4 鄭其明，〈惠北（今泉港）歷史上的一場「割地建縣」的紛爭〉，《走近泉港》（北京：人民日報出版社，2006 年），頁 225-230。

5 郭民富，〈海國文明泉港發祥：從泉港史蹟管窺海國文明史〉，收於《尋訪「海國文明」—泉港歷史文化學術交流會論文匯編》（泉港：廈門大學國學研究院、中國閩臺緣博物館暨泉州市泉港區人民政府，2013），頁 89-94。

6 泉港區峰尾鎮政府，《書香半島·風情漁家：第二屆峰尾古城文化節》（泉港：峰尾鎮政府，

人認為是指肖厝港（圖 8.2），[8]肖厝港的港區灣闊水深，外有島嶼屏障，不論從古或今而論，均為可稱為天然良港，或許清代與臺灣西部沿海對口的「頭北港」為頭北地區諸港的統稱，而非指特定的港口。

1986 年惠安縣境內行政區調整，全縣設 11 鄉、4 鎮，原惠北的 4 個鄉鎮合併為肖厝鎮，因此頭北地區也被稱為肖厝；1996 年設置省級的肖厝經濟開發區管理委員會，在 2000 年正式獨立為泉州市轄下的縣級行政區—泉港區（圖 8.3、8.4）。[9]

泉港區位於泉州市的最東北角，緊鄰湄洲灣，與湄洲嶼遙遙相望；陸域面積為 321 平方公里，相當於新竹市的三倍大；目前全區人口 38.65 萬。[10]在地理形勢上，頭北既是莆田與泉州的過渡帶，卻是自成一格的地理區。清代的頭北港與臺灣西岸諸港有貿易往來，尤其與新竹香山港往來較密切，頭北話是具有閩南話與莆仙話的過渡語音特質。

圖 8.1　位於泉港區峰尾鎮半島東部沿海的「頭北港」（2013/10/02 攝）

圖 8.2　位於泉港區後龍鎮蕭厝村蕭厝港　（2013/10/02 攝）

2013 年），頁 6。

[7] 2013 年 10 月 02 日於泉港區峰尾鎮峰尾城永全社訪劉宗岩先生。

[8] 2013 年 10 月 02 日於泉港區後龍鎮肖厝碼頭訪林君先生。

[9] 劉宗訓編著，《峰尾古鎮與圭峰文化敘略》（福州：美術出版社，2012 年），頁 4。

[10] 泉港歷史文化學術交流會會務組，〈服務指南：泉港區情簡介〉，《尋訪「海國文明」—泉港歷史文化學術交流會論文匯編》，頁 3。

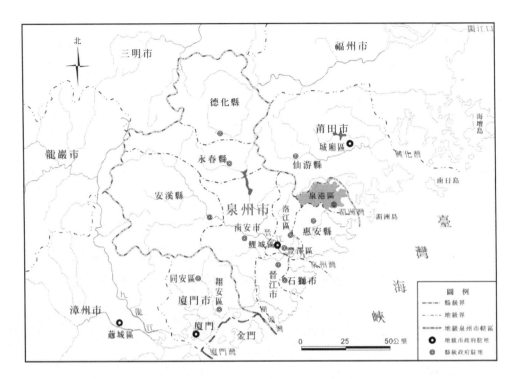

圖 8.3　泉州市泉港區的地理區位

資料來源：改繪自林春敏，《福建省地圖冊》（福州：福建省地圖
出版社，2009 年），頁 68-69。

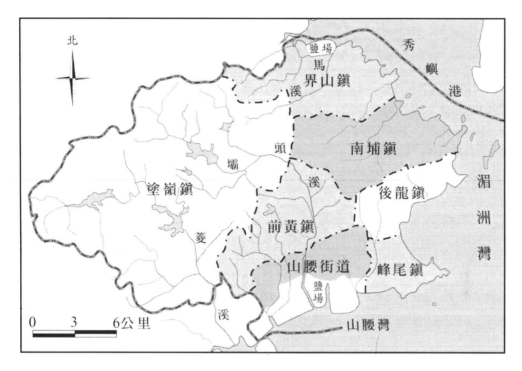

圖 8.4　泉州市泉港區行政區域圖

資料來源：改繪自林春敏，《福建省地圖冊》，頁 72。

1.2　研究方法

　　地理學是研究地表各種現象的空間分布和空間關係的一門學科，空間分析為本研究主要運用之地理學研究觀點。要釐清研究區族群/社群與族祖籍分佈的空間關係，首先必須彙整區內各世居家族開基祖的移出地，並加以歸納分析；其次，必須繪製掌握較細緻的原鄉地圖，將研究區各世居宗族開基祖的祖籍地，點繪在主題圖上。

　　本文透過相關書籍文章、網路檢索、田野訪查及日治時期戶口資料（1946 年底）等，來發掘研究區各自然村的世居家族，進一步探討其祖籍及來此地的拓墾史。田野訪查主要進行「世居家族祖籍地」的調查，採用自然村為訪查的最小空間單元。透過訪談耆老及運用族譜[11]、地方

---

[11] 如香山區香村里之渡臺祖劉陳氏再娘的祖籍「泉州府惠安縣土坑鄉螺陽（今泉州市泉港區後龍鎮塗山村土坑）」，引自：莊吳玉圖，《劉氏大族譜》（桃園：百姓族譜社，1992 年），頁

廟宇廟誌、祠堂（公廳）沿革誌、祖塔對聯及墓誌、[12]網路檢索、[13]地名轉譯、[14]地圖比對和登錄墓碑主人籍貫等方式取得所需樣本。本研究所需的「世居宗族祖籍地」儘量能詳細到鄉鎮以下，要達到如此細緻的空間尺度，除了地圖比對外，網路檢索是很重要的調查工具。

2. 頭北人移入竹、苗沿海地區之過程與分布

惠安縣頭北對多數臺灣相關研究學者是陌生的，由於缺乏對頭北作為一個地理區的空間敏感度，學者在研究過程中所描述頭北，往往簡化成「惠安」，增加在文獻或田野調查比對各家族祖籍時的困難度，如洪惟仁的調查的論定：「整體而言，新竹市最強勢的語言是閩南語，其方言以同安腔泉州話為壓倒性優勢，但新竹市南部香山散佈著一些講惠安腔的聚落」，[15]《淡新檔案》14209.2 條：「竊查竹塹香山港至中港一十五里，沿海居民惠安縣頭北人十有其九」，在清代香山南部到中港一帶，泉州為主的移民裔中屬於惠安頭北的比例相當高，但清代的文獻只零星提到，日治時期由於住民籍貫調查空間單元的設定，也難以呈現「惠安頭北」。有些姓氏族譜祖籍也僅寫到惠安或惠安惠北，甚至闕如，[16]要

索引 19、世系 217。

[12] 如作者以楊梅鎮三湖里田間王廷貴派下祖塔對聯中的「原鄉追石磜濟濟人村族派榮」及旁支線索，找出該世居宗族的祖籍地為今廣東省梅州市蕉嶺縣南磜鎮（原屬北磜鎮，兩鎮目前合併）石磜村，再經過田野訪談檢核，可收事倍功半之效。

[13] 如將《劉氏大族譜》之渡臺祖劉陳氏再娘的祖籍「泉州府惠安縣土坑鄉螺陽」，透過地圖比對與網路檢索（含關鍵詞檢索與 Google Map 的地名檢索），轉譯為現代行政區歸屬及地名：「泉州府泉州市泉港區後龍鎮塗山村土坑」，其間會產生干擾判釋的資訊是「螺陽」與土坑「鄉」，若能了解「螺陽為惠安之別稱」，以及閩南地區的「鄉」之行政區劃位階相當於自然村，問題就可迎刃而解了。如小金門島（烈嶼鄉）過去有 33「鄉」，目前僅存 26「鄉」，就是指目前僅存 26 個自然村，7 個已經消失了。（2011 年 03 月 24 日調查）

[14] 如彰化縣永靖鄉竹子村邱姓祖籍為：潮州府饒平縣五誌嶺，轉化成現今地名為：潮州市饒平縣浮濱鎮（合併五祉鄉）五祉管理區五祉村，當地為閩南話區，故推論其來臺之前為說閩南話的宗族。埔心鄉新館村林姓祖籍為漳州府平和縣白鶴/hoh/鄉，鶴/hoh/應為葉/hioh/之誤，對應到今日平和縣國強鄉白葉村。

[15] 洪惟仁，《新竹市志·住民志·語言篇》（新竹：新竹市政府，1997 年），頁 232。

[16] 作者 2013 年 09 月 02 日在竹南鎮崎頂里山仔頂聚落找到當地林姓者老訪談，借閱了其族譜，內文提到：「父老口耳相傳，郎觀祖來自於大陸福建省一個礫石遍布的偏遠村落，希冀於臺

從惠安移民裔中篩選出頭北人，要透過田野訪查中對可能祖籍爲惠安的受訪者，提出是否是「頭北人」，才是一個比較有效的調查方法。

　　根據作者的訪查，香山港（新竹市朝山里）經苗栗縣竹南鎮崎頂到中港地區，確實是頭北密集分布的地區，新竹市南香山（朝山里以南）、苗栗沿海地區是清代惠安頭北移民裔的重要分布區域，其分布型態包含兩個區塊以及一個小區塊。我們可按照頭北裔家族佔該地世居家族的百分比，將竹苗沿海地區頭北裔家族分布的密集程度，分爲「主要分布區」（頭北裔比例大於 50%）與「次要分布區」（頭北裔比例介於 10-50%）（圖 8.7、圖 8.8）。

表 8.1　新竹、苗栗沿海地區各自然村頭北裔家族之祖籍地及其入墾年代

目前行政區歸屬	自然聚落名	主要家族	入墾年代	主要家族移民來源地	祖籍地之現今行政區
新竹市北區西門里	西門	林森派下[17]	1825 年渡臺定居新竹市	泉州府惠安縣頭北 13 都彰（樟之誤）市鋪	泉州市泉港區塗嶺鎮
新竹市東區東園里	薑寮（恭寮）	陳朝合派下陳捷支派[18]	1746 年渡臺，1800 年前後遷居本地	泉州府惠安縣郭店後亭村	泉州市泉港區前黃鎮譜安村後亭
福德里		蔡喬亮派下[19]		泉州府惠安縣頭北江陵村	泉州市泉港區（江陵村疑爲塗嶺鎮樟腳村）

灣島上尋求棲身之所。」族譜中再無其他任何祖籍資訊，可是詢問在場每位林氏耆老，卻都清楚其祖籍地是惠安頭北，過去長輩講的是「頭北腔」，墓碑與祖先牌位寫「西河」或「惠邑」。參林政偉，《林公郎觀族譜》（苗栗：（竹南鎮崎頂山仔頂）林氏宗親會，2002 年），頁 21。

[17] 佚名，〈林氏入閩世系總圖〉（張德南老師提供，1973 年）。

[18] 邱瓊瑩，〈世變與家道—臺灣中港陳汝厚家族的發展（1746~1945）〉（臺北：國立臺灣師範大學歷史學系碩士論文，2008 年），頁 29；43；49。渡臺祖陳朝合為惠安 13 世祖，於 1746 年攜二子陳伯樹、伯林渡臺，先居住在金後龍鎮南港里山邊，本地開基祖陳捷為渡臺 3 世，陳捷之子陳緝熙於 1845 年獲恩貢銜。張德南編，〈人物誌—陳輯熙〉，收錄於「藝文旅遊」：www.hcccb.gov.tw/chinese/05tour/tour_f02.asp?titleId=191（2013/08/30 點閱）。

[19] 蔡謀海、江萬哲，《蔡氏大族譜》（臺中：新遠東出版社，1984 年），頁 A46-47、系 12-13。

香山區香村里	香山坑	劉陳氏再娘派下[20]	約1800年渡臺定居本地	泉州府惠安縣土坑鄉	泉州市泉港區後龍鎮塗山村土坑
埔前里	牛埔	陳桐派下[21]	康熙末年渡臺定居本地	泉州府惠安縣土（塗）嶺土窟鄉	泉州市泉港區塗嶺鎮
朝山里	頂寮	王姓*	約1772年前後定居本地	泉州府惠安縣頭北	泉州市泉港區
	下寮	王姓*	約1772年前後定居本地	泉州府惠安縣頭北	泉州市泉港區
	網罟寮	陳姓*	約1880年前後定居本地	泉州府惠安縣頭北	泉州市泉港區
海山里	海山罟	黃姓*	約1772年前後定居本地	泉州府惠安縣頭北	泉州市泉港區
	海山罟	陳姓*	約1772年前後定居本地	泉州府惠安縣頭北	泉州市泉港區
	鹿仔坑（林厝）	林圓光派下[22]	約1800年渡臺，約1850年定居本地	泉州府惠安縣帆尾鄉樺厝	泉州市泉港區山腰街道外厝
鹽水里	鹽水港（米粉寮）	林姓*	約1772年前後定居本地	泉州府惠安縣頭北	泉州市泉港區
	鹽水港（尾榮寮）	柯姓*	1865年左右渡臺定居本地	泉州府惠安縣頭北柯厝	泉州市泉港區南埔鎮柯厝村
	灰窯（北草厝）	王芏萊派下*[23]	約1820-30年間渡臺	泉州府惠安縣11都林邊鄉竹街埔（雞仔鋪）	泉州市泉港區塗嶺鎮（11都位於塗嶺鎮。）

[20] 莊吳玉圖，《劉氏大族譜》，頁索引19；世系217。
[21] 張德南，〈香山區庄長—陳雲如〉，《新竹區域社會研究》（新竹：新竹市文化局，2010年），頁115-124。
[22] 林澤文，〈鹿仔坑林家聚落源流〉（張德南老師提供，1985年）。
[23] 張德南，〈香山灰窯地區發展的初探〉，《新竹區域社會研究》，頁103-114。

			定居本地		
南港里	蚵寮	林潘派下*	約1815-25年間渡臺定居本地	泉州府惠安縣頭北	泉州市泉港區
	海口	林大目派下*	約1815-1825年間渡臺定居本地	泉州府惠安縣頭北	泉州市泉港區
苗栗竹南鎮崎頂里	清天泉	林姓[24]	約1800年前後入墾	泉州府惠安縣惠北惠鄉（似爲惠嶼鄉之誤）村	泉州市泉港區南埔鎮惠嶼村
	山仔頂	林郎觀派下*[25]	道光年間渡臺定居本地	泉州府惠安縣頭北	泉州市泉港區
		王姓*		泉州府惠安縣頭北	泉州市泉港區
	崎頂	林姓*		泉州府惠安縣頭北	泉州市泉港區
公義里	口公館	林主派下*		泉州府惠安縣頭北	泉州市泉港區
大埔里	中大埔	柯姓*[26]		泉州府惠安縣惠北梅東鄉柯厝	泉州市泉港區南埔鎮柯厝村柯厝
龍鳳里	海埔	劉姓*		泉州府惠安縣土坑鄉	泉州市泉港區
	後厝仔	劉姓*		泉州府惠安縣土坑鄉	泉州市泉港區
	後厝仔	陳姓*		泉州府惠安縣頭北	泉州市泉港區
中美里	澎湖厝	陳朝合派下伯樹支派[27]	1746年渡臺	泉州府惠安縣郭店後亭村	泉州市泉港區前黃鎮譜安村後亭
	番社	連姓*		泉州市頭北壩頭鄉	泉州市泉港區前黃鎮壩頭

---

[24] 陳金田編，《金色中港》（苗栗：金色中港懷念會，1995年），頁23。

[25] 林政偉，《林公郎觀族譜》，頁21。甘必通總編，《苗栗縣文化資產彙編（上冊）》（苗栗：苗栗縣政府國際文化觀光局，2012年），頁207。

[26] 柯隆鵬編，《（惠安縣惠北梅東鄉柯厝）柯氏族譜》（臺北：國家圖書館臺灣記憶網站，1981年）。

[27] 邱瓊瑩，〈世變與家道-臺灣中港陳汝厚家族的發展（1746~1945）〉，頁29。

	西門	柯姓[*]		泉州府惠安縣頭北[a]	泉州市泉港區
開元里	南門	柯姓[*]		泉州府惠安縣頭北[a]	泉州市泉港區
後龍鎮北龍里	田心仔	吳姓[28]	1766年之前渡定居本地	泉州府惠安縣頭北	泉州市泉港區
南港里	山邊	陳朝合派下伯林支派[29]	1746年渡臺定居本地	泉州府惠安縣郭店後亭村	泉州市泉港區前黃鎮譜安村後亭
	過港	陳朝合派下伯林支派[*30]	1746年渡臺	泉州府惠安縣郭店後亭村	泉州市泉港區前黃鎮譜安村後亭
通霄鎮白東里	白沙屯	陳朝合派下[31]	1746年渡臺	泉州府惠安縣郭店後亭村	泉州市泉港區前黃鎮譜安村後亭
		王都派下[32]	約1840年渡臺定居本地	泉州府惠安縣後厝鄉	泉州市泉港區山腰街道鳳陽村后厝
		蔡姓[*]		泉州府惠安縣頭北	泉州府惠安縣頭北
		林姓[*]		泉州府惠安縣頭北	泉州府惠安縣頭北
白西里	白沙屯	王招派下[*33]	約1800年渡臺定居本地	泉州府惠安縣頭北	泉州市泉港區
		陳志城派下[*34]	乾隆年間渡臺定居本地	泉州府惠安縣頭北	泉州市泉港區

[28] 黃丙煌主修，《後龍鎮志》（苗栗：後龍鎮公所，2002年），頁391。

[29] 王春風，《通霄文史專輯：歷史建築＆白沙屯沿革》（苗栗：苗栗縣立文化局，2002年），頁146-149。

[30] 王春風，《通霄文史專輯：歷史建築＆白沙屯沿革》，頁146-149。

[31] 王春風，《通霄文史專輯：歷史建築＆白沙屯沿革》，頁146-149。
邱瓊瑩，〈世變與家道—臺灣中港陳汝厚家族的發展（1746-1945）〉，頁29。

[32] 陳志南主編，《白沙屯誌》（苗栗：苗栗縣通霄鎮白西社區發展協會，2003年），頁52。
王明義，《太原堂白沙屯王氏族譜》（苗栗通霄鎮白沙屯，國家圖書館臺灣記憶網站，1985年）。

[33] 陳志南主編，《白沙屯誌》，頁52。佚名，《太原堂歷代祖先邊臺族譜》（苗栗：通霄鎮白沙屯，1983年）。

[34] 中華綜合發展研究院應用史學研究所總纂，《通霄鎮志》（苗栗：通霄鎮公所，2001年），頁452。

新埔里	新埔	陳連派下[*35]	約1750年代渡臺定居本地	泉州府惠安縣頭北	泉州市泉港區
		郭姓[36]	雍正末年渡臺	泉州府惠安縣頭北	泉州市泉港區
通灣里	通霄灣	張儒派下[*37]	約1732年渡臺，1778年遷居本地	泉州府惠安縣後張鄉梧桐	泉州市泉港區前黃鎮後張村
苑裡鎮苑北里	苑裡街頭（仔頭/東厝）平厝	張儒派下[*38]	約1732年渡臺，1778年遷居本地	泉州府惠安縣後張鄉梧桐	泉州市泉港區前黃鎮後張村
西勢里	平厝西厝	張儒派下張鬧支派[*39]	約1732年渡臺，1778年遷居本地	泉州府惠安縣後張鄉梧桐	泉州市泉港區前黃鎮後張村
	西勢	張快派下[40]	道光年間渡臺定居本地	泉州府惠安縣後張鄉梧桐	泉州市泉港區前黃鎮後張村
海岸里	海岸厝（下庄）	蕭姓[*]		泉州府惠安縣蕭厝鄉	泉州市泉港區後龍鎮蕭厝村
中正里	貓盂	郭盤源、盤行兄弟派下[41]	嘉慶年間渡臺定居本地	泉州府東（惠之誤）邑縣后洋石或崎腳	泉州市泉港區前黃鎮後洋（在後張村附近）
社苓里	社苓（下	郭盤源、盤	嘉慶年間渡臺定居	泉州府東（惠之誤）邑縣后洋石或崎腳	泉州市泉港區前黃鎮後洋

35　陳志南主編，《白沙屯誌》，頁52。
36　環球郭氏宗譜編輯委員會，《環球郭氏大宗譜》（臺北：臺北市郭氏宗親會，1981年），頁760。
37　王振勳總編，《苑裡鎮志》（苗栗：苑裡鎮公所，2002年），頁218。
38　王春風編著，《蓬山文史專輯－第一輯苑裡篇》（苗栗：苗栗縣文化局，2001年），頁35。
　　王振勳總編，《苑裡鎮志》，頁218。
39　王振勳總編，《苑裡鎮志》，頁218；王春風編著，《蓬山文史專輯－第一輯苑裡篇》，頁35。
40　王振勳總編，《苑裡鎮志》，頁218；王春風編著，《蓬山文史專輯－第一輯苑裡篇》，頁35。
41　王振勳總編，《苑裡鎮志》，頁219；王春風編著，《蓬山文史專輯－第一輯苑裡篇》，頁55。

	竹圍）	行兄弟派下[42]	本地		

資料來源：標註*者為田野調查所得，其餘列於頁下註。

2.1 南香山到竹南中港地區

從新竹市香山區朝山里的清代香山港泊地，一直延伸到苗栗縣竹南鎮中港地區是惠安頭北裔的重要分布區域，其中以新竹市香山區南港里、竹南鎮崎頂里與龍鳳里為「主要分布區」；香山區的朝山、海山、鹽水、內湖、南港等5里（南香山）；竹南鎮公義、大埔、山佳、佳興、營盤、竹興等6里，以及中港地區的中港、中英、中美、中華、開元等5里為「次要分布區」，新竹市其他地區則呈零星分布。

新竹市的頭北移民裔以林姓最多，陳姓其次，王姓再次，另在香村里香山坑劉姓，繁衍的後裔也相當可觀。苗栗縣竹南鎮崎頂的頭北移民絕大數為林姓（圖8.5），竹南中港的陳朝合派下則是從後龍鎮南港里過港遷入，新竹市東區陳朝合派下支派則是再從中港遷入。

2.2 後龍到通霄的白沙屯地區

從苗栗縣後龍鎮的南港里到通霄鎮白東里、白西里、內島里、新埔里，涵蓋5里的範圍為惠安頭北裔聚集區，其中南港、白西、白東3里屬於頭北人的「主要分布區」，其餘兩里為「次要分布區」。由於白沙屯在清代有對岸的福建有貿易往來，故很早已經發展成為一個聞名遐邇的地方型市街，其頭北的區域色彩相對突出。苗栗通霄鎮白沙屯地區的頭北移民裔主要為陳朝合派下後裔，祖籍惠安縣張坂鎮（不屬於頭北地區）的駱崇、駱當兄弟裔孫所用的母語，也被融合到頭北腔之中（圖8.6）。

2.3 苑裡地區

---

[42] 王振勳總編，《苑裡鎮志》，頁219；王春風編著，《蓬山文史專輯－第一輯苑裡篇》，頁55。

　　苑裡地區的頭北裔家族主要為祖籍泉港區前黃鎮後張的張姓宗族，其次為祖籍前黃鎮後洋的郭氏宗族，再其次為祖籍泉港區後龍鎮肖厝的蕭姓，但在苑裡地區這些頭北裔的家族數目較少，且居住地較為分散，「頭北」色彩相對沖淡。

圖 8.5　竹南鎮崎頂台地上方的崎頂里山仔頂林氏望族（泉州府惠安縣頭北後裔）之樸實祖厝（2013/09/02 攝）

圖 8.6　通霄鎮白沙屯白西里的非頭北裔但講頭北腔的駱姓「內黃堂」（於 2011 年 10 月 08 日攝）

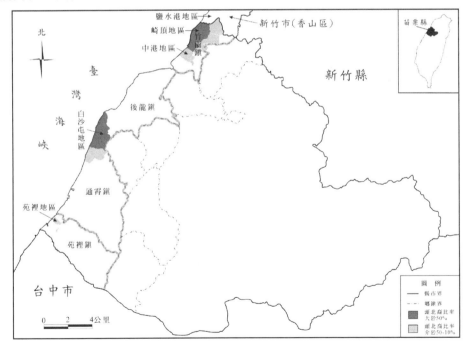

圖 8.7　苗栗沿海的惠安頭北裔之分布區域

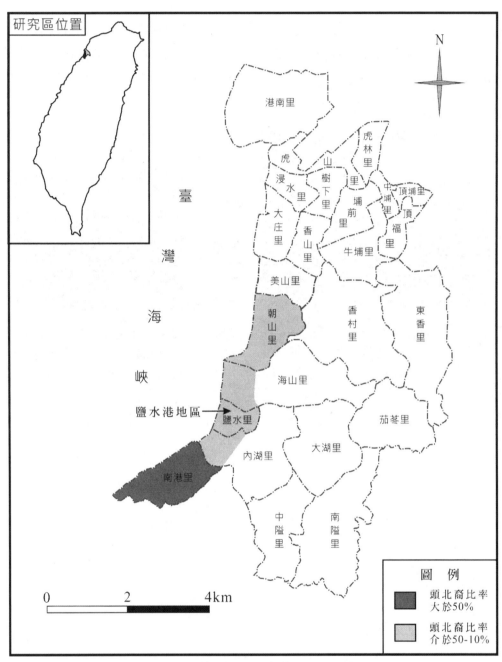

圖 8.8 新竹市香山區的惠安頭北裔之分布區域

3. 竹、苗沿海地區頭北腔的演變

3.1 泉港區的方言地理分區

泉州市泉港區詳細的語言可分為三個地理區域（泉港區行政區域，請參圖 8.4）：[43]

3.1.1 山腰街道、塗嶺鎮、前黃鎮

山腰與前黃屬於壩頭溪流域區，北側有山脈與泉港區其他鄉鎮相隔，地勢向南傾斜，且位於山腰灣（湄洲灣之附屬海灣）北岸，與惠安縣地輞川鎮及東橋鎮隔灣相望，塗嶺屬於輞川溪支流菱溪流域區，交通孔道可與惠安縣城（舊螺陽鎮）相通，地理區位形塑其方言趨向於泉州話系統，屬於閩南話區。

3.1.2 界山鎮

位於泉港區最北端，東臨秀嶼港（湄洲灣之附屬海灣），南以山脈與泉港區其他鎮區隔，地理區位的影響使其莆仙話色彩最為濃厚，歸屬莆仙話區。

3.1.3 南埔鎮、後龍鎮、峰尾鎮

此三鎮緊鄰湄洲灣，地理區位介於前兩區之間，南埔鎮肖厝為清代頭北港埠所在，五路人馬匯聚，容易形成混交型的方言，其方言介於閩南話和莆仙話之間，是較典型的頭北話（又稱下路話，下路口位於南埔鎮肖厝村）。

3.2 頭北地區（泉港區）的人文區域特色

本文沿用「頭北」的廣義用法，將整個泉港區視為頭北地區，透過一篇網路文章〈統一湄洲灣兩岸，做大大莆田〉的描述，[44]即可呈現「頭北」的人文區域特色。

---

[43] 2013 年 10 月 01 日於福建泉州市泉港區峰尾鎮峰尾城訪劉孫強先生。林春敏，《福建省地圖冊》（福州：福建省地圖出版社，2009 年），頁 72-73。

[44] 佚名，〈統一湄洲灣兩岸，做大大莆田！〉，收錄於「福建論壇」：
bbs.66163.com/viewthread.php?fid=150&tid=7980&extra=page%3D1（2007/07/09 點閱）。

「泉港」地處泉州之北，南面及西南與泉州市的惠安縣、洛江區相連，西北及北面同莆田市的仙游縣接壤，獨特的區位使泉港民俗具有區域過渡和銜接的作用和特色。「頭北話」是惠安人對惠北地區（即今泉港地區）方言的俗稱，這是一種從莆仙話地區過渡到閩南話地區的銜接性語言，是一種動態的語言。「頭北話」由泉港的南北兩頭一個村落一個村落過渡過來，各村方言和口音，也因而各佔閩南話和莆仙話的百分比不同也有所差異，甚至相鄰的鄉村不能順暢地進行語言交流。語言是文化的主要載體，地區的文化特色，往往在語言上得到體現。泉港的民俗便隨着方言的過渡而波動，靠近莆仙的界山、南埔地區和峰尾、後龍、塗嶺的一部分村莊，民俗上含有莆仙民俗的成份就多，靠近惠安洛江的山腰、前黃地區和峰尾、後龍、塗嶺的一部分村莊，民俗上就和整個泉州民俗大同小異。

3.3　苗栗沿海地區的頭北腔語音特色及使用情形

新竹及苗栗沿海頭北移民裔可考的家族原鄉（泉港區）大都來自上述的山腰、塗嶺、前黃的「閩南話區」，少數來自南埔、後龍的「頭北話區」，沒有來自界山的「莆仙話區」。新竹及苗栗沿海地區有眾多的泉州府移民裔聚集，其泉州話口音與上述泉港區的「閩南話區」相似度高，便於溝通，此現象顯示原鄉「語緣」與新鄉住民祖籍分布的空間結構，應有密切的關聯性。

苗栗沿海地區的頭北腔（含白沙屯腔），雖然音韻結構上接近於泉州腔，但仍有一定的差異，在臺灣是屬於是頗不一樣的一支閩南話次方言。苗栗沿海頭北腔盛行區有兩個區塊：竹南崎頂地區（含龍鳳里後厝仔）與通霄白沙屯地區，兩個區域基本上都符合圖8.7的頭北裔「主要分布區」，但仍參雜不少非頭北裔的泉州系移民裔，故臺灣的頭北腔與原鄉頭北的口音仍會有一定的差異性。目前崎頂閩南話之頭北腔色彩不突出（龍鳳里後厝仔的頭北腔色彩較濃厚），但老年層的聲調仍可聽到陰上調之本調唸高平調，變調唸中平調，與臺灣通行腔的唸法頗有差

異。不相符的是新竹市香山區南港里是頭北裔的「主要分布區」，但目前其閩南話的頭北腔色彩不明顯，其聲調系統已經完全與新竹市閩南話一致，但聲韻系統與竹南的較接近，依據洪惟仁的調查，南香山居民所呈現的閩南話口音為惠安腔，[45]但其文中並未處理頭北腔與惠安腔之間的差異。

　　駱嘉鵬對白沙屯腔閩南話有完整的調查與討論，[46]其聲韻表現呈現漳、泉混合態勢，與駱嘉鵬的調查結果一致，但此聲韻之漳、泉混合特色，應主要是反映整個苗栗縣閩南話口音的共同特質，而非來自原鄉的影響，但作者於 2013 年 9 月 30 日至 10 月 2 日在泉州市泉港區的調查發現，泉港區存在著白沙屯這種聲韻特色。似不可將這種「漳泉混合」特色全歸於苗栗在地的影響。

　　白沙屯腔，其獨特性主要在於聲調（表 8.2），尤其是上聲的本調（44）及變調（33）與臺灣優勢腔（本調 21、變調 41）的音感差異最大，可惜駱嘉鵬尚未針對竹南崎頂與後厝仔的頭北腔進行調查，並與白沙屯腔進行語音比對，以更宏觀的探討苗栗沿海地區的頭北腔的分布區域與語音特色。

　　駱嘉鵬認為受區域經濟的弱勢與使用人口少，當地導致白沙屯腔閩南話使用者的自信心薄弱與忠誠度不足，在約 2003 年白沙屯腔在老年層（60 歲以上）仍保留 95%的特色，中年層（40-59 歲）約為 85%，青年層（20-39 歲）約為 70-80%，少年層（15-19 歲）僅約保留 30%的特色。[47]竹南崎頂地區頭北腔式微的情況，又較白沙屯地區為明顯，因此苗栗沿海地區的頭北腔逐漸轉變為臺灣閩南話普通腔，是無法逆轉的發展趨勢。

---

[45] 洪惟仁，《新竹市志・住民志・語言篇》，頁 102-103；232。
[46] 陳志南主編，《白沙屯誌》，頁 102-130。駱嘉鵬，〈白沙屯方言的聲調特色〉，頁 535-562。
[47] 陳志南主編，《白沙屯誌》，頁 125；130。

表 8.2　苗栗縣通霄鎮白沙屯腔的聲調調值

			平	上	去	入
陰	本調		33	44	31	<u>31</u>
	變調	不接陽去	22	33	33	<u>33</u>
		後接陽去	11			
陽	本調		23	--	11	<u>33</u>
	變調	不接陽去	22	--	22	<u>22</u>
		後接陽去	11	--	11	<u>11</u>

資料來源：駱嘉鵬，〈白沙屯方言的聲調特色〉，《文與哲學報》，第 5 期（2005 年），頁 535-562。

4. 竹、苗沿海地區頭北後裔的維生方式與媽祖信仰

　　竹苗沿海地區頭北裔家族分布的聚落區位所顯現的最大環境特色是：依山傍海，後方為臺地與丘陵，前方為沙丘地，沙丘的盡頭就是海岸線，沙丘之土壤貧瘠且缺乏充足的灌溉水源，加上海風與海鹽的侵襲，農地生產農作項目與生產力受到嚴苛的限制。即使到現今，當地的農產雖然有水稻，但大宗仍為番薯、花生、玉米等旱作與西瓜，[48]其生活領域與農業環境的惡劣情勢，堪稱是新竹與苗栗地區之最。或許是受生活環境的壓迫，以及地處依山傍海的地理環境，發展向海的多元維生方式是必然的舉措，除了發展牽罟（地曳網）、放綾仔（流刺網）、搖鐘（圍刺網、巾著網）、石滬捕撈與水產採集等沿岸漁業活動，[49]兼營海上貿易也是必然的維生方式選擇之一。

　　《中法越南交涉檔》（2709 頁）〈督辦福建軍務左宗棠咨報往來澎漁商各船被法船轟擊情形〉兩處提及：「十一月十七日未刻，有法船一隻游弋紅毛港上之泉水空港。……又有頭北船一號：均被法人開炮，尾追莫及。……十二月初七日，有法船一號在距城八、九里之拔仔港外游弋。適逢兩隻商船進口，內一隻名「柯永順」，由頭北裝貨來，被法開

---

[48] 田野調查並參照陳志南主編，《白沙屯誌》，頁 160-197。

[49] 田野調查並參照陳志南主編，《白沙屯誌》，頁 168-170；182-183。

炮，貨客林三娘受傷。」[50]

　　在清代的竹苗沿海地區頭北人走私鹽產似乎是重要的營生方式，且成爲當地官府眼中的頭疼社群：

　　如《淡新檔案》，14209.2 條：「竊查竹塹香山港至中港一十五里，沿海居民惠安縣頭北人十有其九，結群聯黨，專以接販私鹽爲務，其間即有駕船爲生者，無不暗中夾帶，惡習相沿，巡緝不易……卑職伏思，內山私鹽之多，皆由沿海居民勾接興販而往。目前杜私之法，惟有禁其勾接，勾接無則內山私鹽不禁自盡，猶之弭盜首貴除窩也。」[51]《淡新檔案》編號 14235 條也提到：「訪聞內地惠安頭北私鹽，連檣接纜，絡繹而至，甚至明目張膽，勾引內山客民，轉賣各鄉，幾致遍地皆私，殊屬有礙鹽務」。[52]

　　竹苗沿海頭北人分布地區之另一項區域特色是高空間密度的媽祖廟，聞名遐邇的區域型媽祖廟就有：新竹市香山區朝山里香山天后宮、苗栗縣竹南鎮後厝里龍鳳宮、中港慈裕宮、後龍鎮街區慈雲宮、通霄鎮白沙屯拱天宮、通霄鎮街區慈惠宮、苑裡鎮街區慈和宮；庄廟型的媽祖廟有後龍鎮南港里山邊的清天宮、海清宮、通霄鎮內島里內湖島母德宮、新埔里新埔雲天宮、通灣里通霄灣慈后宮、房裡里順天宮。這些地區基本上是惠安頭北裔的重要分布地區。頭北東臨湄洲灣，由於地緣的親近，與莆田習俗相似相通，媽祖信仰很早進入泉港地區，應是頭北移民又將祖籍地的媽祖信仰帶到新鄉－上述竹苗沿海地區。

---

[50] 中央研究院歷史語言研究所，〈督辦福建軍務左宗棠咨報往來澎漁商各船被法船轟擊情〉，《法軍侵臺檔》，臺灣文獻叢刊 192 號，收錄於「漢籍電子文獻資料庫」：http://hanji.sinica.edu.tw/（2013/09/09 點閱）。

[51] 國立臺灣大學圖書館，〈臺北鹽務總局沈爲札飭密挐事〉，收錄於「淡新檔案」：dtrap.lib.ntu.edu.tw/DTRAP/index.htm（2013/09/09 點閱）。

[52] 國立臺灣大學圖書館，〈署理新竹縣知縣王爲出示嚴禁事〉，收錄於「淡新檔案」：http://dtrap.lib.ntu.edu.tw/DTRAP/index.htm（2013/09/09 點閱）。

圖 8.9　惠安頭北裔的生活空間（一）依山傍海的地理位置（2013/07/08 攝於苗栗縣竹南鎮崎頂火車站旁之觀景臺）

圖 8.10 惠安頭北裔的生活空間（二）依山傍海的地理位置（2013/07/08 攝，前景為苗栗縣後龍鎮南港里山邊聚落）

圖 8.11　位於苗栗縣通霄鎮白沙屯（白東里）拱天宮媽祖廟（2011/10/08 攝）

5.　結論

　　本文首先探究原鄉惠安頭北的地理區位，其次整合語言上頭北腔分布區域的田野訪查，頭北裔家族祖籍地及其入墾年代之族譜調查，以及進行宗教上媽祖信仰的分布的調查，最後歸納出新竹與苗栗沿海地區惠安頭北人之區域分布特色。

　　綜合上述討論，本研究透過田野訪查與族譜調查將新竹、苗栗沿海地區惠安頭北人的分布區域以地圖方式可顯現其空間自明性。從地理形勢上，頭北是莆田與泉州的過渡帶。從語言上，頭北話是具有閩南話與莆仙話的過渡語音特質。從宗教上，頭北東臨湄洲灣，由於地緣的親近，頭北與莆田習俗相似相通，媽祖信仰很早進入泉港地區，應是頭北移民又將祖籍地的媽祖信仰帶到新鄉。如上所述，透過頭北話在竹苗沿海地區使用的區域特色，交集高空間分布密度之媽祖信仰的區域特色，其所交集之地區與竹苗沿海惠安頭北裔的分布區域一致。

參考文獻

中央研究院歷史語言研究所，〈督辦福建軍務左宗棠咨報往來澎漁商各船被法船轟擊情〉，《法軍侵臺檔》，臺灣文獻叢刊 192 號，收錄於「漢籍電子文獻資料庫」：http://hanji.sinica.edu.tw/（2013/09/09 點閱）。

中華綜合發展研究院應用史學研究所總纂，《通霄鎮志》。苗栗：通霄鎮公所，2001 年。

王明義，《太原堂白沙屯王氏族譜》（苗栗通霄鎮白沙屯）。臺北：國家圖書館臺灣記憶網站，1985 年。

王春風，《通霄文史專輯：歷史建築＆白沙屯沿革》。苗栗：苗栗縣立文化局，2002 年。

王春風編著，《蓬山文史專輯－第一輯苑裡篇》。苗栗：苗栗縣文化局，2001 年。

王振勳總編，《苑裡鎮志》。苗栗：苑裡鎮公所，2002 年。

甘必通總編，《苗栗縣文化資產彙編（上冊）》。苗栗：苗栗縣政府國際文化觀光局，2012 年。

佚名，〈林氏入閩世系總圖〉，1973 年。

佚名，〈統一湄洲灣兩岸，做大大莆田！〉，收錄於「福建論壇」：bbs.66163.com/viewthread.php?fid=150&tid=7980&extra=page%3D1（2007/07/09 點閱）。

佚名，《太原堂歷代祖先遷臺族譜》（苗栗通霄鎮白沙屯），臺北：國家圖書館臺灣記憶網站，1983 年。

佚名，《駱氏家譜》（苗栗縣通霄白沙屯），1987 年。

林玉茹，《清代竹塹地區的在地商人及其活動網路》。臺北：聯經出版社，2000 年。

林政偉，《林公郎觀族譜》。苗栗：竹南鎮崎頂里山仔頂林氏宗親會，2002 年。

林春敏，《福建省地圖冊》。福州：福建省地圖出版社，2009 年。

林澤文,〈鹿仔坑林家聚落源流〉,張德南老師提供,1985 年。

邱瓊瑩,〈世變與家道—臺灣中港陳汝厚家族的發展(1746~1945)〉。臺北:國立臺灣師範大學歷史學系碩士論文,2008 年。

柯隆鵬編,《(惠安縣惠北梅東鄉柯厝)柯氏族譜》。臺北:國家圖書館臺灣記憶網站,1981 年。

泉港區峰尾鎮政府,《書香半島‧風情漁家:第二屆峰尾古城文化節》。泉港:峰尾鎮政府,2013 年。

洪惟仁,《新竹市志‧住民志‧語言篇》。新竹:新竹市政府,1997 年。

韋煙灶、曹治中,〈桃竹苗地區臺灣閩南語口音分布的區域特性〉,《地理學報》,第 53 期(2008 年)。

國立臺灣大學圖書館,〈署理新竹縣知縣王為出示嚴禁事〉,收錄於「淡新檔案」: http://dtrap.lib.ntu.edu.tw/DTRAP/index.htm(2013/09/09 點閱)。

國立臺灣大學圖書館,〈臺北鹽務總局沈為札飭密拏事〉,收錄於「淡新檔案」:dtrap.lib.ntu.edu.tw/DTRAP/index.htm(2013/09/09 點閱)。

張德南,〈香山灰窯地區發展的初探〉,《新竹區域社會研究》。新竹:新竹市文化局,2010 年。

張德南,〈香山區庄長—陳雲如〉,《新竹區域社會研究》。新竹:新竹市文化局,2010 年。

張德南編,〈人物誌—陳輯熙〉,收錄於「藝文旅遊」: www.hcccb.gov.tw/chinese/05tour/tour_f02.asp?titleId=191 (2013/08/30 點閱)。

莊吳玉圖,《劉氏大族譜》。桃園:百姓族譜社,1992 年。

郭民富,〈海國文明泉港發祥:從泉港史蹟管窺海國文明史〉,《尋訪「海國文明」—泉港歷史文化學術交流會論文匯編》。泉港:廈門大學國學研究院、中國閩臺緣博物館暨泉州市泉港區人民政府,2013 年。

陳志南主編,《白沙屯誌》。苗栗:苗栗縣通霄鎮白西社區發展協會,2003 年。

陳金田編，《金色中港》。苗栗：金色中港懷念會，1995 年。

黃丙煌主修，《後龍鎮志》。苗栗：後龍鎮公所，2002 年。

蔡謀海、江萬哲，《蔡氏大族譜》。臺中：新遠東出版社，1984 年。

劉宗訓編著，《峰尾古鎮與圭峰文化敘略》。福州：美術出版社，2012
　　　年。

鄭其明，〈惠北（今泉港）歷史上的一場「割地建縣」的紛爭〉，《走近
　　　泉港》。北京：人民日報出版社，2006 年。

駱嘉鵬，〈白沙屯方言的聲調特色〉，《文與哲學報》，第 5 期（2005 年）。

環球郭氏宗譜編輯委員會，《環球郭氏大宗譜》。臺北：臺北市郭氏宗親
　　　會，1981 年。

彰化永靖及埔心地區閩客族群裔的空間分布特色之研究

韋煙灶

摘要

　　本研究採取田野調查、文獻分析與地圖分析並行方式，利用閩、客式地名詞所繪製的原鄉閩客歷史方言圖，將文獻及田野訪查到的永靖及埔心的世居家族祖籍放到此歷史方言區圖中，藉以推斷永靖地區各世居家族的族群歸屬，並進而統計各族群及社群的人口比例及分布特色。研究區世居家族的祖籍均頗為分散，但以饒平籍為多，但祖籍屬饒平的閩南族群與客家族群比例相當，由於某些研究者偏向將饒平籍移民均歸饒平客，可能造成後續諸多研究推論的誤解。語言隔閡、省籍意識和族群意識衝突，使永靖及埔心在歷史進程中，分類械鬥頻仍。隨著時間的演進，彰化平原大環境相對弱勢的客家人趨於福老化，族群意識也隨之轉化；由於研究區饒平世居家族數居優勢，使得其口音雖偏漳州口音但表現出潮汕話的特點。此一人文地理特色發現的學術意義，不僅可用於臺灣語言研究的解釋上，更重要的是有助於釐清研究區歷史上的閩、客族群互動關係。

關鍵詞：族群、客家、彰化、永靖、埔心、空間分布

1. 前言

1.1 研究議題的形成

過去學界對於清代廣東省籍移民的祖籍地，在閩、客族群與方言的地理空間分佈有些混淆不清，邱彥貴與吳中杰歸咎於清代當時的省籍觀念與化約後的分類方式，認為在清代由於臺灣大半的時間是歸福建管轄，又客家族群大部分來自廣東，因此客家就全數被模糊成自廣東而來[1]。到了日治時期，日本政府也沿用此種區分方式，在戶籍的種族欄中將本島人（亦即臺灣漢人）大致區分為福、廣兩種類別，此即意味他們即是閩南與客家，此種官方分類逐漸成為一般通行的觀念[2]。

認知上的混淆使得即使到現今，部分臺灣社會大眾及學界對於清代漢籍移民的原鄉，在族群與方言的認知上仍有「來自廣東即為客，操客家話」、「來自福建即為閩，操閩南話」、「來自饒平即為客家人」、「來自詔安即為客家人[3]」等錯誤的認知。並據此以先驗的態度處理關於閩、客族群認定、語言、社會及文化等面向的研究議題，如「三山國王信仰是客家人的信仰」、「多護龍合院建築是典型的客家建築的特色」等。關於臺灣閩、客的族群、語言、社會及文化等面向的討論議題，目前看來是應更謹慎的論證。

洪惟仁發現桃園縣新屋鄉永興村大牛欄葉姓的母語偏漳腔[4]，陳淑

---

[1] 邱彥貴、吳中杰，《臺灣客家地圖》（臺北：果實出版社，2001 年）。

[2] 許世融，〈二十世紀上半彰化平原南部的客家人──統計資料與田野調查的對話〉，《2011 年彰化研究學術研討會》。彰化：彰化縣政府文化局，2011 年。許世融，〈語言學與族群史的對話：以臺灣西北海岸為例〉，《臺灣語文研究》，第 6 卷第 2 期（2011 年）。

[3] 周彥文，〈北淡地區客家家族移民及互動研究案〉，行政院客家委員會 99 年度獎助客家學術研究計畫。臺北：行政院客家委員會，2010 年。黃詩涵，〈由古書契論北淡地區客家移墾──以汀州客江、潘二氏為例〉。臺北：淡江大學漢語文化暨文獻資源研究所碩士論文，2011 年。如周彥文與黃詩涵將石門區望族潘姓與朱姓世居宗族錯認為福老客（客底）。潘姓祖籍為詔安縣五都親營鄉（今漳州市東山縣西埔鎮親營村）；朱姓祖籍為詔安縣五都西埔墟（今東山縣西埔鎮頂西村），雖然東山島在歷史上有很長的時間歸詔安縣管轄，舊詔安縣只有二都為客家話區，其餘三、四、五、六都均為閩南話區，東山島是一個純閩南話區，石門區潘姓與朱姓均屬是「客底」之可能性應當是很低的。

[4] 洪惟仁，〈臺灣閩南語方言調查的一些發現〉，《臺灣史田野研究通訊》，第 27 期（1995

娟繼而提出「大牛欄語言社群」[5]，韋煙灶與曹治中發現「半福老客」[6]。
林雅婷針對桃園南部 6 鄉鎮進行世居家族祖籍調查與分析，發現：夾在
桃園北閩、南客強勢音系社群中間，混居著來自海、陸豐、饒平與詔安
的閩、客社群，可視為桃園地區閩、客族群互動的緩衝地帶，呈現一個
帶狀分布的態勢[7]。至此，透過一系列整合宏觀微觀的調查與研究，經
逐次解開過去客家研究所較忽視的歷史地理面向之研究議題，對桃、竹
地區拓墾歷史過程中，許多客家族群相對聚集地區的閩、客族群分布特
性，與族群下各社群的分布與互動的含混之處，基本上已經獲得釐清。

　　在桃、竹地區的研究訪查中，來自陸豐閩南話區的多數世居家族，
至今仍可找到會說原鄉閩南話（陸豐大安閩南話）的耆老；但在中、南
部地區由於開發時間較早，人數居於較弱勢的移民社群之原鄉口音已經
混淆得太厲害，如潮汕移民裔的閩南話口音中，只殘留少數具鮮明原鄉
地域色彩的/-eng/、/-iak/等少數韻母，或不自覺的會將/-an/韻母唸成
/-ang/；在粵東客家移民裔中仍可聽到阿叔/suk/、阿婆、阿伯/pak/等家
族稱謂用詞。本研究挑選粵東移民足跡最突出的彰化平原區中的兩個鄉
鎮—永靖與埔心，採取微觀與宏觀並重的研究途徑，以自然村為調查的
空間單位，抽取居民點的世居家族，儘量使每個自然村的世居家族「樣
本」達到 1-3 筆的規模；針對所訪查到的研究區各居民點之世居家族「樣
本」，將其祖籍地轉換放到今日所歸屬之閩南或粵東行政區（盡量詳細
到鄉鎮級行政區以下）；並根據研究者過去研究所建立的「福建及粵東
歷史方言分區圖」，觀察這些世居家族祖籍地所在之方言區歸屬（以上
請參附表 1、2）；最後將所得的世居家族祖籍資料進行描述性的統計量，
以及整併繪製主題地圖，以觀察其空間特色並解析之。這樣的研究操作

年）。

[5] 陳淑娟，《桃園大牛欄方言的語音變化與語言轉移》（臺北：國立臺灣大學出版中心，2004
年）。

[6] 韋煙灶、曹治中，〈桃竹苗地區臺灣閩南語口音分布的區域特性〉，《地理學報》，第 53
期（2008 年）。

[7] 林雅婷，〈桃園閩客交界地帶族群空間分布特色與族群互動關係〉（臺北：臺灣師範大學地
理學系碩士論文，2012 年）。

已可獲致許多原創的研究成果，進而解開過去研究區族群關係研究上含糊籠統的閩、客分類及其後續衍生的論述適切性問題。

1.2 研究目的與研究途徑

1.2.1 研究目的

本研究建立在地理空間上宏觀（閩西南與粵東地區廣泛的地圖比對與田野訪查）和微觀（以研究區自然村為最小調查空間單元）並用的研究途徑，利用世居家族的祖籍調查，新鄉及原鄉的方言區對照，以及諸姓族譜的比對，可以有效再結構研究區族群的空間分布特性。因此，本文所擬的研究目的如下：

1. 調查研究區世居家族的族群結構。
2. 分析研究區閩、粵祖籍及閩、客族群空間分布的特色。

1.2.2 研究對象資訊來源

本研究運用大量族譜資訊、訪談耆老、祠堂（公廳）宗族沿革誌及祖塔墓誌、村廟廟誌、網路檢索、相關研究報告及專書（如賴志彰所撰的《彰化民居》與《彰化八卦山山腳路的民居生活》兩書[8]，地方文史文獻（如彰化縣文化局所出版的「大家來寫村史」系列、《彰化文獻雜誌》、地圖比對等方式，以取得研究所需的「世居家族」樣本。

世居家族指的是「**受訪者本人向上推三代即已定居本聚落的宗族；或該宗族定根本地已經超過 120 年（即臺灣割讓日本前的清末）**」，此時的社會屬於農業社會，世居家族會循血緣與原鄉地緣關係而分布，不會像現在，受遷徙頻繁而產生過多的交錯混淆；而世居居民指的是世居家族所傳的後裔，且仍定居於本地的居民，進一步探討其來與入墾年代，以及來此地的拓墾史。然而，在研究操作上，世居家族樣本取自「歷史文獻」的部分會以田野調查加以過濾，原因是絕大部分的歷史文獻通常對於「開基拓墾者」與「先驅拓墾者[9]」未加以釐清，或將原本的閩南

---

[8] 賴志彰編，《彰化民居》（彰化：彰化縣立文化中心，1994 年）。

賴志彰，《彰化八卦山山腳路的民居生活》（彰化：彰化縣立文化中心，1997 年）。

[9]「先驅拓墾者」是指最早進入當地拓墾的移民；「開基拓墾者」則是指定居當地且留下來開

人錯認爲是客家族裔（如新北市石門區潘姓與朱姓），而造成資訊混淆的情形。簡言之，本研究所要蒐集的世居家族樣本，是實實在在一直定居某地的宗族，而非文獻上記載的土地請墾者或入墾者（此兩者未必然會留下來，成爲當地的世居家族）。

1.2.3 族譜資料的運用

族譜資訊的運用是本研究取得世居家族樣本最重要的工具，族譜是記載氏族淵源、文化與傳承的典籍，被視爲「血統證明書」。閩、粵人修譜原則往往有攀龍附鳳的現象。[10]臺灣漢人的修譜，在姓氏源流部分仍免不了有虛構的嫌疑，研究者也見識過類似案例，但對於祖籍地以及遷臺後的家族史大多有詳盡的交代，甚至在大陸原鄉前幾代的遷徙史都有記載，這些資料的可靠性極高。除了族譜資料外，祖堂（公廳）、宗族祖塔墓誌乃依據族譜內容加以撰寫，祖籍地、遷臺時間等宗族資訊往往交代的很清楚。特別一提，本研究所蒐集的世居家族祖籍地資料必須詳細到鄉鎮以下，才具有比對的價值。

1.2.4 網路檢索與 GPS 定位及 GIS 軟體的運用

這些訪談樣本，一部份的工作是將之放到地圖當中，以分析其空間區位特性，但要達到如此細緻的空間尺度，除了地圖比對外，網路檢索、GPS 定位及 GIS 軟體的運用，均是很重要的研究工具，如族譜及墓誌中記錄的祖籍地名，往往因爲時間久遠而消失於地圖上，或是有所筆誤，則網路檢索成爲重要的調查工具[11]。

1.2.5 世居家族調查的空間單元基準

枝散葉的居民，往往成爲當地的世居宗族。開基拓墾者可能是先驅拓墾者，也可能不是，因為先驅拓墾者可能會留下來繼續發展成為開基拓墾者，也可能再次遷徙到臺灣島內他處或返回祖籍地。

韋煙灶、張智欽，〈新竹市南寮地區的區域開發、聚落及宗族發展之探討〉，《地理研究報告》，第 40 期（2004 年）。

[10] 林瑤棋，《請問貴姓？－溯源舊臺灣》（臺北：大康出版社，2007 年）。

[11] 根據原鄉使用語言為新鄉原始語種定性。如永靖鄉竹子村邱姓祖籍為：潮州府饒平縣五誌嶺，轉化成現今地名為：潮州市饒平縣浮濱鎮（合併五祉鄉）五祉管理區五祉村，當地為閩南話區，故推論其來臺之前為說閩南話的宗族。埔心鄉新館村林姓祖籍為漳州府平和縣白鶴/hoh/鄉，鶴/hoh/應為葉/hioh/之誤，對應到今日平和縣國強鄉白葉村。

　　日治時期所編台灣堡圖上之小字或土名,其聚落位階很接近於臺灣地區聚落地理研究所定義的「自然村」,是構成清末臺灣社會的基本空間單位[12]。可根據這個學理,設定以自然村作為調查與作圖的最小空間單元。自然村範圍界定在臺灣中、南部平原區,由於聚落發展年代較早且地勢開闊,聚落多半已成形,在田調時不難認定,臺灣堡圖及內政部出版的鄉鎮行政區域圖上的地名資訊,以及田野訪查均可協助判釋。

1.2.6 地圖比對與繪製主題地圖

1.2.6.1 繪製「閩、客語歷史方言分區圖」

　　利用閩、客式地名的比對,已經成功的繪製出「閩、客語歷史方言分區圖」[13]。(參圖 2.2、圖 2.3)。對比最近語言學者所劃定的粵東閩語方言分布[14],大體相符,但從經驗法則來看,在約 1/50 萬的小比例尺地圖所列舉的地名應當偏向於遠近馳名,且所謂的「閩、客式地名」通常是較具草根性的地名,較少經過雅化,故地名起源較早,反而能對應到本研究所需的閩客歷史方言分區。原鄉普遍存在單姓聚落,從這些聚落現在的規模多在百人以上至數千人來看,百年前閩、粵地區的閩、客方言分布態勢與現今差異有限,但不管是粵東或閩西南,現今之閩客界線,均呈現由閩向客區略為推進的趨勢,可見在閩、客交界地帶,閩南話較客家話為強勢。

1.2.6.2 以繪製主題圖來呈現語言與祖籍空間結構的地圖操作方式

　　係將點狀資料轉化成面狀資料,樣本數愈多則愈具備空間歸納的合理性,但資料來源有「不可得」與「無法普查」的實務問題。解決這個問題的方式,是將傳統聚落空間切割成若干空間階層,如區分為超行政

---

[12] 施添福,〈臺灣聚落研究及其史料分析—以日治時期的地形圖為例〉,《臺灣史與臺灣史料》(臺北:自立晚報社,1993 年)。

[13] 韋煙灶、林雅婷、李科旻,〈以地圖作為研究工具來解析臺灣閩、客族群分布的空間關係—以桃園新屋與彰化永靖的比較為例〉,第十三屆臺灣地理學術研討會暨吳信政教授榮退紀念學術研討會,2009 年。
韋煙灶,〈清代竹塹地區粵籍移民裔的遷徙、語言重整與認同客家化歷程之探討〉,《行政院客家委員會獎助客家學術研究一百年度計畫》(臺北:行政院客家委員會,2011 年)。

[14] 潘家懿、鄭守治,〈粵東閩南語的分布及方言片的劃分〉,《臺灣語文研究》,第 5 卷第 1 期(2010 年)。

村、行政村、自然村、土名等階層，在調查與繪圖操作上，以微觀的調查方式，將聚落空間由小而大逐漸建構成一個完整的拼圖。

　　將田野訪查所得到的宗族樣本祖籍地資料，利用地圖比對及網路檢索，比對出世居家族祖籍之現今鄉鎮級以下地名在地圖上的位置。其次，利用上述研究成果將研究區的世居家族分類其方言群屬性加以分類，以觀察研究區在拓墾初期族群分佈可能的空間結構。然而，此種地圖操作是帶有空間抽樣性的，但由於本研究所取得樣本已經相當多，並不會影響到研究數據統計的客觀性。

2.研究結果與討論

2.1 永靖腔所呈現的閩南話口音特徵

　　以林倫倫編的《新編潮州音字典》[15]與董忠司總纂的《臺灣閩南語辭典》的閩南話之泉、漳、潮三音系之語音對照表資料[16]。用以檢測研究區閩南話口音特色，進而與所調查的世居家族祖籍空間分布型態作對照。

　　經本研究的調查發現，由於永靖及埔心的開發時間已經夠久遠，加上本區都市化程度尚不明顯，傳統聚落結構仍然清晰可辨，多數的世居家族穩定發展，在研究區呈區域性的分布態勢。

　　2.1.1 /-eng/中鼻音韻母（如：頂、永、冷、亭、英等的韻母）是潮州（饒平）腔閩南話（以下簡稱潮汕話）的特色，目前漳、泉與臺灣閩南語優勢腔均為高鼻音韻母/-ing/。近似這種發音特色最強的地區在永靖街上及港西與五福村一帶，東北隅客家裔比例較高的崙子、瑚璉、五汴等村就稍弱些。

　　2.1.2 潮汕話無/-n/與/-t/韻尾使得潮州人將前者改唸成/-ng/，後者改唸成/-k/，尤其前者的發音特色相當突出。客家話有/-n/韻尾、卻無/-ng/，

---

[15] 林倫倫主編，《新編潮州音字典》（汕頭：汕頭大學出版社，2008 年）。
[16] 董忠司總纂，《臺灣閩南語辭典》（臺北：五南圖書公司，2001 年）。

與潮汕話恰為對應關係，故永靖腔閩南話較多繼承自潮汕話，較少繼承自客家話。然而這組/-ng/的發音應受客家話影響，使其舌位稍稍向前移動。

2.1.3　潮汕話與泉州話部分保留較古老的閩南話形式，如將「風/豐」唸成/huang/，但彰化縣東南部各鄉鎮之泉系世居家族比例很低，田尾海豐崙與二水海豐寮之「海豐」合音唸成/hang⁴¹/，泉系及臺灣優勢腔理論上應唸為/hong²⁴/，顯然這個區「海豐」地名的閩南話唸法來自潮汕話的殘留，但在目前當地的口語中將「風/豐」唸成/huang/的特色卻已經消失了。永靖瑚璉原名苦苓腳，「苓」在漳、泉兩系及臺灣優勢腔均唸成/ling/，潮汕話則唸成/leng/，/leng/的音感比/ling/更接近於「璉」/lian/。

2.1.4　客家人稱叔叔為阿叔（/shu/或/su/）、「伯」唸/pak/、祖母為阿婆；閩南人稱叔叔為阿叔/cik/、稱伯父為/peh/、祖母為阿媽，音感上差頗大。經田野訪查，研究區祖籍地為粵東客家話區的世居家族後裔大多能根據這種稱謂的口音特徵，或祖上口碑告知而自我表述其為「客底」；反之，若祖籍地位於閩南話區者均未顯現這種口音特徵；祖籍屬漳州客家話區者，在這方面稱謂的特徵雖有，但不及祖籍屬粵東客家話區者殘留得明顯。

2.1.5　將研究區之閩南話對應泉、漳、潮三個音系上，可以發現研究區整體口音屬於偏漳州音系，但被認為較具漳州腔色彩之宜蘭腔的特徵音/-uinn/韻母，對應泉系和潮系均為/-ng/。然而研究區並未表現出此漳州腔的典型特徵，但如果從研究區的祖籍結構來解析即可獲致答案：這組韻母泉、潮系均唸/-ng/、客家話為/-n/，這三股族/社群的比例大於漳系社群，唸/-ng/是反映當地的優勢族群結構。研究區居民將「二」之白讀音唸成/noo/，有別於泉系與臺灣優勢腔的/nng/，故研究區所表現的是漳、潮系共同的唸法，對應到研究區世居家族的祖籍，若將漳、潮系合併起來，其比例確實佔優勢的地位，所以這個音是反映研究區優勢族群的口音。/-ir/及/er/這兩組相對古老的舌央元音，在潮系與泉系均有，但在對應的結構上有些差異，而漳系詔安話者兩組韻母的表現近似潮系，臺灣優勢腔、漳系（不含詔安）及新泉音則均無，目前彰化東南部

鄉鎮耆老口中及當地布袋戲團演出者的口白，也可聽到殘留這種口音特色，這種舌央元音的特色，如將「如此」唸成/li chir/或/li cher/。

2.2 研究區世居家族祖籍對應原鄉方言區之空間分析

兩年多來在研究區進行田野調查，詢問祖籍位於潮州府閩南話區耆老的族群身份，被認定為「客底」或「福老客」的理由，大抵有 7 種理由：因為信仰三山國王；祖先來自廣東（或饒平）；有人告訴我，祖先是客家人；以前曾經被附近的人稱為客仔或客人；祖堂有姓氏堂號，來表述自己為何是「客底」身份；保留部分與現今臺灣閩南話優勢腔不同的辭彙或唸法；有客家式的祖先或祭祀活動（如過天穿日）。然而前 5 點均不足以證明這些世居家族是客底，當然更不可以此作為論證的證據；第 6 點必須進行方言與方言音系的辭彙與語音交互比對，才得以確認；第 7 點必須排除原鄉閩客文化共通性或到新鄉研究區文化模仿的情況。在未進行多方面詳實的研究調查之前，實不可驟然論斷研究區特定世居家族是「客底」或是「福老客」。

2.2.1 原鄉閩、客方言與閩、客族群分類

與台灣移民相關的福建、粵東閩、客方言音系頗為多元、複雜。按照閩、客研究習慣性的分類方式，本研究將研究區可能出現的閩、客方言口音分為以下數種，並依據口音分布的區域，對應其族群屬性。

2.2.1.1 閩、客方言口音分類

閩南話：漳州音系（以下簡稱漳系）、龍岩系（在本文併入漳系）、泉系（泉州市）、潮汕系（舊潮州府轄區的「三陽」地區，即今之潮州市（海陽）、揭陽市（揭陽）與汕頭市（潮陽）；饒平縣北部與揭西縣西北半部屬於客家話區）、福老系（今海豐縣、陸豐市與汕尾城區的閩南話區）。

客家話：四縣系、海陸系（海豐與陸豐的內陸山區；陸河全境及揭西五雲及上砂兩鎮，目前陸河縣全境加上五雲及上砂，相當於清代陸豐縣吉康都全境）、大埔系、饒平系、漳州－詔安系、漳州－平和系與南

靖系、潮州－揭揚（含揭西）系、汀州－永定系[17]。

2.2.2. 閩、客族群與音系社群的認定

依據研究區祖籍分佈的狀況，以及原鄉所操的方言口音差異，本研究將福建、粵東的閩南族群分為 4 個主要音系社群：漳系簡稱「漳州閩」（以下同）、泉州閩、潮州閩、海陸閩。客家族群相對較複雜，配合口音分布的區域性，分成 5 個主要音系社群：四縣系（簡稱「四縣客」，以下同）、海陸客、大埔客、饒平客、詔安客，現今臺灣客委會認定的 5 種臺灣客家話口音分類，普遍說法為「四海大平安」；另有 3 個次要音系則以汀州客—永定、漳州—平和客、漳州—南靖客稱之。

研究區世居家族的族群屬性，藉由比對其原鄉祖籍地現今所在的位置大致可確認。然而，祖籍地位於福建、粵東閩客交界地帶的世居家族，較難確認其閩、客族群屬性，若能掌握宗族在大陸原鄉所使用的母語，即可加以判定。福建漳屬四縣雙方言區的居民一般操客家話為母語[18]；粵東饒平縣新豐、東山及新塘等鎮，揭東縣玉湖、龍尾、新亨、桂嶺、白塔等鄉鎮，揭西縣城河婆鎮以北的鄉鎮以及普寧市里湖鎮的雙方言區內，居民內部交際也使用客家話[19]。

另一方面，族譜上詳細記載宗族在大陸原鄉更早的遷徙史，也可確認閩客交界地帶宗族的族群屬性，如：來自閩、粵的閩南語區→閩、客話交界地帶（雙方言區）→臺灣，視為閩南族群；來自閩、粵的客語區→閩、客話交界地帶→臺灣，視為客家族群。

在此必須強調的是：上述利用世居家族原鄉地名與地圖比對所作出來的歷史方言分區及閩、客族群分區圖，均是為還原到研究區清末時期的社會狀況，不宜直接引用作為現今閩、客族群及族群/社群語言區認定的依據。

---

[17] 閩西的客家次方言分類係依據王秀斌主編書中所列的分類。王秀斌主編，《福建省地圖冊》（福州：福建省地圖出版社，2008 年）。

[18] 莊初昇、嚴修鴻，〈漳屬四縣閩南話與客家話的雙方言區〉，《福建師範大學學報》，第 3 期（1994 年）。

[19] 葉國泉、羅康寧，〈廣東雙方言區的分布及其成因〉，《雙語雙方言與現代中國》（北京：北京語言文化大學出版社，1999 年）。

2.2.3 研究區的閩、客族群結構與閩、粵祖籍結構分析

　　表 9.1 所列之 1926 年調查之《臺灣在籍漢民族鄉貫別調查》[20]與表 9.2 相差甚大,「1905 年本島人戶口調查資料」、「1915 年全島地區本島人戶口統計」、「1920 年本島人戶口統計」、「1925 年本島人戶口統計」、「1930 年本島人戶口統計」及「1935 年國勢調查本島人戶口統計」的坡心庄與永靖庄所列福建人佔在臺漢人的比例均超過 85%,且許多年份甚至高達 99%以上[21]。只有 1901 年之「臺中縣之彰化地區優勢族群分布」[22]與本研究所得相當吻合。根據上述日治時期各年分統計數字所呈現的差異,唯一可解釋的是這些閩、粵祖籍調查數字的調查基礎為居民所使用的「語言」,則 20 世紀初的埔心與永靖居民使用的語言幾乎已經福老化了,這部分討論許世融已多有著墨[23],本處不再贅述。要重建研究區之歷史族群分布的空間結構,顯然無法依賴 1901 年以後的這些日治時期官方的統計書。

---

[20] 臺灣總督官房調查課編,《臺灣在籍漢民族鄉貫別調查》(臺北:臺灣時報發行所,1928 年)。

[21] 上述各日治時期的漢人祖籍統計數據由許世融教授整理與提供,謹此致謝。

[22] 1901 年之漢人祖籍統計數據由許世融教授整理與提供,謹此致謝。

[23] 許世融,〈二十世紀上半彰化平原南部的客家人──統計資料與田野調查的對話〉。許世融,〈語言學與族群史的對話:以臺灣西北海岸為例〉。

表 9.1 1926 年永靖庄與埔心庄居民的祖籍分佈

祖籍／行政區	福建省								廣東省				其他	合計
	泉州府			漳州府	汀州府	龍岩州	永春州	小計	潮州府	嘉應州	惠州府	小計		
	安溪	同安	三邑											
永靖庄				70		50	31	151	12	10		22		173
％				40.5		28.9	17.9	87.3	6.9	5.8		12.7		100.0
坡心庄				26				26	103	7		110		136
％				19.1				19.1	75.7	5.1		80.9		99.9

註：（1）泉州府三邑指南安、惠安、晉江三縣；（2）表格中數字單位為百人，空白表示人數不足百人或無。

資料來源：節錄自臺灣總督官房調查課編[24]。

表 9.2 永靖鄉與埔心鄉世居家族祖籍地之閩、客族群及音系社群歸屬及其比例

社群／個數	客家話主音系社群					客家話次音系社群			小計	閩南話主音系社群				小計	總計
	四縣客	海陸客	大埔客	饒平客	詔安客	汀州—永定客	漳州—平和客	漳州—南靖客		泉州閩	漳州閩	潮州閩	海陸閩		
永靖鄉	4	0	0	33	2	7	1	1	48	8	16	40	0	64	112
％	3.6	0.0	0.0	29.5	1.8	6.3	0.9	0.9	46.8	7.1	14.3	35.7	0.0	57.1	100.0
埔心鄉	3	0	1	20	17	0	6	0	42.9	1	7	26	0	34	81
％	2.7	0.0	1.2	24.7	21.0	0.0	7.4	0.0	58.0	1.2	8.6	32.1	0.0	42.0	100.0

資料來源：整理自附表 1、附表 2。

表 9.2 所呈現的永靖鄉世居家族中客：閩之比為 47%：53%，比例

---

[24] 臺灣總督官房調查課編，《臺灣在籍漢民族鄉貫別調查》。

約各半，再對照圖 9.1、圖 9.2，可觀察到閩南族群偏西半部（竹子村除外），客家族群偏東半部；位於永靖北邊的埔心鄉之世居家族中客：閩族群之比爲 58%：42%，在空間分佈上，南部以閩南人爲主，北部以客家人爲主。兩鄉合併來看，閩南族群分佈是連續的空間，而非凌亂的。再從省籍來看（圖 9.3、圖 9.4、圖 9.5、圖 9.6），永靖閩籍世居家族約佔 30%，屬粵籍者佔 70%；埔心的情況相仿，閩籍世居家族約佔 38%，屬粵籍者佔 62%，將兩鄉合併計算，粵、閩祖籍之比約 2：1。而來自粵籍的世居家族，屬潮州府籍者合佔粵籍的 94.5%（121/128），是處於絕對優勢。永靖世居家族中屬饒平籍客家裔者約佔 30%，屬饒平閩南族群者約佔 36%，閩南多於客家，但比例差異不是很大；埔心鄉世居家族中屬饒平籍客家族裔者約佔 25%，屬饒平閩南裔者約佔 32%，從比例來看，饒平客與饒平閩的比例是勢均力敵的，若將兩者合併則屬饒平縣籍的比例就很高，這可以解釋爲何在研究區擁有彰化平原上最密集的三山國王廟分佈[25]。

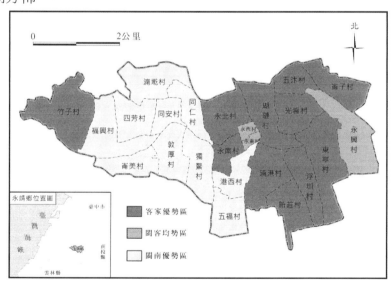

圖 9.1　永靖鄉各村的優勢族群（閩、客＞50%）

資料來源：整理自附表 1。

---

[25] 曾慶國，《彰化三山國王廟》（彰化：彰化縣立文化中心，1997 年），頁 60-62。

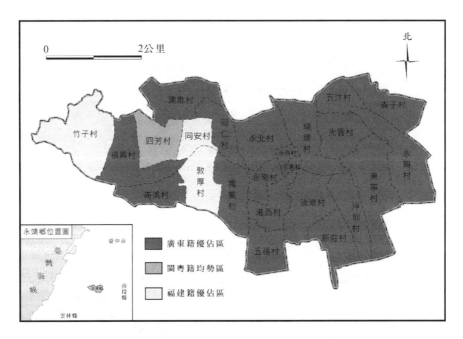

圖 9.2 永靖鄉各村世居家族的優勢祖籍（閩、粵＞50%）

資料來源：整理自附表 1。

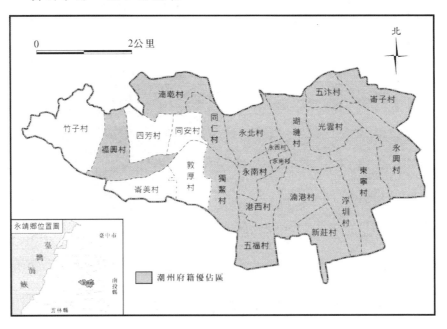

圖 9.3 永靖鄉各村世居家族的優勢祖籍（潮州府＞50%）

資料來源：整理自附表 1。

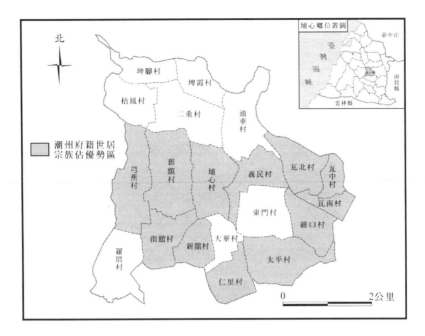

圖 9.4 埔心鄉各村世居家族的優勢祖籍（閩、粵＞50%）

資料來源：整理自附表 2。

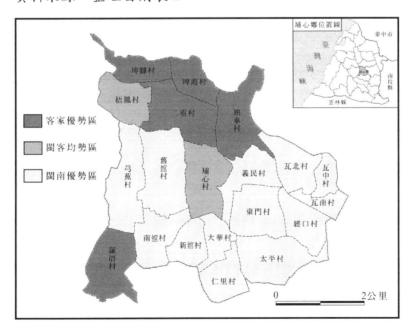

圖 9.5 埔心鄉各村的優勢族群（閩、客＞50%）

資料來源：整理自附表 2。

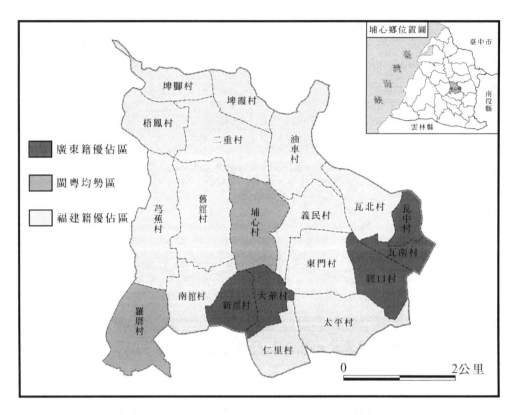

圖 9.6　埔心鄉各村世居家族的優勢祖籍（潮州府＞50%）

資料來源：整理自附表 2。

　　各祖籍世居家族就語言的相容性而言，相鄰縣分，即使山地橫亙，只要有隘口可通，往來通婚、通商、就學及遷徙均不成問題。2011 年 01 月 25 日赴詔安北部田調，當地詢問耆老關於詔北諸鄉、鎮與饒北互通的程度時，說到詔北與饒北的互通較與詔安縣城南詔鎮更方便。饒北上饒與詔北秀篆兩地邱姓宗親互有往來、遷徙，因此饒平、詔安兩地的客家話口音相容性較高，相對容易溝通。莊初昇與嚴修鴻在研究漳屬四縣客家話時就發現，平和客家話與饒平客家話相容性頗高（平和縣西北部緊鄰饒北）[26]。在研究區我們也發現：同宗族最容易聚居，其次為同鄉鎮祖籍，再其次為同音系區社群。但即使是屬於同一族群，由於彼此原鄉相距較遠，口音差異就大，語言溝通較為困難，相對不容易毗鄰而

---

[26] 莊初昇、嚴修鴻，〈漳屬四縣閩南話與客家話的雙方言區〉。

居。如在永靖竹子村的永定客家江姓與粵籍客家宗族的居住地就遙遙相望；而在埔心北部各村祖籍詔安二都五通的黃姓宗族，就是毗鄰祖籍饒平的客家村。針對祖籍位於閩、客過渡地帶的世居家族，赴原鄉比對以確認其族群屬性。

　　以原鄉「閩、客語歷史方言分區圖」爲基準，特別針對祖籍位於閩、客過渡地帶的世居家族，到原鄉現地訪查比對資料，進一步確認各聚落及各姓氏的族群歸屬，配合網路地圖檢索，以確認原鄉現今的行政區歸屬，如饒平縣浮濱鎮、浮山鎮及樟溪鎮的陳姓宗族（如永靖餘三館等陳氏），祖籍均位於閩南話區，透過訪查其口音特徵及家族史，並核對其族譜[27]，實在均找不出該宗族屬客家族群的跡象，故歸類爲閩南族群；祖籍平和縣大溪鎮江寨的江姓則屬於客家話區。

---

[27] 陳慶年編，《陳氏世傳大族譜》（永靖永東村陳指日派下）。

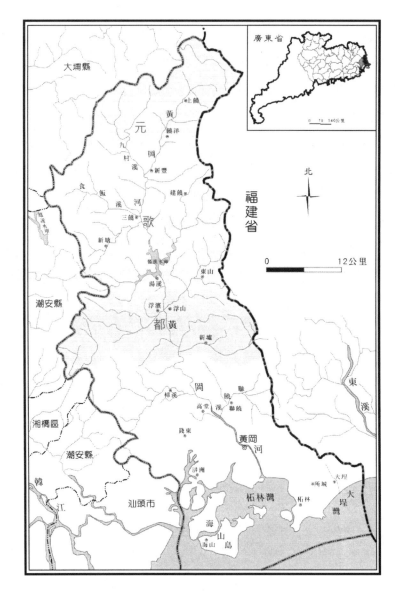

圖 9.7 清代饒平縣元歌都的都境範圍

資料來源：改繪自饒平縣地方志編纂委員會，《饒平縣志》(廣州：
廣東人民出版社，1994 年)。

　　就聚落的血緣性分佈態勢來看，祖籍詔安二都霞葛鎮五通村的客家
黃姓宗族，群聚於大村鄉加錫、大崙、新興 3 村；溪湖鎮榮寮、中竹兩
里；埔心鄉埤腳、埤霞、梧鳳、二重 4 村；員林鎮源潭與南興兩里的黃

姓宗親，分爲五個角頭共祀大村鄉新興村的五通宮（主祀五顯大帝）[28]。
永靖以餘三館爲核心的祖籍饒平浮濱、浮山、樟溪等鎮的閩南陳姓宗
族，聚居於從永東、永南、獨鰲、港西、五福等村到田尾鄉溪畔村等的
完整區域。永靖光雲與湳港兩村祖籍饒平縣元歌都（三饒鄉）周邊區域
的客家詹姓[29][30]（元歌都的範圍如圖 9.7 所示）。永靖竹子與福興兩村祖
籍永定高頭鄉的客家江姓宗族。埔心之瓦北、瓦中、瓦南及經口 4 村的
張姓宗族，瓦北及經口張姓的祖籍多爲新豐鎮北部與上饒鎮，應歸客家
族群；瓦中及瓦南張姓的祖籍多爲三饒鎮馬崗村，應歸閩南族群。

　　透過採取原鄉宏觀調查與新鄉微觀統整世居家族祖籍資訊及分佈
區域，並利用統計表及主題地圖來呈現地理資訊，對此議題，本研究已
獲致不錯的研究成果：

　　從中觀的鄉鎮級空間尺度來看，研究區的世居家族呈現閩、客族群
各半的態勢，祖籍則以饒平佔絕對多數，饒平祖籍的世居家族中閩、客
族群的比例也是相近的。

　　從微觀尺度來看，研究區世居家族祖籍的空間分佈仍然按照省籍、
族群的地緣性有秩序的分佈；也按照同宗族聚居的態勢分佈。

　　研究區在清代，漳、泉、汀、潮、嘉之民混雜其間，一地之間族群
與音系社群之多元，在清代臺灣概無出其右者。閩客族群/音系社群的
語言差異，省籍意識及族群認同差異，住民之間的芥蒂，一時之間難以

---

[28] 大村鄉新興村之五通宮取自原鄉漳州府詔安縣霞葛五通村五通宮之名，依帝劃分 5 個角頭，
10 值年爐主：大帝：菜寮、中竹、梧鳳；二帝：二重湳；三帝：新興；四帝：加錫、大崙、
員林；五帝：埤腳、埤霞。黃振琅主編，《（埤腳）五通宮史略》（彰化：五通宮管理委員
會，1989 年），頁 38。

[29] 詹春光、廖德福主編，《詹氏族譜》（臺中：創譯出版社，1972 年）。
從《詹氏族譜》所列多數詹姓渡臺祖之祖籍寫三饒鄉或弦歌都/元歌都。清代粵東之「鄉/約」
近似現今的行政村，但金門的「鄉」則等同於自然村。宋代一縣之下分為數鄉，《詹氏族譜》
所指的三饒鄉，其範圍應近似於元、明之弦歌都，清代元歌都(應爲避清聖祖玄燁之諱而改)。

[30] 從饒平於 1477 年設縣起到 1952 年止，三饒一直是饒平縣城所在地，其後縣治地位才為黃岡
所取代，故云：「縣治歷五紀，名邑馨元歌」。從丘逢甲在 1899 年途經三饒訪友而作的〈抵
饒平作〉第二首詩云：「鼓角聲何處？殘碑不可尋。田功迫秋急，山氣入城深。舊俗仍高髻，
遺民半客音。驅車來訪古，空作繡衣吟」從其詩句（劃線部分）來研判，三饒在百年前應當
是閩、客與畬族雜居之地。現今饒平閩客界線已經北推到新豐—新塘鎮一線（2011 年 01 月
24 日於三饒田調），從詹姓族譜的遷徙脈絡來看，饒平詹姓宗族應歸入客家族群。

消除。加上位居濁水溪平原扇央部位，具有較佳的農理區位條件。若有風吹草動，族群、社群與宗族之間的資源爭奪所引發的分類械鬥，就更形加劇。

2.3 臺灣開發史上「客」的意涵及其延伸的議題討論

2.3.1 還原臺灣開發史上「客」的意涵

諸家歷史學者所歸納的臺灣「客」之意涵包括：閩粵省籍差別，漳州客不是客，潮汕與海陸閩卻是客；未入籍臺灣者均是客，閩、粵籍者皆是客；指涉特定群體，且和漳、泉存在文化差異者[31]。據周鍾瑄《諸羅縣志》中載：「佃田者……潮人尤多，厥名曰客，多者千人，少亦數百，號曰客庄」[32]。由上述可知早期入墾臺灣的粵籍人士，大多受僱爲傭人或佃農，而與泉、漳之人分籍而居。

1722（康熙 61）年閩浙總督覺羅滿保〈題義民效力議敘疏〉：「查臺灣鳳山縣屬之南路淡水，例有漳、泉、汀、潮四府之人，墾田居住。潮屬之潮陽、海陽、揭陽、饒平數縣與漳、泉之人語言相通；而潮屬之鎮平、平遠、程鄉三縣[33]，則又有汀州之人自爲守望，不與漳、泉之人同夥相雜。」

又如陳文達《鳳山縣志》，〈輿地志〉、〈風俗志〉載：「客莊，潮人所居之莊也，北路自諸羅莊山以北，南路自淡水溪而下，類皆潮人聚集

---

[31] 李文良，〈清初臺灣方志的「客家」書寫與社會相〉，《臺大歷史學報》，第 31 期（2003年）。

林正慧，〈清代客家人之拓墾屏東平原與六堆客庄之演變〉（臺北：臺灣大學歷史學系碩士論文，1997 年）。

林正慧，〈閩粵？福客？清代臺灣漢人族群關係新探—以屏東平原爲起點〉，《國史館學術集刊》，第 6 期（2005 年）。

林正慧，〈從客家族群之形塑看清代臺灣史志中之「客」—「客」之書寫與「客家」關係之探究〉，《國史館學術集刊》，第 10 期（2006 年）。

陳南旭，〈再探清代臺灣文獻中的「客」及人群指稱詞〉，《第十屆「客家研究」研究生學術論文研討會論文集》，2010 年。

[32] 周鍾瑄，《諸羅縣志》（臺北：國防研究院，1968 年）。

[33] 粵東於 1733（雍正 11）年始設直隸嘉應州，附郭程鄉、下轄鎮平、平遠、興寧、長樂共五縣。故於康熙 61 年時仍稱潮屬。

以耕，名曰客人，故莊亦稱客莊」[34]。

藍鼎元《平臺紀略》附錄〈經理臺灣疏〉中記載：「臺民素無土著，皆內地作奸逋逃之輩，群聚閭處，半閩半粵。粵民全無妻室，佃耕行傭，謂之『客子』，每村落聚居千人、百人，謂之客莊」[35]。

上述文中將潮人視為客、客人或客子，但客、客人或客子是否就等同於現代所稱的客家人？潮、惠之民是否等同於客家人？

1174 至 1189（南宋淳熙）年間周去非所著《嶺外代答》：「欽[36]民有五種；一曰土人，……，謂之蔞語。二曰北人，語言平易，而雜以南音。本西北流民，自五代之亂，占籍於欽者也。三曰俚人，……，語音尤不可曉。四曰射耕人，本福建人，射地而耕也，子孫盡閩音。五曰蜑人，以舟為室，浮海而生，語似福、廣，雜以廣東、西之音。蜑別有記[37]。」

明人王世性在《廣志繹》記載：「廉州[38]中國窮處，俗有四民：一曰客戶，居城郭，解漢音，業商賈；二曰東人，雜處鄉村，解閩語，業耕種[39]。」

《天下郡國利病書》引《太平寰宇記》記述粵西雷州一帶族群和方音曰：「俗有四民，一曰客戶，居城郭，解漢音，業商賈；二曰東人，雜處鄉村，解閩語，樂耕種；三曰深人，居遠村，不解漢語，為耕墾為活；四曰蜑戶，舟居穴處，亦能漢音，以採海為生。又曰：語音州城惟正語，村落有數種：一曰東語、又名客語，似閩音；一曰西江黎語，即廣西捂、潯等處音；一曰土軍話，一曰地黎語，乃本土音也[40]。」

1864（同治 3）年重編的《廣東通志》說：「瓊島孤懸海外，音與

[34] 陳文達，《鳳山縣志》，臺灣銀行經濟研究室臺灣文獻叢刊第 124 種（臺北：臺灣銀行經濟研究室，1961 年）。

[35] 藍鼎元，《平臺紀略》，臺灣銀行經濟研究室臺灣文獻叢刊第 14 種（臺北：臺灣銀行經濟研究室，1958 年）。

[36] 指粵西廉州府西半部，今廣西欽州市與防城港市。

[37] 劉道超、洪小龍、范翔宇，《北海客家》（桂林：廣西師範大學出版社，2011 年），頁 22。

[38] 指粵西廉州府，今廣西北海市、欽州市與防城港市轄區。

[39] 王東，《客家學導論》（臺北：南天書局，1998 年），頁 158-159。劉道超、洪小龍、范翔宇，《北海客家》，頁 24。

[40] 謝重光，《畬族與客家福老關係史略》（福州：人民出版社，2002 年），頁 183。

潮同，雜以閩人」又說「瓊語有數種，曰東語，又曰客語，似閩音，有西江黎語，有土軍語、地黎語[41]。」

　　這四則關於粵西、海南島族群及方音的說明，用詞雖相似，但卻指涉三個地理區（雷州、廉州與瓊州三府）。四則均提到閩音或閩語，所指應爲「閩方言」。周去非指射耕人「射地而耕」似可將解讀爲「賒地而耕」，從《嶺外代答》與《太平寰宇記》到《廣東通志》的文本脈絡開始來解讀，東人/北人是五代以來中原南下漢人，居城且解「漢語」（中古中原正音）；射耕人/客戶與蜑人來自福建，使用的語言近似閩方言；到了清末，閩語與東語已經混淆，才會有「東語，又曰客語」的說法。

　　即使上述粵西、海南島的「客語」不歸屬閩方言，但到清朝後期華南一帶住民所稱的「客」，仍未必是客家人的專用族群名稱，如廣西地區所稱客人/來人所指爲外來者，各地的客話均指外來者所用的方言[42]。其次，閩南人把外來人稱爲「客」則是一個普遍的口語用法，如把自外國到中國經商的稱爲「蕃客」，把異地來此者稱爲「客人」[43] [44]。從語音結構來解析，人數佔優勢的說漳、泉系閩南語的人與說潮汕話的人初次接觸時，無法立即聽懂潮汕人的口音，於是就將這群口音陌生的潮汕人稱爲「客仔」。

　　其次，從圖 2.2 及圖 2.3 所提供的資訊來看，粵東客家人的居住地基本上不靠海而且離海尚有數十公里之遙。過去臺灣諸多討論永靖、埔心及員林福老客的論文（如：謝英從；吳中杰；賴閔聰；陳雍模；吳正龍與陳淑君）[45]將上述文獻中的客、客人、客子、潮惠之民籠統的視爲

[41] 周振鶴、游汝杰，《方言與中國文化（修訂本）》（上海：上海人民出版社，1998 年），頁 37。

[42] 鍾文典：《廣西客家》（桂林：廣西師範大學出版社，2011 年），頁 53-56。

[43] 研究者與同好論及此事，提到他在閩南進行田野訪談時，漳浦縣趙家堡趙姓（趙宋皇室後裔，後裔有移居於社頭鄉村仁和里石頭坑），因帶有北方漢語口音而被附近閩南人稱為「客人」的案例。其次，研究者在苗栗通霄一帶進行田野訪談時，通霄閩南人將白沙屯講頭北話（泉州話一支）者錯認為「客人」。

[44] 王東，《客家學導論》，頁 15。

[45] 吳正龍、陳淑君，〈清代彰化永靖地區的開發〉，《臺灣的語言分佈與族群遷徙工作坊（南部場）》。臺中：臺中教育大學臺灣語文學系，2009 年。陳雍模，〈清代彰化永靖地區的開發〉，《臺灣的語言分佈與族群遷徙工作坊（中部場）》。臺中：臺中教育大學臺灣語文學

客家的論述，顯然是過份簡化了永靖閩、客族群分佈的空間關係。我們不排除確有相當高比例的客家裔（福老客）世居家族在其中，但是永靖與埔心兩鄉的潮籍世居家族中，真正屬客家裔的比例是多少呢？本研究所得結論為閩、客各半。

2.3.2 清代臺灣移民渡臺前後之閩、客族群歸屬認定之討論

桃園縣楊梅市瑞坪里矮坪子莊姓（宸讓派下），其遷徙路線為：自福建永春，遷廣東饒平，約 1250 年前後莊九郎遷居惠州府陸豐縣吉康都上沙鄉（今揭陽市揭西縣上砂鎮），1732 年遷臺[46]。福建永春縣自唐、宋以後均屬閩南話區，但莊九郎之遷臺後裔大多定居於目前桃園與新竹的客家話區，同樣的此莊姓能否視為閩南人？是否有必要強調桃竹客家話區許多莊姓共祖—莊九郎或更早的永春遠祖為閩南人？研究者等人於 2011 年 8 月赴揭西上砂鎮考察，確認當地是純客家話區，楊梅市瑞坪里一帶也是純家客話區，750 年足夠讓這個宗族的母語及族群意識轉向，故楊梅市瑞坪里矮坪子莊姓應歸類為客家人[47]。

文史學者針對彰化溪州鄉大庄村松樹腳彭姓的描述是：福老化再來臺的彭家，「……雖然祖籍地是福建同安，因此就以同安為堂號。大家都認福建同安為祖籍地，所以不知、也不承認自己的祖先是客家人[48]。」溪州彭姓：「受原鄉楊姓宗族追殺三艘船連夜渡臺的傳說，兩艘漂到新竹南寮，一艘漂到彰化沿海」之口碑傳說，與新竹南寮彭姓的傳說是一致的，兩地彭姓渡臺時是血緣關係密切的族親。從新竹南寮《彭氏族譜》中可了解此兩地彭姓在原鄉的遷徙過程：開粵始祖彭延年在北宋神宗年間由今江西吉安遷徙到潮州揭陽（今廣東揭揚市榕城區），6 世祖再遷到潮州府城海陽（今潮州市湘橋區），元末明初時開閩始祖彭子安北遷

系，2008 年。賴閔聰，〈員林的福老客〉（臺北：政治大學民族研究所碩士論文，2003 年）。謝英從，〈永靖一個彰化平原的鄉鎮社區發展史〉（臺北：文化大學歷史研究所碩士論文，1991 年）。

[46] 莊榮龍，〈本塔與建沿革誌〉（楊梅市：瑞坪里矮坪仔，1989 年）。

[47] 韋煙灶，〈桃園地區粵東移民分布的地理意涵解析－以觀音、新屋、楊梅三地調查為例〉，行政院客家委員會獎助客家學術研究九十八年度計畫成果報告（臺北：行政院客家委員會，2009 年）。

[48] 洪長源，《彰化縣溪州鄉客家地圖》（彰化：溪州鄉公所，2005 年），頁 105。

泉州同安縣金門沙尾（今沙美鎮），開閩 2 世祖再遷到同安馬巷彭厝，
1765 年前後大批汝字輩（同安 12 世）受械鬥牽連，同時間大舉買舟渡
臺，分別於新竹南寮與彰化溪州兩地落腳生根。

　　本處所要討論的是：在北宋神宗時是否已有客家話？且江西吉安當
時是否屬於客家話區？均仍屬未可知之數。但揭陽市榕城區至少在北宋
以後即屬閩南話區，潮州市湘橋區自唐代以後即屬閩南話區，福建同安
更是道地的閩南話區，新竹南寮與彰化溪州兩地均是閩南話區[49]。此彭
姓宗族的祖先是否必然要是客家人？

　　2.3.3　三山國王是客家人是否可作為祖籍神之指標？

　　「（前略）……三山國王是客家人的守護神，有三山國王的地方，
必然是客家人的居住的，或曾經居住過的地方，至少彰化平原是如
此。……。（後略）」[50]這樣的論點是否成立？

---

[49] 彭氏族譜編修委員會，《彭氏族譜》（新竹：彭氏祖祠管理委員會，1965 年）。
　　韋煙灶、彭東烈，〈新竹南寮彭姓之源流考暨人物事蹟〉，《竹塹文獻雜誌》，第 46 期（2010
　　年），頁 64-85。
[50] 曾慶國，《彰化三山國王廟》（彰化：彰化縣立文化中心，1997 年），頁 17。

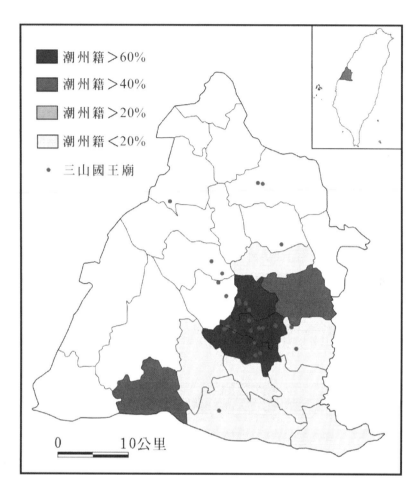

圖 9.8 南彰化縣的三山國王廟分佈（包括主祀及附祀）

資料來源：據曾慶國，《彰化三山國王廟》（彰化：彰化縣立文化
中心，1997 年），頁 24-26。

　　三山國王原初的祖廟為潮州府揭揚縣河婆（今廣東揭陽市揭西縣河
婆鎮）霖田祖廟，雖位於客家話區，但其信仰多沿榕江向下游的閩南話
（潮汕話）區散布。在饒平縣，每個鄉鎮均有三山國王廟，自然包括位
於閩南話區和饒平客話區的廟宇。曾慶國所列舉的粵東三山國王廟，在
原鄉粵東的三山國王分布區也是在閩、客族群區均有，且以位於潮州府
者佔大部分[51]。

---

[51] 曾慶國，《彰化三山國王廟》，頁 60-62。

在研究區的三山國王廟分佈，確實明顯位於潮州裔（饒平裔）世居家族優勢區，鹿港及彰化城為政、商要地，是各級人士匯聚之地，有少數的三山國王分布，應屬合理；溪湖及埔鹽各有兩座三山國王廟，且溪湖之荷婆崙三山國王廟是臺灣及彰化眾多三山國王廟的分香祖廟，地緣及族群結構來看，以微觀的空間尺度來看，當地仍是饒平裔世居家族聚集的區域，也緊連永靖及埔心等饒平裔優勢區。

故三山國王是潮州府籍人士的普遍信仰，不只是當地客家人的信仰，也是潮汕人的信仰；但卻非所有粵東與閩西、閩南客家人皆有此信仰，故不是客家族群普遍的信仰。清代移民臺灣的潮州府籍客家人才易引進三山國王信仰，其他府州籍的客家人則未必，如目前南桃園為客家人聚集地區，卻無一座主祀三山國王廟[52]。研究區三山國王廟密度較高的地區，與當地世居家族的優勢祖籍為潮州府，非常吻合（圖 10.9.8），但此潮州裔（饒平為絕對優佔）未必等同於饒平客裔，其間有約半數饒平裔為潮州閩（饒平閩）裔。相信以三山國王作為整體客家族群祖籍神之論點，學界近年來應已經有所修正。

3. 結論

利用閩、客式地名詞所繪製的原鄉閩客歷史方言圖，將文獻及田野訪查到的研究區世居家族祖籍放到此歷史方言區圖中，藉以推斷研究區各世居家族的族群歸屬，並進而統計各族群及社群的人口比例及分布特色。

本研究採取田野調查、文獻分析（以族譜為主）與地圖分析並行方式，利用網路無遠弗屆的功能，將祖籍地或研究區的族群互動關係，放到主題地圖上呈現，讓數字說話，以驗證相關假設。此外，利用調查資料的空間屬性歸納與分類，以及繪製主題地圖，來突出研究議題的空間自明性，可逐漸還原清末時研究區的閩、客族群互動的歷史圖像。

---

[52] 呂展曄、韋煙灶，〈從原鄉祖籍地緣關係來看新竹地區三山國王廟之空間分布特性〉，《新竹文獻雜誌》，第 53 期（2013 年），頁 93-123。

　　研究區世居家族的祖籍雖頗為分散，粵籍佔 2/3，閩籍佔 1/3，閩籍中以漳籍為主，泉籍及其他祖籍的比例甚低；粵籍中以潮籍佔絕大多數，潮籍中又以饒平籍佔大多數，嘉應籍佔少數，未見惠州府海、陸豐籍。以祖籍與族群屬性的交互比較：饒平的閩南族群與客家族群比例相當，但在空間分布上呈現幾個特點：粵籍閩南裔與閩籍閩南裔毗鄰而居；閩籍客家裔聚落區近於閩籍閩南裔聚落區，而遠粵籍客家裔聚落區；粵籍閩南裔與粵籍客家裔毗鄰而居或彼此混居；人數比例較少的音系社群，如埔心北部的黃、游姓詔安客裔與吳姓平和客裔毗鄰而居。由於研究區周邊鄉鎮的世居宗族祖籍以漳州閩籍占優勢，潮州饒平世居家族（約閩、客各半）雖數居優勢，使得其口音偏漳州口音但表現出潮汕話的特點，某些研究者偏向將饒平籍或帶有潮汕話口音特色的世居宗族均歸饒平客，可能造成後續諸多研究推論的誤解。

　　語言隔閡、省籍意識和族群意識衝突，使研究區在歷史進程中，分類械鬥頻仍。隨著時間的演進，彰化平原大環境相對弱勢的客家人趨於福老化，族群意識也隨之轉化。目前研究區的語言特色及其族群的空間分布形態，是長久以來各族群/社群融合歷史進程的終端結果。利用微觀的田野調查與宏觀的地圖比對與原鄉訪查的研究途徑，可更細緻解釋族群分佈的區域規律性，進一步有助於探討臺灣拓墾過程中閩、客的族群互動與閩、粵省籍互動的近真實圖像。

參考文獻

王東，《客家學導論》。臺北：南天書局，1998 年。

王秀斌主編，《福建省地圖冊》。福州：福建省地圖出版社，2008 年。

李文良，〈清初臺灣方志的「客家」書寫與社會相〉，《臺大歷史學報》，
　　　　第 31 期（2003 年）。

吳中杰，〈臺灣福老客分布及其語言研究〉。臺北：臺灣師範大學華語文
　　　　教學研究所碩士論文，1999 年。

吳正龍、陳淑君，〈清代彰化永靖地區的開發〉，《臺灣的語言分佈與族
　　　　群遷徙工作坊（南部場）》。臺中：臺中教育大學臺灣語文學系，
　　　　2009 年。

林正慧，〈清代客家人之拓墾屏東平原與六堆客庄之演變〉。臺北：臺灣
　　　　大學歷史學系碩士論文，1997 年。

林正慧，〈閩粵？福客？清代臺灣漢人族群關係新探—以屏東平原為起
　　　　點〉，《國史館學術集刊》，第 6 期（2005 年）。

林正慧，〈從客家族群之形塑看清代臺灣史志中之「客」—「客」之書
　　　　寫與「客家」關係之探究〉，《國史館學術集刊》，第 10 期（2006
　　　　年）。

林倫倫主編，《新編潮州音字典》。汕頭：汕頭大學出版社，2008 年。

林雅婷、韋煙灶，〈桃園縣新屋地區粵東族群的空間分布特色及其與歷
　　　　史地理區域劃分之關聯性〉，《社會與區域發展學報》，第 3 卷第
　　　　1 期（2010 年）。

林雅婷，〈桃園閩客交界地帶族群空間分布特色與族群互動關係〉。臺
　　　　北：臺灣師範大學地理學系碩士論文，2012 年。

林瑤棋，《請問貴姓？－溯源舊臺灣》。臺北：大康出版社，2007 年。

呂展曄、韋煙灶，〈從祖籍地緣關係來看新竹地區三山國王廟之空間分
　　　　布特性〉，《臺灣地理學會 101 年度研討會論文集》，2012 年。

邱彥貴、吳中杰，《臺灣客家地圖》。臺北：果實出版社，2001 年。

洪長源，《彰化縣溪州鄉客家地圖》。彰化：溪州鄉公所，2005 年。

洪惟仁，〈臺灣閩南語方言調查的一些發現〉，《臺灣史田野研究通訊》，
　　　第 27 期（1995 年）。

周彥文，〈北淡地區客家家族移民及互動研究案〉，行政院客家委員會
　　　99 年度獎助客家學術研究計畫。臺北：行政院客家委員會，2010
　　　年。

周振鶴、游汝杰，《方言與中國文化（修訂本）》。上海：上海人民出版
　　　社，1998 年。

周鍾瑄，《諸羅縣志》。臺北：國防研究院，1968 年。

韋煙灶、張智欽，〈臺灣漢人之堂號—兼論閩南人與客家人堂號之差
　　　異〉，《宜蘭技術學報人文社會專輯》，第 9 期（2002 年）。

韋煙灶、張智欽，〈新竹市南寮地區的區域開發、聚落及宗族發展之探
　　　討〉，《地理研究報告》，第 40 期（2004 年）。

韋煙灶、曹治中，〈桃竹苗地區臺灣閩南語口音分布的區域特性〉，《地
　　　理學報》，第 53 期（2008 年）。

韋煙灶，〈桃園地區粵東移民分布的地理意涵解析－以觀音、新屋、楊
　　　梅三地調查為例〉，行政院客家委員會獎助客家學術研究九十八
　　　年度計畫成果報告。臺北：行政院客家委員會，2009 年。

韋煙灶、林雅婷、李科旻，〈以地圖作為研究工具來解析臺灣閩、客族
　　　群分佈的空間關係—以桃園新屋與彰化永靖的比較為例〉，第十
　　　三屆臺灣地理學術研討會暨吳信政教授榮退紀念學術研討會，
　　　2009 年。

韋煙灶、彭東烈，〈新竹南寮彭姓之源流考暨人物事蹟〉，《竹塹文獻雜
　　　誌》，第 46 期（2010 年）。

韋煙灶，〈清代竹塹地區粵籍移民裔的遷徙、語言重整與認同客家化歷
　　　程之探討〉，《行政院客家委員會獎助客家學術研究一百年度計
　　　畫》。臺北：行政院客家委員會，2011 年。

施添福，〈臺灣聚落研究及其史料分析－以日治時期的地形圖為例〉，《臺
　　　灣史與臺灣史料》。臺北：自立晚報社，1993 年。

陳文達，《鳳山縣志》，臺灣銀行經濟研究室臺灣文獻叢刊第 124 種。臺

北：臺灣銀行經濟研究室，1961 年。

陳南旭，〈再探清代臺灣文獻中的「客」及人群指稱詞〉，《第十屆「客家研究」研究生學術論文研討會論文集》，2010 年。

陳淑娟，《桃園大牛欄方言的語音變化與語言轉移》。臺北：國立臺灣大學主辦委員會，2004 年。

陳雍模，〈清代彰化永靖地區的開發〉，《臺灣的語言分佈與族群遷徙工作坊（中部場）》。臺中：臺中教育大學臺灣語文學系，2008 年。

陳慶年編，《陳氏世傳大族譜》（永靖永東村陳指日派下）。

莊初昇、嚴修鴻，〈漳屬四縣閩南話與客家話的雙方言區〉，《福建師範大學學報》，第 3 期（1994 年）。

莊榮龍，〈本塔興建沿革誌〉。楊梅市：瑞坪里矮坪仔，1989 年。

梁玉青，〈臺北縣三芝鄉福老客的閩南語語音研究〉。彰化：彰化師範大學國文學系碩士論文，2002 年。

許世融，〈二十世紀上半彰化平原南部的客家人—統計資料與田野調查的對話〉，《2011 年彰化研究學術研討會》。彰化：彰化縣政府文化局，2011 年。

許世融，〈語言學與族群史的對話：以臺灣西北海岸爲例〉，《臺灣語文研究》，第 6 卷第 2 期（2011 年）。

葉國泉、羅康寧，〈廣東雙方言區的分布及其成因〉，《雙語雙方言與現代中國》。北京：北京語言文化大學出版社（1999 年）。

曾慶國，《彰化三山國王廟》。彰化：彰化縣立文化中心，1997 年。

彭氏族譜編修委員會，《彭氏族譜》。新竹：彭氏祖祠管理委員會，1965年。

黃振琅主編，《（埤腳）五通宮史略》。彰化：五通宮管理委員會，1989年。

黃詩涵，〈由古書契論北淡地區客家移墾－以汀州客江、潘二氏爲例〉。臺北：淡江大學漢語文化暨文獻資源研究所碩士論文，2011 年。

賴志彰編，《彰化民居》。彰化：彰化縣立文化中心，1994 年。

賴志彰，《彰化八卦山山腳路的民居生活》。彰化：彰化縣立文化中心，

1997 年。

劉道超、洪小龍、范翔宇,《北海客家》。桂林:廣西師範大學出版社,
　　2011 年。

潘家懿、鄭守治,〈粵東閩南語的分布及方言片的劃分〉,《臺灣語文研
　　究》,第 5 卷第 1 期(2010 年)。

董忠司總纂,《臺灣閩南語辭典》。臺北:五南圖書公司,2001 年。

臺灣總督官房調查課編,《臺灣在籍漢民族鄉貫別調查》。臺北:臺灣時
　　報發行所,1928 年。

詹春光、廖德福主編,《詹氏族譜》。臺中:創譯出版社,1972 年。

賴閔聰,〈員林的福老客〉。臺北:政治大學民族研究所碩士論文,2003
　　年。

鍾文典:《廣西客家》。桂林:廣西師範大學出版社,2011 年。

謝英從,〈永靖一個彰化平原的鄉鎮社區發展史〉。臺北:文化大學歷史
　　研究所碩士論文,1991 年。

謝重光,《畲族與客家福老關係史略》。福州:人民出版社,2002 年。

藍鼎元,《平臺紀略》,臺灣銀行經濟研究室臺灣文獻叢刊第 14 種。臺
　　北:臺灣銀行經濟研究室,1958 年。

饒平縣地方志編纂委員會,《饒平縣志》。廣州:廣東人民出版社,1994
　　年。

附表 1　永靖鄉各自然村世居宗族的祖籍地分佈

行政村	自然村	世居宗族	祖籍地舊地名(含定居祖籍前的遷徙路徑)	祖籍地之現今行政區及渡臺之後的遷徙路徑	遷臺年份及本地開基年份	資料來源	備註
竹子村	竹仔腳	1. 楊（方宇派下）	漳州府長泰縣後庵→(明正德年間)泉州府南安縣經善里 28 都雲(蕉之誤)頭；仁德里 25 都夾(洽之誤)水頭鄉珠山之下【泉州閩】	泉州市南安市東田鎮藍溪村蕉頭；南安市美林街道李西村洽水頭→溪湖鎮北勢里北勢尾→本地	約乾隆初年以前渡臺。	1.楊篤恭編，《溪湖楊姓敦素公衍派大族譜》，1976 年，頁 19。2.張瑞和，《永靖鄉土資料研究集》(彰化：永靖鄉公所，1995 年)，頁 282。3.余益興，《疼惜咱竹子腳》(彰化：彰化縣文化局，2005 年)，頁 22；202。	1.渡臺祖楊方宇爲南安 9 世祖。2.祖堂：四知堂。3.楊姓分布於 1、2、3 鄰。
	(竹仔腳江)	3. 江（洪俊派下）【永定客】	汀州府永定縣金豐里高頭鄉	龍岩市永定縣高頭鄉	約乾隆前期渡臺。	1.張瑞和，《永靖鄉土資料研究集》，頁 279。2. 余益興，《疼惜咱竹子腳》，頁 21-22；198-199。	1.渡臺祖江洪俊爲永定高頭 20 世祖。2.祖堂：濟陽堂。3.江姓分布於 9、11、15 鄰(本支江姓稱爲大內底江)
		4. 江（河攀派下）【永定客】	汀州府永定縣高頭鄉	龍岩市永定縣高頭鄉	乾隆年間渡臺。	余益興，《疼惜咱竹子腳》，頁 21-22；197。	1.渡臺祖江河攀爲永定高頭 19 世祖。2.祖堂：濟陽堂。3.本支江姓稱南邊江。
		5. 江（漢中派下）【永定客】	汀州府永定縣高頭鄉金豐里半徑甲東山大路下	龍岩市永定縣高頭鄉東山	乾隆年間渡臺。	余益興，《疼惜咱竹子腳》，頁 21-22；199。	1.渡臺祖江漢中爲永定高頭 18 世祖。2.祖堂：濟陽堂。3.本支江姓稱北邊江。
		6. 江（盛華派下）【永定客】	汀州府永定縣高頭鄉	龍岩市永定縣高頭鄉		張瑞和，《永靖鄉土資料研究集》，頁 279。	
	竹仔腳 (邱厝)	7. 邱（懷德派下善直	潮州府饒平縣烏石角鄉金山【饒平客】	潮州市饒平縣上饒鎮西片管理區武石村→田尾鄉海豐崙→本地	乾隆中葉渡臺。	1.賴振興、賴銘鍵主編，《河南堂丘邱大族譜》(嘉義：嘉義縣丘邱姓宗親會 1987 年)，頁 58、系 76。	1.邱九恩爲丘烋(ㄏㄠ□)派下 21 世祖；渡臺祖懷德爲 23 世祖，善直爲懷德長子。

					2. 余益興,《疼惜咱竹子腳》,頁 21-22。	2. 邱姓分布於 12-14 鄰。
		8. 邱(章泰派下國夏/國春房)	潮州府饒平縣五誌嶺(爲五祉嶺之誤)【潮州閩】	潮州市饒平縣浮濱鎮(併五祉鄉)五祉管理區五祉村→港墘村→本地	應在康熙末年渡臺。	1. 張瑞和,《永靖鄉土資料研究集》,頁 272。 2. 余益興,《疼惜咱竹子腳》,頁 21-22；196-197。	渡臺祖邱章泰爲丘休派下 22 世祖(詔安丘伯順派下 12 世),本地開基祖國夏/國春爲 24 世。
(牛埔頭)	9. 劉(廷弼派下)	永定縣(饒平縣之誤)石井鄉【饒平客】	潮州市饒平縣饒洋鎮石井	推測約乾隆前期渡臺。	1. 張瑞和,《永靖鄉土資料研究集》,頁 276。 2. 余益興,《疼惜咱竹子腳》,頁 21-22；200。	1.渡臺祖劉廷弼(諡剛毅？)爲饒平石井 15 世祖(傳字輩)。 2.劉姓分布於 4 鄰。 3.祖堂：彭城堂。
	10. 黃(乳祖派下)	漳州府詔安縣二都二都隆(龍之誤)乾堡深邱(丘)裡【詔安客】	漳州府詔安縣霞葛鎮五通村深丘裡→埔心羅厝村→本地		1. 張瑞和,《永靖鄉土資料研究集》,頁 280。 2. 余益興,《疼惜咱竹子腳》,頁 22；203。 3. 賴振興、賴銘鍵主編,《河南堂丘邱大族譜》,頁 286。	1.埔心羅厝村黃姓祖籍爲詔安五通。 2.祖堂：江夏堂。 3.黃姓分布於 10 鄰。
	11. 余(銅鐘派下)	潮州府饒平縣【饒平客】	潮州市饒平縣	按所傳輩分推測,渡臺應已超過 180 年。	1.張瑞和,《永靖鄉土資料研究集》,頁 283。 2.余益興,《疼惜咱竹子腳》,頁 22、204。	1.余銅鐘爲渡臺開基 2 世祖。 2.余姓分布於 14 鄰。 3.余益興(2005)稱呼叔叔爲阿/su/,故可推測該宗族爲客底。
	12. 涂(義直/性直派下)	泉州府→漳州府漳浦縣→詔安縣→(明朝初年)潮州府饒平縣黑嶺鄉【潮州閩】	潮州市饒平縣東山鎮湖嶺村→二林鎮萬興華崙里→本地	約乾隆中葉渡臺,約 1838 年遷居本地。	1.余益興,《疼惜咱竹子腳》,頁 206-207。 2.曾慶國主編,《埔心鄉志》(彰化：埔心鄉公所,1993 年),頁 151。	1.渡臺祖涂性直爲饒平 12 世祖。 2.祖堂：豫章堂。
	13. 周(隆壽派下四房裔孫)	汀州府永定茅畲→潮州府饒平縣原高郡(元歌都之誤)嶺腳社西埔鄉→七藍鄉玉皮社【饒平客】	潮州市饒平縣上饒鎮西片管理區南周村→田尾柳鳳村→田尾海豐崙→本地	康熙 57 年(1700)以前渡臺,推測約 1833 年以前定居本	1.周三合族親會,《周三合族譜》(新竹縣湖口鄉,1998 年),頁 54-68。 2.余益興,《疼惜咱竹子腳》,頁 207-208。	1.渡臺祖不詳但至少在 9 世祖以前已渡臺。 2.設有周隆壽公業,周隆壽爲饒平開基祖。 3.祖堂：汝南堂。

					地。		
福興村	福興	1.江（在振派下）	汀州府永定縣金豐里高頭鄉【永定客】	龍岩市永定縣高頭鄉		1.張瑞和，《永靖鄉土資料研究集》，頁279。2.余益興，《疼惜咱竹子腳》，頁200。	渡臺祖江在振為永定高頭 19 世祖。
		2.邱（文鳳派下）	潮州府饒平縣元歌都下寨【潮州閩】	潮州市饒平縣浮山鎮下寨村	康、雍之際渡臺。	張瑞和，《永靖鄉土資料研究集》，頁272。	渡臺祖邱九恩為丘烋派下 22 世祖。
		3.胡（達盛派下）	潮州府饒平縣大榮社黃坑鄉【潮州閩】	潮州市饒平縣浮濱鎮五祉管理區大榕村	雍正年間渡臺。	張瑞和，《永靖鄉土資料研究集》，頁281。	
		4.陳（純善派下）	潮州府饒平縣暫歸【潮州閩】	潮州市饒平縣		張瑞和，《永靖鄉土資料研究集》，頁269。	渡臺祖陳純善為饒平 8 世祖。
四芳村	四塊厝	1.魏（烏龍派下）	潮州府揭陽縣【潮州閩】	揭陽市榕城區或揭東縣或揭西縣→獨鰲→本地	乾隆前期渡臺。	張瑞和，《永靖鄉土資料研究集》，頁282。	
		2.盧（伯忠派下）	泉州府同安縣（張瑞和(1995)記為饒平縣，本處依族譜為準)《姜盧紀氏族譜》記為「銀堂」應為銀同(同安之雅稱)之諧音【泉州閩】	廈門市或金門縣	雍正年間渡臺定居本地。	1.盧俊華，《盧氏大族譜》(臺中：創譯出版社，1972 年)，頁系75、人 186-187、索 12-13。2.姜盧紀氏族譜編輯委員會，《姜盧紀氏族譜》，1976 年，頁人 57。3.張瑞和，《永靖鄉土資料研究集》，頁283。	1.渡臺祖盧伯忠(諡朴義)為同安 14 世祖。2.大門巷 6 號。
	(大門巷)	3.盧姓	漳州府南靖縣盧橋頭黃庵廟後【漳州閩】	漳州市南靖縣靖城鎮鄭店村盧橋頭		姜盧紀氏族譜編輯委員會，《姜盧紀氏族譜》，頁人 54。	大門巷 8 號。
		4.傅（創垂派下）	泉州府南安縣【泉州閩】	泉州市南安市	康熙末年渡臺。	張瑞和，《永靖鄉土資料研究集》，頁284。	
		5.胡（如上派下）	潮州府饒平縣【潮州閩】	潮州市饒平縣		張瑞和，《永靖鄉土資料研究集》，頁281。	
	(大門巷)	6.陳（秀美派下）	潮州府饒平縣小榕社斗香裡五房屋	潮州市饒平縣浮山鎮東洋村→員林大饒村→本地		張瑞和，《永靖鄉土資料研究集》，頁269。	渡臺祖陳秀美為饒平 10 世祖。

		下)	【潮州閩】			
崙美村	崙仔尾	1. 魏（烏龍派下）	潮州府揭陽縣暫歸【潮州閩】	揭陽市榕城區或揭東縣或揭西縣	約1760年渡臺。	張瑞和，《永靖鄉土資料研究集》，頁282。	
		2. 胡（怡見派下）	潮州府饒平縣大榮社堡員溪鄉【潮州閩】	潮州市饒平縣浮濱鎮五祉管理區大榕村	雍正年間渡臺定居本地。	1.張瑞和，《永靖鄉土資料研究集》，頁176、281。2.巫和仁，《油車穴傳奇》(彰化：彰化縣文化局，2005年)，頁123-124。	渡臺祖胡怡見為饒平大榮社13世祖。
		3. 胡（議平派下）	潮州府饒平縣大榮社堡員溪鄉【潮州閩】	潮州市饒平縣浮濱鎮五祉管理區大榕村		1.張瑞和，《永靖鄉土資料研究集》，頁281。2. 巫和仁，《油車穴傳奇》，頁123-124。	
		4. 江姓	汀州府永定縣高頭鄉【永定客】	龍岩市永定縣高頭鄉		1.張瑞和，《永靖鄉土資料研究集》，頁279。2.余益興，《疼惜咱竹子腳》，頁200。	
湳墘村	湳墘(邱厝)	1. 邱（華字輩派下馬秋房）	潮州府饒平縣五誌嶺(為五祉嶺之誤)【潮州閩】	潮州府饒平縣浮濱鎮(併五祉鄉)五祉管理區五祉村	康熙末年渡臺，約1820-30年定居本地。	1.張瑞和，《永靖鄉土資料研究集》，頁272。2.余益興，《疼惜咱竹子腳》，頁196-197。	渡臺祖為丘烋派下23世祖(華字輩)，本地開基祖邱馬(又寫媽)秋，為25世(詩字輩)。與五福村湳田邱姓同渡臺祖。
		2. 邱（章仁派下）	潮州府饒平縣五誌嶺(為五祉嶺之誤)【潮州閩】	潮州府饒平縣浮濱鎮(併五祉鄉)五祉管理區五祉村	約康熙末年渡臺。	賴振興、賴銘鍵主編，《河南堂丘邱大族譜》，頁系23。	渡臺祖邱章仁(應魁)為丘烋派下22世祖。
		3. 吳（文清派下）	漳州府龍溪縣29都蔡墩社【漳州閩】	漳州市龍海市角美鎮蔡店村→臺南市中西區忠義路147巷內→本地	明永曆16年(1662)隨鄭軍渡臺。	1.謝英從，《臺南吳郡山家族發展史—以彰化平原的開發為中心》(南投：國史館臺灣文獻館，2010年)，頁91。2.張瑞和，《永靖鄉土資料研究集》，頁284。	吳錫泰為渡臺1世祖，家族世居今臺南市。吳文清在水漆林(今埔心新館村)設立吳郡山租館。
		4. 巫姓	潮州府饒平縣元高(歌之誤)都大榕社五節嶺(或記海陽縣南門外五至嶺)【潮州閩】	潮州府饒平縣浮濱鎮五祉管理區大榕村→埔心新館→本地	乾隆初年入墾彰化。	1.巫永福主編，《平陽之光：臺灣巫氏宗親總會十週年紀念會刊》(臺北：臺灣巫氏宗親會，1984年)，頁44。2.張瑞和，《永靖鄉土資料研究集》，頁284。	

						3.蔡涵卉,〈彰化縣潮州人聚集的音樂團體調查研究〉,南華大學民族音樂系碩士論文,2010年,頁2-5。	
同安村	同安宅	1.林(尾派下)	泉州府同安縣瓊頭鄉【泉州閩】	廈門市翔安區新店鎮瓊頭村	乾隆中葉渡臺	林汀州主編,《林氏世大族譜》(彰化:興文出版社,1969年),頁泉49;人381。	渡臺祖林尾。
		2.林(宏濟(族譜寫成宏齊)派下)	漳州府平和縣大湖社白葉鄉金城樓【漳州閩】	漳州市平和縣國強鄉白葉村		1. 林汀州主編,《林氏世大族譜》,頁漳91。2.張瑞和,《永靖鄉土資料研究集》,頁278。	渡臺祖林宏濟(齊)為平和12世祖。渡臺祖兄弟3人為平和11世祖,分居本地與田尾打廉村、埔心新館村。
		3.林(先仲派下)	漳州府平和縣大湖社白葉鄉金城樓【漳州閩】	漳州市平和縣國強鄉白葉村		林汀州主編,《林氏世大族譜》,頁漳91;人94。	渡臺祖林先仲為平和14世祖。
	同安宅(玉山巷)	4.王(寬讓派下)	漳州府龍溪縣牛角尾墘【漳州閩】	漳州市薌城區或龍海市或華安縣		張瑞和,《永靖鄉土資料研究集》,頁200、281。	
		5.洪姓	泉州府同安縣馬巷廳翔風里13都【泉州閩】	廈門市翔安區新店鎮	1775年以後(1775年設馬巷廳)。	洪氏族譜編纂委員會,《洪氏族譜》(彰化:新生出版社,1964年),16章人事簡介4。	
敦厚村	獨鰲(突後,圳仔腳)	1.林(大滿歉瀲房)	潮州府大埔縣→饒平縣石壁坑(浮山鄉新寧高都(高都為元歌都之脫字及諧音字)扶陽寨和陽樓)【饒平客】	潮州市饒平縣上饒鎮壩上管理區和陽村	康熙末年渡臺。	1. 林汀州主編,《林氏世大族譜》,頁廣8;21。2.張瑞和,《永靖鄉土資料研究集》,頁278。	渡臺祖林大滿為大埔11世祖。
		2.陳(剛直派下)	漳州府詔安縣邦奇鄉【漳州閩】	漳州市詔安縣四都鎮奇才村→二林鎮埠腳→本地	康熙末年渡臺。	1.張瑞和,《永靖鄉土資料研究集》,頁269。2.〈村情概況〉,《漳州市-詔安县-四都镇-奇材村》。	
		3.鄭姓	泉州府同安縣【泉州閩】	廈門市或金門縣	定居不足百年,僅	2011/10/29於敦厚村訪鄭先生。	祖堂:滎陽堂。

					供參考。		
同仁村	大講尾(大港尾)	1.張(平忠派下)	潮州府饒平縣上饒堡下善村【饒平客】	潮州市饒平縣上饒鎮下善管理區		張瑞和，《永靖鄉土資料研究集》，頁275。	渡臺祖張平忠為饒平9世祖。
		2.林(先仲派下)	漳州府平和縣白葉鄉大湖社金城樓【漳州閩】	漳州市平和縣國強鄉白葉村	乾隆中葉入墾本地。	1.林汀州主編，《林氏世大族譜》，頁人94；索26。 2.張瑞和，《永靖鄉土資料研究集》，頁278。	
		3.林(裕美派下)	潮州府饒平縣浮山鄉【潮州閩】	潮州市饒平縣浮山鎮浮山村		張瑞和，《永靖鄉土資料研究集》，頁278。	渡臺祖林裕美為饒平11世祖。
	半路厝	陳(秀美派下)【潮州閩】	潮州府饒平縣浮山鄉	潮州市饒平縣浮山鎮浮山村		陳國川主編，《臺灣地名辭書--卷十一彰化縣》(南投：國史館臺灣文獻館，2004年)，頁746。	
獨鰲村	獨鰲	1.陳(剛直派下)【漳州閩】	漳州府詔安縣	漳州市詔安縣→二林鎮坤腳→本地	康熙末年或乾隆初年渡臺。	張瑞和，《永靖鄉土資料研究集》，頁269。	
		2.陳(信直派下)	潮州府饒平縣	潮州市饒平縣		張瑞和，《永靖鄉土資料研究集》，頁269。	
		3.陳(守盈派下)	潮州府饒平縣	潮州市饒平縣		張瑞和，《永靖鄉土資料研究集》，頁269。	
		4.朱(色相兄弟派下)【四縣客—長樂】	嘉應州長樂縣竹圍壩鄉	梅州市五華縣	1756年渡臺定居本地。	1.新竹市朱姓宗親會，《朱姓大族譜》，1999年，頁140-143；329。 2.張瑞和，《永靖鄉土資料研究集》，頁282。	渡臺祖朱色相/色順/色顯/色茂等為長樂13世祖。
		5.魏姓【南靖客】	漳州府南靖縣梅瓏總	漳州市南靖縣梅林鎮		張瑞和，《永靖鄉土資料研究集》，頁282。	
	獨鰲(陳厝)	6.陳(汝守派下)【潮州閩】	潮州府饒平縣元司都(為元歌都之誤)西社庄溪尾鄉	潮州市饒平縣新塘鎮溪美村		陳雲潭，〈陳武平繩武堂沿革〉，1990年。以崇祀入粵3世祖陳武平，故陳氏家廟名：陳武平繩武堂。	1.繩武堂輪祀4角頭(園內、獨鰲、溪畔、庄尾)。 2.渡臺祖陳汝守為饒平15世祖。

永北村	關帝廳	1. 林姓	漳州府趙蔡(長泰諧音別字)縣【漳州閩】	漳州市長泰縣	約康熙末年渡臺定居本地	張瑞和,《永靖鄉土資料研究集》,頁278。	渡臺祖爲長泰10世祖。
		2. 張(英用派下)	嘉應州鎮平縣興福鄉【四縣客】	梅州市蕉嶺縣長潭鎮興福村(原興福鎮境)→埔心大埔心南門→本地	約乾隆中葉渡臺。	張瑞和,《永靖鄉土資料研究集》,頁275。	
	水尾仔	邱(元廣派下)	潮州府饒平縣元歌都烏石角【饒平客】	潮州市饒平縣上饒鎮二善村烏石崗→嘉義溪口鄉→本地		1.賴振興、賴銘鍵主編,《河南堂丘邱大族譜》,頁58、系82。2.張瑞和,《永靖鄉土資料研究集》,頁273。	渡臺祖邱元廣爲丘烋派下22世祖。
	關帝廳(王厝)	4. 王姓	潮州府饒平縣	潮州市饒平縣		張瑞和,《永靖鄉土資料研究集》,頁282。	
永南村	關帝廳	1. 陳(表彰派下)	潮州府饒平縣	潮州市饒平縣		張瑞和,《永靖鄉土資料研究集》,頁270。	
	關帝廳(窄厝底)	2. 邱(文建派下彰舜支派)	潮州府饒平縣烏石角【饒平客】	潮州市饒平縣上饒鎮西片管理區武石村	乾隆中葉渡臺定居本地。	邱文建公祭祀公業管理委員會,《河南堂一邱文建公派下員族譜》,2008年,頁27。	1.有記爲窄厝底,本處根據聲調判斷爲下厝底」。祖堂:積善堂(永西路177巷4弄7號)。2.渡臺祖邱文建爲丘烋派下21世祖。
	關帝廳	3. 周(達義、敏義堂兄弟派下)	汀州府永定茅畬→潮州府饒平縣原高郡(元歌都之誤)嶺腳社西埔鄉→七藍鄉玉皮社【饒平客】	潮州市饒平縣上饒鎮西片管理區七南周村→田尾鄉柳樹湳→本地	康熙57年(1700)以前渡臺。	1.周三合族親會,《周三合祖譜》(新竹縣湖口鄉,1998年),頁54-68。2.張瑞和,《永靖鄉土資料研究集》,頁284。	設有周隆壽公業,周隆壽爲饒平開基祖。
永西村	永靖	1. 邱(華元派下)	潮州府饒平縣水口社(或寫廈屋城)【饒平客】	潮州市饒平縣饒洋鎮水西管理區石芝下村	約乾隆中葉渡臺。	賴振興、賴銘鍵主編,《河南堂丘邱大族譜》,頁53、系32。	渡臺祖邱華元爲丘烋派下23世祖。
		2. 林(廷封派下)	潮州府饒平縣	潮州市饒平縣		林汀州主編,《林氏世大族譜》,頁廣29;人167;索26。	渡臺祖林廷封爲饒平15世祖。

永東村	永靖	1. 劉（萬池派下）【潮州閩】	饒平縣元歌都揚康鄉	潮州市饒平縣新豐鎮揚康村	1820 年以前渡臺。	張瑞和，《永靖鄉土資料研究集》，頁 277。	渡臺祖劉萬池為饒平揚康 19 世祖。
		2. 詹姓【漳州閩】	漳州府龍溪縣仙都	漳州市華安縣仙都鎮市後村		張瑞和，《永靖鄉土資料研究集》，頁 277。	
		3. 陳（指日派下）【潮州閩】	福建→(1323 年入粵)潮州府饒平縣可塘埔鄉大榕社	潮州市饒平縣浮濱鎮大榕村→淡水→本地	康熙年間(應為康熙 50 年左右)渡臺。	陳慶年，《陳氏世傳大族譜》，頁 22。	渡臺祖陳指日為饒平大榕 10 世祖。兄從賢、智可聯袂渡臺。
港西村	湳港西	1. 陳（智可派下）【潮州閩】	福建→(1323 年入粵)潮州府饒平縣可塘埔鄉大榕社【潮州閩】	潮州市饒平縣浮濱鎮大榕村→淡水→本地	康熙年間(應為康熙 50 年左右)渡臺。	(饒平大榕陳氏)17、18 世孫(1984)：〈永靖陳氏餘三館沿革〉。	1.渡臺祖陳智可為饒平大榕 10 世祖，與兄從賢、弟指日聯袂渡臺。2.餘三館建於 1820 年。
		2. 陳（名舉派下）【潮州閩】	潮州府饒平縣可塘埔大榕村【潮州閩】	潮州市饒平縣浮濱鎮大榕村	康熙年間(應為康熙 50 年左右)渡臺。	張瑞和，《永靖鄉土資料研究集》，頁 269。	陳名舉為陳智可之兄從賢之子。
		3. 陳（輝吉派下）【潮州閩】	潮州府饒平信寧都樟溪社廠埔鄉【潮州閩】	潮州市饒平縣樟溪鎮廠埔村		張瑞和，《永靖鄉土資料研究集》，頁 268。	渡臺祖陳輝吉為饒平 9 世祖。
		4. 陳（慶鏞派下）【潮州閩】	潮州府饒平縣可塘埔大榕村【潮州閩】	潮州市饒平縣浮濱鎮大榕村		張瑞和，《永靖鄉土資料研究集》，頁 268。	渡臺祖陳慶鏞為饒平 9 世祖。疑陳慶鏞即陳心勇！
	園內角	1. 陳（聲榮、聲照兄弟及其叔伯派下）【潮州閩】	潮州府饒平縣廠埔鄉眠雍寨【潮州閩】	潮州市饒平縣樟溪鎮廠埔村	康熙年間(應為康熙 50 年左右)渡臺定居本地。	張瑞和，《永靖鄉土資料研究集》，頁 268。	渡臺祖陳聲榮/聲照等為饒平 9 世祖。
		2. 陳（日瑞派下）【潮州閩】	潮州府饒平縣大榕社綿雍寨→信寧都樟溪社廠埔鄉【潮州閩】	潮州市饒平縣樟溪鎮廠埔村		張瑞和，《永靖鄉土資料研究集》，頁 268。	渡臺祖陳日瑞與子陳如天聯袂渡臺。
		3. 陳（美	潮州府饒平信寧都樟溪社廠	潮州市饒平縣樟溪鎮廠埔村		張瑞和，《永靖鄉土資料研究集》，頁 268。	渡臺祖美中為饒平 9 世祖。

	(中派下)	埔鄉【潮州閩】					
	4.陳(振成派下)【潮州閩】	潮州府饒平信寧都樟溪社廠埔鄉【潮州閩】	潮州市饒平縣樟溪鎮廠埔村			張瑞和,《永靖鄉土資料研究集》,頁268。	渡臺祖美中為饒平9世祖。
	魏厝	魏(儉正派下)【永定客】	汀州府永定縣古竹堡黃竹煙福盛樓【永定客】	龍岩市永定縣古竹鄉黃竹煙盛福樓	道光6年渡臺定居本地。	張瑞和,《永靖鄉土資料研究集》,頁282。	永定古竹鄉黃竹煙地近南靖縣,能通閩南話。
	羅厝	羅(登高派下)【潮州閩】	潮州府饒平縣黃仙堀社官田鄉【潮州閩】	潮州市饒平縣三饒鎮官田村→臺中東勢→本地		1.羅安鎮,〈羅府登高公派下系統圖〉。2010年。2. 2011/10/29訪64歲羅先生。	祖堂:利用居(120°32' 36.2 23/54/53.2)。
五福村	潲港西	1.陳(聲榮、聲照兄弟及叔伯派下)【潮州閩】	漳州府閩南(祖堂崇祀陳元光)→潮州府饒平縣廠埔鄉眠雍寨【潮州閩】	潮州市饒平縣樟溪鎮廠埔村	康熙年間渡臺定居本地。	1. 陳雲潭,〈陳武平繩武堂沿革〉,1990年。2.張瑞和,《永靖鄉土資料研究集》,頁268。	1.渡臺祖陳聲榮等為入粵9世孫。2. 陳氏家廟:120/32/31.3
		2.盧(光成派下)【永定客】	汀州府永定縣【永定客】	龍巖市永定縣		姜盧紀氏族譜編輯委員會,《姜盧紀氏族譜》,頁63、人57。	開基祖盧光成為永定15世祖。(盧氏永定支永靖)。
	高厝(五福巷)	高(煌派下)	漳州府平和縣大溪社【平和客】	漳州市平和縣大溪鎮大溪村→嘉義縣柴頭港→本地		1.高其華,《高氏大陸原鄉派下》(五福村,1981年)。2.2012/10/29訪59歲高三平先生。	1.祖堂:渤海棠(120/32/24.9 23/54/38.4)。本地高姓分為後高(五福巷:愷元宗祠120/32/26.6 23/54/36.8)與前高(靠台1縣)。
	林厝(角)	1.林(敦成派下)【漳州閩】	漳州府平和縣白葉鄉金城樓【漳州閩】	漳州市平和縣國強鄉白葉村	雍正年間渡臺定居本地。	1.林汀州主編,《林氏世大族譜》,頁漳89。2.張瑞和,《永靖鄉土資料研究集》,頁278。	渡臺祖林敦成為平和11世祖。前清秀才林同泮本家。
		2.蒲(媽賜派下)【漳州閩】	泉州府晉江縣→漳浦縣9都杜濤堡沙碉鄉【漳州閩】	漳州市漳浦縣杜濤鎮→清水鎮→本地	1709年渡臺。	張瑞和,《永靖鄉土資料研究集》,頁181;284。	閩南蒲姓發跡晉江,張(1995)引清水鎮壽天宮廟誌:泉州府晉江縣漳浦9都杜濤堡沙碉鄉,應是指由晉江遷到漳浦杜濤。

	湳田(角)(庄尾角)	1.邱姓	潮州府饒平縣五誌嶺(為五祉嶺之誤)【潮州閩】	潮州府饒平縣浮濱鎮(併五祉鄉)五祉管理區五祉村	約1760年渡臺。	1.湳田邱姓生庚簿。2.余益興,《疼惜咱竹子腳》,頁196-197。	1.渡臺祖為丘然派下23世祖(華字輩)。2.祖堂:河南堂。3.渡臺據渡臺公生1710年,卒1784年;渡臺媽生1740年,卒1790年推算。
		2.陳(聲榮等派下)	潮州府饒平縣廠埔鄉眠雍寨【潮州閩】	潮州市饒平縣樟溪鎮廠埔村	康熙年間渡臺定居本地。	陳雲潭,〈陳武平繩武堂沿革〉,1990年。	
瑚璉村	苦苓腳	1.邱(華循派下國現支派)	潮州府饒平縣土貝子(疑為墈子之誤)鄉【饒平客】	潮州市饒平縣新豐鎮下葵村上壩(原九村鎮併入新豐鎮)→彰化縣深坑子塗庫(地點不詳)→田尾里仁村三十張犁→本地	1758年渡臺,1826年遷居本地。	1.賴振興、賴銘鍵主編,《河南堂丘邱大族譜》,頁50-51、系1。2.邱秀強主編,《河南堂丘氏文獻(二)》,(臺北:河南堂丘氏文獻社,1980年),頁37。3.張瑞和,《永靖鄉土資料研究集》,頁270-271。3.邱美都,《瑚璉草根永靖心》(彰化:彰化縣文化局,2005年),頁16-17。	1.渡臺祖邱華循(謚正直)為丘然派下23世祖,本地開基祖為華循5子國現(謚勤厚),孫翠英為貢生。2.邱氏宗祠(120/33/9.8 23/55/19.7):敦睦堂/忠實第共祀丘然。
		3.邱(及快派下)	潮州府饒平縣	潮州市饒平縣		張瑞和,《永靖鄉土資料研究集》,頁272。	
	(余厝)	4.余(學明派下)	潮州府饒平縣	潮州市饒平縣→二林舊趙甲→本地		1.張瑞和,《永靖鄉土資料研究集》,頁283。2.邱美都,《瑚璉草根永靖心》,頁77。	渡臺祖余學明。
		5.江(子遠派下)	潮州府饒平縣	潮州市饒平縣		張瑞和,《永靖鄉土資料研究集》,頁279。	祖堂:饒邑堂。
		6.吳姓	漳州府龍溪縣29都蔡墩社【漳州閩】	漳州市龍海市角美鎮蔡店村→臺南市中西區→本地		1.謝英從,《臺南吳郡山家族發展史─以彰化平原的開發為中心》,頁39。2.張瑞和,《永靖鄉土資料研究集》,頁284。	吳氏子孫因吳郡山租業而定居本地。
湳港村	竹巷	詹(明達派	潮州府饒平縣上饒堡西瓜園【饒平客】	潮州市饒平縣饒洋鎮八爪洋村瓜園寨→竹塘→本	雍正年間渡臺。	1.詹春光、廖德福主編,《詹氏族譜》,(臺中:創譯出版社,1972	渡臺祖詹明達又名春團為饒平14世祖。

	下)			地		年),頁系 69。 2.張瑞和,《永靖鄉土資料研究集》,頁 274。	祖堂：(6 世)詹孔興祖祠。
	湳港	1.詹(舜仁派下)	潮州府饒平縣元歌都暫歸【饒平客】	潮州市饒平縣		張瑞和,《永靖鄉土資料研究集》,頁 274。	
		2.吳(友纇派下)	潮州府饒平縣	潮州市饒平縣	推測約1840年渡臺定居本地。	邱美都、楊銘欽,《百果山的春天》(彰化：員林鎮公所,2007 年),頁 45、46。	渡臺祖吳友纇為饒平 14 世祖。
	湳港舊	詹(瓊瑤派下君謀房)	潮州府饒平縣元歌都暫歸【饒平客】	潮州市饒平縣→員林三角潭→本地	康熙末年渡臺。	詹春光、廖德福主編,《詹氏族譜》,頁系105。	渡臺祖詹瓊瑤(謚剛裕)為饒平 14 世祖(時字輩),本地開基祖詹君謀為詹瓊瑤之三子。
		余姓	潮州府饒平縣	潮州市饒平縣		張瑞和,《永靖鄉土資料研究集》,頁 283。	
五汴村	陳厝	陳(悅綸派下)	嘉應州鎮平縣東風嶺【四縣客】	梅州市蕉嶺縣	推測約乾隆中葉渡臺。	張瑞和,《永靖鄉土資料研究集》,頁 269。	1.渡臺祖陳悅綸為鎮平 18 世祖。 2.0931-570-696 陳世偉先生。
	五汴頭	1.劉姓	漳州府南靖縣施洋墟枋頭鄉【漳州閩】	漳州府南靖縣書洋鎮			
	五汴頭(意善巷)	2.劉(剛毅派下)【饒平客】	潮州府饒平縣石井鄉	潮州市饒平縣饒洋鎮石井		2011/10/10 訪五汴劉宅。	意善堂。
光雲村	牛埔唇	1.詹(時謹派下)【饒平客】	潮州府饒平縣元歌都三饒鄉金場	潮州市饒平縣饒洋鎮水南村	約 1750年渡臺定居本地。	1.詹春光、廖德福主編,《詹氏族譜》,頁系112。 2.光裕堂祖先牌位。	1.渡臺祖詹時謹為饒平 15 世祖(奉其父 14 祖詹春榜為渡臺祖)。 2.光裕堂(120/33/31.4 23/55/36.0)。 3.祖堂：雲川居
		2.詹(時謹派下)【饒平客】	潮州府饒平縣元歌都三饒鄉金場	潮州市饒平縣饒洋鎮水南村	約 1750年渡臺定居本地。	詹春光、廖德福主編,《詹氏族譜》,頁系112。	(120/33/35.2 23/55/27.7)。祖堂：廣福堂。
	菁仔宅	詹姓	潮州府饒平縣暫歸【饒平客】	潮州市饒平縣		2.2011/10/10訪90歲詹先生。	

	劉厝巷	2.劉（澄江派下）	潮州府饒平縣元歌都牛皮社【饒平客】	潮州市饒平縣上饒鎮→社頭湳底→本地		張瑞和，《永靖鄉土資料研究集》，頁276。	渡臺祖劉直清為饒平9世祖。
東寧村	陳厝厝	1.楊（孔玉派下）【潮州閩】	潮州府饒平縣小榮社(應為小榕社之誤)【潮州閩】	潮州市饒平縣浮山鎮東洋村		1.臺灣師大工教系退休教授楊紹裘老師口述。2.張瑞和，《永靖鄉土資料研究集》，頁281。	陳厝厝在本地音唸成/Tan²⁴-cu²¹-chu²¹/，推測為陳住厝之諧音地名。
	張厝	1.張姓【饒平客】	潮州府饒平縣上饒坑邊鄉【饒平客】	潮州市饒平縣上饒鎮坑前管理區坑邊村→員林柴頭井→本地		張瑞和，《永靖鄉土資料研究集》，頁275。	渡臺祖為饒平 9世祖。
		2.張（本源派下）【饒平客】	潮州府饒平縣元歌都蓮塘社葵坑鄉烏石樓【饒平客】	潮州市饒平縣新豐鎮下葵村烏石樓			
		4.許（文丙派下）【饒平客】	潮州府饒平縣石龜村麻竹坑【饒平客】	潮州市饒平縣上饒鎮上善麻竹坑→臺南登陸→草屯→本地	雍正年間渡臺。	1.許化周主編，《許氏大族譜》(臺中：臺光文化出版社，1969年)，頁系129。2.曾慶國主編，《埔心鄉志》，頁144。	渡臺祖許文丙為饒平11世祖。
		5.鄭姓	潮州府饒平縣	潮州市饒平縣		張瑞和，《永靖鄉土資料研究集》，頁283。	
	詹厝	詹（剛義派下）【饒平客】	潮州府饒平元歌都西門烏石山鄉(疑先遷至新竹新埔鎮)【饒平客】	潮州市饒平縣新塘鎮烏石山村		張瑞和，《永靖鄉土資料研究集》，頁274。	
浮圳村		1.張（剛義派下）【潮州閩】	潮州府饒平縣霞霸(壩之誤)鄉【潮州閩】	潮州市饒平縣新塘鎮下壩管區下壩村→員林大饒→本地	康熙末年渡臺。	1.浮圳乾巽宮興建委員會，〈乾巽宮建宮沿革〉，1993年。2.張瑞和，《永靖鄉土資料研究集》，頁275。	
		2.張（敏直派下）【潮州閩】	潮州府饒平縣霞霸(壩之誤)鄉【潮州閩】	潮州市饒平縣新塘鎮下壩管區下壩村→社頭張厝→本地		同上。	
		3.張（敦和派下）【潮州閩】	潮州府饒平縣霞霸(壩之誤)鄉【潮州閩】	潮州市饒平縣新塘鎮下壩管區下壩村		同上。	
		4.顧姓【泉州閩】	泉州府同安縣【泉州閩】	廈門市→花壇三家春→本地		1.訪乾巽宮 80 餘歲顧老先生。2.張瑞和，《永靖鄉土資料研究集》，頁284。	張瑞和記祖籍為饒平係誤記。

		5.邱（東輝派下）	潮州府饒平縣	潮州市饒平縣		張瑞和,《永靖鄉土資料研究集》,頁272。	
新莊村	新庄仔（邱厝）	1.邱（德彰派下）	漳州府詔安縣二都秀篆【詔安客】	漳州市詔安縣秀篆鎮		1.邱文能,《丘道隆公派下來臺六大房族譜》,2010年。2.張瑞和,《永靖鄉土資料研究集》,頁272。	邱文能(2010)文舉證八德邱德彰並未遷居本地。故本條不用,僅供參考。
		2.邱（華喜派下）	潮州府饒平縣上饒堡【饒平客】	潮州市饒平縣上饒鎮鎮區→田尾小紅毛社→本地		1.張瑞和,《永靖鄉土資料研究集》,頁272。2.蔡涵卉,〈彰化縣潮州人聚集的音樂團體調查研究〉,頁2-5。	渡臺祖邱華喜為丘烋派下23世祖。
	新庄仔	3.詹（意正派下）	潮州府饒平縣元歌都【饒平客】	潮州市饒平縣→湳港村→本地		張瑞和,《永靖鄉土資料研究集》,頁274。	
崙子村	九份嶺	朱（世學派下）	漳州府平和縣→饒平縣上饒埔坪區黃沙坑（老虎坑）【饒平客】	潮州市饒平縣上饒鎮埔中村埔坪	乾隆初年渡臺定居本地。	1. 新竹市朱姓宗親會,《朱姓大族譜》,頁183、329。2.張瑞和,《永靖鄉土資料研究集》,頁282。	1.渡臺祖朱世學為饒平17世祖（屬平和縣礶溪房）。2.九份嶺地跨五汴與崙子兩村。3.祖堂：沛國堂(120/33/28.3 23/55/53.7)。
	崙子	1.劉（一書派下）	漳州府南靖縣施洋墟【漳州閩】	漳州市南靖縣書洋鎮鎮區		張瑞和,《永靖鄉土資料研究集》,頁277。	與社頭劉姓同源。
		2.劉（可輝派下）	潮州府饒平縣石井鄉【饒平客】	潮州市饒平縣饒洋鎮石井		張瑞和,《永靖鄉土資料研究集》,頁277。	渡臺祖劉可輝為饒平石井14世祖。
		3.劉（剛毅派下）	潮州府饒平縣	潮州市饒平縣		張瑞和,《永靖鄉土資料研究集》,頁276。	
		4.詹（君期派下）	潮州府饒平縣元歌都暫歸【饒平客】	潮州市饒平縣三饒一帶	康熙年間渡臺。	張瑞和,《永靖鄉土資料研究集》,頁274。	
		5.曾（剛義派下）	潮州府饒平縣坪洋【潮州閩】	潮州市饒平縣浮山鎮坪洋村→員林東山→本地		張瑞和,《永靖鄉土資料研究集》,頁283。	

	詹厝厝(8鄰)	王（卷派下）	漳州府漳浦縣【漳州閩】	漳州市漳浦縣→永靖詹厝厝→本地	約乾隆中葉渡臺定居本地。	《員林鎮志》，2010年，頁681。	1.渡臺祖王卷為漳浦14世祖。2.祖堂：江夏堂。
永興村	陳厝厝	1.邱（章潢派下）	潮州府饒平縣水口寮(水口社)石獅下【饒平客】	潮州市饒平縣上饒鎮上坪	約乾隆中葉渡臺定居本地。	張瑞和，《永靖鄉土資料研究集》，頁272。	渡臺祖邱章潢為丘然派下22世祖。
		2.邱（華春派下）	潮州府饒平縣上饒堡【饒平客】	潮州市饒平縣上饒鎮鎮區	乾隆年間渡臺。	張瑞和，《永靖鄉土資料研究集》，頁272。	渡臺祖邱華春為丘然派下23世祖。
		3.劉（瑞華派下）	潮州府饒平縣嶺腳社【饒平客】	潮州市饒平縣上饒鎮嶺腳→草屯嘉老山→本地	約乾隆初年渡臺定居本地。	張瑞和，《永靖鄉土資料研究集》，頁276。	
	上崁賴	賴姓	潮州府饒平縣虎頭崗【饒平客】	潮州市饒平縣上饒鎮壩上管理區虎頭崗村→嘉義溪口→本地		張瑞和，《永靖鄉土資料研究集》，頁283。	
	下崁賴	賴（寬裕派下賴龍房）	漳州府平和縣心田鄉【漳州閩】	漳州府平和縣坂仔鎮心田村→大村鄉旗貢村→本地		張瑞和，《永靖鄉土資料研究集》，頁283。	渡臺祖賴寬裕子賴龍遷居本地。
	湳底	1.劉（一進派下）【漳州閩】	漳州府南靖縣枋頭鄉書洋山	漳州府南靖縣書洋鎮區→社頭湳底→本地		1.莊吳玉圖，《劉氏大族譜》(桃園：百姓族譜社，1992年)。2.張瑞和，《永靖鄉土資料研究集》，頁276。	渡臺祖劉一進為南靖書洋芳山派12世祖。查《劉氏大族譜》中芳山派並無劉一進其人。
		2.劉（一玉派下）【漳州閩】	漳州府南靖縣枋頭鄉書洋山	漳州府南靖縣書洋鎮區	乾隆年間渡臺。	1.莊吳玉圖，《劉氏大族譜》，頁系85。2.張瑞和，《永靖鄉土資料研究集》，頁277。3.曾慶國主編，《埔心鄉志》，頁142。	渡臺祖劉一玉為南靖書洋芳山派12世祖，父為劉天聘。
		余姓	潮州府饒平縣	潮州市饒平縣		張瑞和，《永靖鄉土資料研究集》，頁283。	
		鄭姓	潮州府饒平縣	潮州市饒平縣		張瑞和，《永靖鄉土資料研究集》，頁283。	
行政村待查		林（程欽派下）	潮州府饒平縣	潮州市饒平縣		林汀州主編，《林氏世大族譜》，頁廣36。	渡臺祖林程欽為饒平12世祖。

		林（棟瑞派下）	嘉應州鎮平縣白馬鄉蒼樓下林厝【四縣客】	梅州市蕉嶺縣長潭鎮白馬村		1.林華總編，《廣東蕉嶺峯口、南山下、峽裡林氏渡臺族譜》，1986年，頁39、136。 2.林汀州主編，《林氏世大族譜》，頁廣35。	渡臺祖林棟瑞(林汀州主編記爲林瑞)爲蕉嶺峽裡18世祖。
		林（德郎派下）	泉州府安溪縣【泉州閩】	泉州市安溪縣		林汀州主編，《林氏世大族譜》，頁泉19。	渡臺祖林德郎(諡毅敏)爲安溪14世祖。

附表 2 埔心鎮各自然村世居宗族的祖籍地分佈

行政村	自然村	世居宗族	祖籍地舊地名(含定居祖籍前的遷徙路徑)	祖籍地之現今行政區及渡臺之後的遷徙路徑	遷臺年份及本地開基年份	資料來源	備註
埔腳村	湳底	黃(利舟派下)【詔安客】	漳州府詔安縣二都龍乾堡	漳州市詔安縣霞葛鎮五通村	約康熙末年渡臺定居本地。	1.中華綜合開發研究院應用史學研究所總編,《員林鎮志》(彰化:員林鎮公所 2010 年),頁 668。2.黃振琅主編,《(埔腳)五通宮史略》(彰化:五通宮管理委員會,1989年),頁 26、38。	1.本鄉黃姓多屬詔安五通二世三房黃文遠派下,渡臺祖黃利舟為詔安五通 10 世祖。2.埔腳村為新興村五通宮五顯大帝之五帝祭祀角頭。
	茉寮	黃(英哲派下)	漳州府詔安縣二都六(龍之誤)乾保江寨甲徑口社【詔安客】	漳州市詔安縣霞葛鎮五通村		1.賴志彰編,《彰化民居》(彰化:彰化縣立文化中心,1994 年),頁 285。2.曾慶國主編,《埔心鄉志》:《埔心鄉志》,彰化:埔心鄉公所,頁 129。3.黃振琅主編,《(埔腳)五通宮史略》,頁 38。	1.渡臺祖黃英哲為詔安龍乾保 11 世祖。2.祖堂:江夏堂。3.大村新興村五通宮五顯大帝之大帝祭祀角頭。五通宮子廟五龍宮。
埤霞村	埤霞前(頂厝)	黃(聆渡派下)	漳州府詔安縣二都隆(龍之誤)乾堡深邱(丘)裡【詔安客】	漳州市詔安縣霞葛鎮五通村深丘裡		1.賴志彰編,《彰化民居》,頁 288。2.涂文欽,〈粵籍移民在彰化縣的分佈及其語言特色〉,《台灣的語言方言分佈與族群遷徙工作坊(苗栗場)》,苗栗:聯合大學,2010年。	1.渡臺祖黃聆渡為詔安龍乾保 13 世祖。2.地名命名為五通北路、五通西路、五通南路以紀念原鄉五通。
	埤霞後(後壁厝)	黃姓	漳州府詔安縣二都龍乾堡【詔安客】	漳州市詔安縣霞葛鎮五通村		曾慶國主編,《埔心鄉志》,頁 128-129。	五座厝包含埤霞大字黃姓五個角頭:頂厝、田中央厝、中厝、下店厝、後壁厝。
	湳底	黃姓	漳州府詔安縣二都龍乾堡	漳州市詔安縣霞葛鎮五通村		曾慶國主編,《埔心鄉志》,頁 128-129。	埤霞村為大村新興村五

（田中央厝）		【詔安客】				通宮五顯大帝之五帝祭祀角頭。
湳底（中厝）	1. 黃（玉友派下）	漳州府詔安縣二都龍乾堡【詔安客】	漳州市詔安縣霞葛鎮五通村	約 1816渡臺定居本地。	曾慶國主編，《埔心鄉志》，頁128-129。	渡臺祖黃玉友為詔安龍乾保15世祖。
	2. 黃（金水派下）	漳州府詔安縣二都龍乾堡【詔安客】	漳州市詔安縣霞葛鎮五通村	渡臺定居年代略晚於黃玉友。	曾慶國主編，《埔心鄉志》，頁129。	1.渡臺祖黃金水為詔安龍乾保16世祖。2.祖堂：繼昌堂。
湳底（下店厝）	黃姓	漳州府詔安縣二都龍乾堡【詔安客】	漳州市詔安縣霞葛鎮五通村		曾慶國主編，《埔心鄉志》，頁128-129。	
油車村 / 油車店（店仔溝、頂庄）	1. 吳（福派下）	漳州府平和縣車田鄉【平和客】	漳州市平和縣大溪鎮龍崗村車田	1749 年渡臺定居本地。	1.巫和仁，《油車穴傳奇》，頁17-38。2.曾慶國主編，《埔心鄉志》，頁139。	1.渡臺祖吳賓為平和車田14世祖，吳福為其子。2.據巫(2005)的調查，油車店分為：頂庄、下庄、港仔畔、七甲洋、四甲內、胡厝、橋頭洋、魚池腳 7 個角頭。
（頂庄）	2. 吳（福派下）	漳州府平和縣車田鄉【平和客】	漳州市平和縣大溪鎮龍崗村車田	1749 年渡臺定居本地。	巫和仁，《油車穴傳奇》，頁17。	
（港仔畔）	3. 吳（福派下）	漳州府平和縣車田鄉【平和客】	漳州市平和縣大溪鎮龍崗村車田	1749 年渡臺定居本地。	巫和仁，《油車穴傳奇》，頁17。	
（下庄）	4. 吳（純直派下）	漳州府平和縣車田鄉【平和客】	漳州市平和縣大溪鎮龍崗村車田	約 1749年 定居本地。	巫和仁，《油車穴傳奇》，頁17。	1.渡臺祖吳純直為平和車田10世祖。2.祖堂：延陵堂。
（四甲內）	5. 謝（承業派下日助房）【饒平客】	漳州府南靖縣→潮州府饒平縣元歌都橫溪	潮州府饒平縣新豐鎮溁溪鄉→義民里→本地	乾隆初年 渡臺。	曾慶國主編，《埔心鄉志》，頁145。	1.謝日助隨父渡臺為饒平12世大房祖。2.祖堂：寶樹堂。

	(橋頭洋)	6. 吳(義派下恭政房)	潮州府饒平縣	潮州市饒平縣	約1850-60年間遷居本地。	1.巫和仁,《油車穴傳奇》,頁19。2.吳金璋編,《臺灣吳氏族譜》(彰化:讓德社會福利慈善基金會暨彰化縣吳姓宗親會,1993年),頁201。	渡臺祖爲饒平11世祖姓名不詳,開基祖吳禹應/禹義(儀)爲饒平12世祖。
	(胡厝內)	7. 胡(剛藝/剛義派下)	潮州府饒平縣員溪鄉大榮社堡黃坑鄉【潮州閩】	潮州市饒平縣浮濱鎮五祉管理區大榕村→角樹腳(埔鹽角樹村)→小三角潭(大村新興村)→大埔心西畔(黃厝村)→本地	雍正末年渡臺。	1.張瑞和,《永靖鄉土資料研究集》,頁281。2.巫和仁,《油車穴傳奇》,頁20、123-124。	1.渡臺祖胡剛藝/剛義爲饒平大榮社13世祖。2.祖堂:安定堂(和平路138巷)。
	二抱竹	賴(祝善派下)	漳州府平和縣百步保武百鄉龍潭甲碧嶺社【漳州閩】	漳州市平和縣國強鄉碧嶺村→大村茄荖村→本地	約1785年渡臺。	1.巫和仁,《油車穴傳奇》,頁132。2.賴志彰編,《彰化民居》:《彰化民居》,彰化:彰化縣立文化中心,頁109。	渡臺祖爲平和碧嶺16世祖。
		蘇姓	龍巖州龍巖縣【龍巖閩一歸漳州閩】	龍岩市新羅區	至少定居本地120年以上。		墓碑祖籍:龍林(應爲龍巖之誤)。龍巖之標準唸法爲 $ling^{24}$-na^{24}。
梧鳳村	梧鳳	黃(端雲派下江水房)	漳州府詔安縣二都隆(龍之誤)乾堡深邱(丘)裡【詔安客】	漳州市詔安縣霞葛鎮五通村深丘裡→溪湖鎮中竹里(梧鳳庄竹圍仔)	1744年渡臺,1786年遷居本地。	1.曾慶國主編,《埔心鄉志》,頁139。2.黃振琅主編,《(埤腳)五通宮史略》,頁38。3.《員林鎮志》,2010年,頁668。	1.黃渡臺祖端雲爲詔安霞葛五通12世祖,4子江水(號郡記)爲本地開基祖,5子皆獲功名。2.祖堂:衍慶堂(五賢路105號)。黃郡記祭祀公業。3.本村在清代時竹筏可通鹿港。4.鳳梧村與中竹里爲大村新興村五通宮五顯大帝之大帝祭祀角頭。

二重村	二重湳	1. 黃（聆渡派下）	漳州府詔安縣二都隆(龍之誤)乾堡深邱(丘)裡【詔安客】	漳州市詔安縣霞葛鎮五通村→埔霞→本地		1.賴志彰編，《彰化民居》，頁288。	渡臺祖黃聆渡爲詔安龍乾保13世祖，渡臺後定居埔霞，分支定居本地。
		2. 黃（秀芳派下）	漳州府詔安縣二都隆(龍之誤)乾堡【詔安客】	漳州市詔安縣霞葛鎮五通村→鹿港登陸→本地	1728 年渡臺定居本地。	1.曾慶國主編，《埔心鄉志》，頁125。 2.黃振琅主編，《(埔腳)五通宮史略》，頁38。	1.渡臺祖黃秀芳爲爲詔安龍乾保11世祖。 2.大村新興村五通宮五顯大帝之二帝祭祀角頭。
	庄內	黃（平候派下）	漳州府詔安縣二都隆(龍之誤)乾堡【詔安客】	漳州市詔安縣霞葛鎮五通村	乾隆年間渡臺定居本地。	曾慶國主編，《埔心鄉志》，頁126。	1.渡臺祖黃秀芳爲爲詔安龍乾保13世祖，攜父黃心奇骨灰渡臺。 2.祖堂：江夏堂。
	圳仔腳	黃（孔學派下）	漳州府詔安縣涇口鄉涇口村【詔安客】	漳州市詔安縣霞葛鎮五通村涇口城→鹿港登陸→西螺→員林→溪湖→本地	1757 年渡臺，乾隆末年遷居本地。	曾慶國主編，《埔心鄉志》，頁126。	1.在閩南及粵東黃姓聚落「涇口/徑口」之名，乃取自南昌涇口，故堂號也作南昌堂。 2.渡臺祖黃孔學爲詔安五通13世祖。祖堂：南昌堂(磘鳳路3段564號)。
芎蕉村	芎蕉腳(溪心壩)	1. 黃（玉璋派下）	潮州府饒平縣元歌都瓜園社營前【饒平客】	潮州市饒平縣上饒鎮營前村	約清乾隆年間渡臺定居本地。	1.施添福總纂，《臺灣地名辭書·卷11：彰化縣(下)》，臺灣省文獻會，2004年。 2.賴志彰編，《彰化民居》，頁290。	1.黃渡臺祖玉璋爲饒平上饒12世祖。 2.祖堂：熾昌堂。
	芎蕉腳	2. 黃（端雲派下黃江水房）	漳州府詔安縣二都隆(龍之誤)乾堡深邱(丘)裡【詔安客】	漳州市詔安縣霞葛鎮五通村深丘里→鹿港上岸→梧鳳庄竹圍仔(今溪湖鎮中竹里)→梧鳳村→本地	1744(或記 1743)年 渡臺，1786年遷至現址。	1.曾慶國主編，《埔心鄉志》，頁139。 2.賴志彰編，《彰化民居》，頁290。	1.黃渡臺祖端雲爲詔安霞葛五通12世祖，4子江水(號郡記)之5子皆獲功名。 2.祖堂：衍慶堂。黃郡記祭

						祀公業。
		3. 呂 (志達/ 為美兄弟 派下) 【潮州閩】	潮州府饒平縣埔頭鄉	潮州市饒平縣湯溪鎮居豪村		盧俊華主編，《呂姓大宗譜》(臺中：呂姓大宗譜編輯委員會，1967年)，頁人 250、系 24。	渡臺祖呂志達/為美為饒平 12 世祖。
		4. 謝 (承業派下日泰房) 【饒平客】	漳州府南靖縣→潮州府饒平縣元歌都橫溪	潮州府饒平縣新豐鎮滎溪鄉→安平登陸→斗南→東門里→本地	乾隆初年渡臺。	曾慶國主編，《埔心鄉志》，頁 145。	渡臺祖謝日泰為饒平 12 世祖，隨母尋父兄入墾本地。
舊舘村	舊舘	1. 蔡 (葉派下純善房) 【潮州閩】	潮州府潮陽縣	汕頭市潮陽區或潮南區或汕頭市區→鹿港登陸→埔鹽廓子村→本地	約 1730 年初渡臺，約乾隆中葉入墾本地。	1.曾慶國主編，《埔心鄉志》，頁 149。 2.蔡涵卉，〈彰化縣潮州人聚集的音樂團體調查研究〉《彰化縣潮州人聚集的音樂團體調查研究》，南華大學民族音樂系碩論，頁 2-5。	渡臺祖蔡葉為潮陽 9 世祖，本地開基祖蔡純善為 11 世祖。
		2. 張 (謙和派下張珠房) 【潮州閩】	潮州府饒平縣三饒馬崗鄉	潮州市饒平縣三饒鎮馬崗村→義民村→本地	約 1760 年渡臺。	1.牛山客。 2.2012/10/11 訪談。	渡臺祖張謙和為三饒馬崗 10 世祖；開基祖為 15 世祖張珠。
	田洋仔	3. 黃 (平候派下) 【詔安客】	漳州府詔安縣二都隆(龍之誤)乾堡	漳州市詔安縣霞葛鎮五通村→二重村→本地	乾隆年間渡臺。	曾慶國主編，《埔心鄉志》，頁 126。	渡臺祖黃秀芳為為詔安龍乾保 13 世祖。
義民村	大埔心	1. 張 (謙和派下) 【潮州閩】	潮州府饒平縣三饒馬崗鄉	潮州市饒平縣三饒鎮馬崗村	約 1760 年渡臺定居本地。	1.牛山客。 2.2012/10/11。	渡臺祖張謙和為三饒馬崗 10 世祖。
		2. 徐 (天福派下). 【四縣客】	嘉應州鎮平縣文居鄉黃田頭下屋	梅州市蕉嶺縣蕉城鎮黃田頭		徐元通主編，《徐氏大族譜》(臺中：臺光文化出版社，1993 年)，頁系 16。	渡臺祖徐天福為鎮平 18 世祖。
		3. 徐 (立德派下) 【四縣客】	嘉應州鎮平縣平原鄉	梅州市蕉嶺縣		徐元通主編，《徐氏大族譜》，頁系 34。	渡臺祖徐立德為鎮平 13 世祖。
		4. 徐 (康禮派下) 【四縣客】	嘉應州鎮平縣興福鄉	梅州市蕉嶺縣三圳鎮興福		徐真福編，《探玄公傳世譜》，2005 年，頁 442。	渡臺祖徐康禮為鎮平 16 世祖。
		5.黃姓 【詔安客】	漳州府詔安縣二都龍乾堡	漳州市詔安縣霞葛鎮五通村		曾慶國主編，《埔心鄉志》，頁 130-131。	

里	聚落	姓氏/派別	祖籍	遷移路線	渡臺時間	資料來源	備註
		6. 謝(承業派下日助房)【饒平客】	漳州府南靖縣→潮州府饒平縣元歌都橫溪鄉(濫溪鄉之誤)【饒平客】	潮州府饒平縣新豐鎮濫溪鄉→安平登陸→斗南→本地	乾隆初年渡臺定居本地。	1.曾慶國主編,《埔心鄉志》,頁145。2.鄭國勝主編,《饒平鄉民移居臺灣紀略》(香港:香港文化傳播事務所,1998年),頁138-140。	渡臺祖謝承業為饒平橫溪11世祖攜長子謝日助渡臺。
東門里	大埔心	1. 謝(承業派下日泰房)【饒平客】	漳州府南靖縣→潮州府饒平縣元歌都橫溪【饒平客】	潮州府饒平縣新豐鎮濫溪鄉→安平登陸→斗南→本地	乾隆初年渡臺定居本地。	1.曾慶國主編,《埔心鄉志》,頁145。2.蔡涵卉,〈彰化縣潮州人聚集的音樂團體調查研究〉,頁2-5。	謝日泰為12世二房祖,祖堂:寶樹堂。聚落位於村境北方國義路200巷一帶(6-7鄰)。
	大埔心(陳厝)	2. 陳(元盛派下泰誠房)【漳州閩】	漳州府龍溪縣庄北鼎金	漳州市區或漳州市華安縣→鹿港登陸→竹山鎮板寮→本地	雍正年間攜2子渡臺,約1760年遷居本地。	曾慶國主編,《埔心鄉志》,頁137。	渡臺祖陳元盛為龍溪10世祖,長子留居竹山板寮,次子泰誠遷居本地(國義巷15號)。
	大埔心(楊厝)	3. 楊(志武派下)【漳州閩】	漳州府平和縣小溪鄉和尚林【漳州閩】	漳州市平和縣小溪鎮和尚林→鹿港登陸→員林大饒里→本地	明崇禎6年(1633)渡臺,不久入墾本地。為彰化縣目前已確認渡臺最早的宗族。	曾慶國主編,《埔心鄉志》,頁148。	1.渡臺祖楊志武為平和小溪和尚林8世祖。2.祖堂:弘農堂。
		4.江姓	潮州府饒平縣	潮州市饒平縣		蔡涵卉,〈彰化縣潮州人聚集的音樂團體調查研究〉,頁2-5。	
埔心村	大埔心(黃厝)	1. 黃(尚蛾派下)【潮州閩】	潮州府饒平縣烏洋鄉【潮州閩】	潮州市饒平縣新塘鎮屋洋管理區烏洋村→鹿港上岸→埔鹽鄉打鼎金→永靖五汴頭→本地	乾隆年間渡臺。	1.賴熾昌纂修,《彰化縣志稿·卷10人物志》(彰化:彰化縣文獻委員會,1961年),頁17。2.黃國顯,〈譜序〉,收於黃哲門編《黃氏族譜》,1994年。3.曾慶國主編,《埔心鄉志》,頁130。4.鄭國勝主編,《饒平鄉民移居臺灣紀略》,頁166-167。	1.渡臺祖黃尚蛾為新塘烏洋13世祖。2.武舉人黃耀南宅。祖堂:江夏堂。

	(許厝)	2. 許 (文丙派下)【饒平客】	潮州府饒平縣石龜村麻竹坑	潮州市饒平縣上饒鎮上善麻竹坑→臺南登陸→草屯→永靖永興村陳厝厝→本地	雍正年間渡臺。	1.許化周主編,《許氏大族譜》(臺中:臺光文化出版社,1969年),頁系129。 2.曾慶國主編,《埔心鄉志》,頁144。	1.渡臺祖許文丙為饒平 11 世祖,本地開基祖為 14 世右宗、右支、右葉房派下。 2.聚落位於武昌路、武興路、武訓路一帶(1~8鄰)。
	(溪畔)	3. 胡 (剛藝/剛義派下)【潮州閩】	潮州府饒平縣員溪鄉大榮社堡黃坑鄉	潮州市饒平縣浮濱鎮五祉管理區大榕村→角樹腳(埔鹽角樹村)→小三角潭(大村新興村)→本地	雍正末年渡臺。	巫和仁,《油車穴傳奇》,頁123-124。	1.渡臺祖胡剛藝/剛義為饒平大榮社 13 世祖。 2.祖堂:安定堂。
		4. 薛 (東派下)【潮州閩】	潮州府吉祥縣(揭陽之誤)赤鼻鄉	揭陽市揭東縣埔田鎮長富嶺村	乾隆年間渡臺。	2010/10/11	渡臺祖薛東(謚敦朴)為揭陽赤鼻 10 世祖。
瓦北村	瓦磘厝	1. 張 (應)和派下	潮州府大埔縣南山黃竹塘(今湖寮鎮莒村南山)→(約元末明初遷)饒平縣上饒坑邊鄉【饒平客】	潮州市饒平縣上饒鎮上善坑前管理區坑邊村→瓦南村→本地	康熙末年渡臺。	1.《員林鎮志》,頁663。 2.賴閔聰,〈員林的福佬客〉。	渡臺祖張永和為上饒 10 世祖,本地所傳為張永和二子。
		2.張姓	潮州府饒平縣上饒坑邊鄉【饒平客】	潮州市饒平縣上饒鎮上善坑前管理區坑邊村	約乾隆時期渡臺定居本地。	1.賴志彰編,《彰化民居》,頁282。 2.蔡涵卉,〈彰化縣潮州人聚集的音樂團體調查研究〉,頁2-5。	祖堂:長源堂。
		3. 張 (剛直派下)【潮州閩】	潮州府饒平縣三饒馬崗鄉	潮州市饒平縣三饒鎮馬崗村	約雍正末年渡臺定居本地。	賴閔聰,〈員林的福佬客〉。	渡臺祖張剛直為三饒馬崗 9 世祖。傳到 14 世有 9 房,稱九兄弟。
		4. 張 (詔音派下美器房) (頂厝)	潮州府饒平縣三饒馬崗鄉【潮州閩】	潮州市饒平縣三饒鎮馬崗村	約乾隆時期渡臺定居本地。	1.曾慶國主編,《埔心鄉志》,頁134。 2.賴志彰編,《彰化民居》,頁281。	張詔音為三饒馬崗 10 世祖,渡臺祖實為 11 世祖張溫實、勤智(無傳)、剛烈、時得、美器等房。張氏家廟:追遠堂。

瓦中村	瓦礫厝	1. 張 (榜士派下)	潮州府饒平縣三饒馬崗鄉【潮州閩】	潮州市饒平縣三饒鎮馬崗村→瓦南村→本地	約 1720 渡臺定居本地。	1.曾慶國主編,《埔心鄉志》,頁 134。2.賴志彰編,《彰化民居》,頁 283。	渡臺祖張榜士(號獅,諡守義)為三饒馬崗 10 世祖。
		2. 張 (侃直派下)	潮州府饒平縣三饒馬崗鄉【潮州閩】	潮州市饒平縣三饒鎮馬崗村	雍正末年渡臺定居本地。	1.曾慶國主編,《埔心鄉志》,頁 132。2.牛山客	渡臺祖張侃直(諱儒林為三饒馬崗 11 世祖。13 世張載移居瓦中村。
		3. 張 (詔音派下剛烈/溫實房)	潮州府饒平縣三饒馬崗鄉【潮州閩】	潮州市饒平縣三饒鎮馬崗村	雍正末年渡臺定居本地。	1.曾慶國主編,《埔心鄉志》,頁 134。2.牛山客	渡臺祖張剛烈為三饒馬崗 11 世祖。
		4. 龍 (朝漢派下)	潮州府澄海縣【潮州閩】	汕頭市澄海區		曾慶國主編,《埔心鄉志》,頁 155。	1.渡臺祖龍朝漢為澄海 11 世祖。2.公廳:武陵堂。
		5. 許 (尊老派下)	泉州府同安縣金門→澎湖【泉州閩】	金門縣→澎湖→鹿港→員林→本地	推測約道光年間渡臺定居本地。	曾慶國主編,《埔心鄉志》,頁 145。	渡臺祖許尊老為金門 19 世祖。
瓦南村	瓦礫厝	1. 張 ((應)和派下)	潮州府饒平縣上饒坑邊鄉【饒平客】	潮州市饒平縣上饒鎮上善坑前管理區坑邊村	康熙末年渡臺。	1.中華綜合開發研究院應用史學研究所總編,2010 年,頁 663。2. 賴閔聰,〈員林的福佬客〉。	渡臺祖張永和為上饒 10 世祖,本地所傳為張永和二子。
		2. 張 (榜士派下)	潮州府饒平縣三饒馬崗鄉【潮州閩】	潮州市饒平縣三饒鎮馬崗村	雍正間渡臺定居本地。	1.曾慶國主編,《埔心鄉志》,頁 134。2.牛山客。	渡臺祖張榜士(號獅,諡守義)為三饒馬崗 10 世祖。
		3. 張 (詔音派下時得房)	潮州府饒平縣三饒馬崗鄉【潮州閩】	潮州市饒平縣三饒鎮馬崗村	雍正末年渡臺定居本地。	1.曾慶國主編,《埔心鄉志》,頁 134。2.牛山客。	渡臺祖張時得為三饒馬崗 11 世祖。
經口村	經口厝(東邊厝)	1. 張 (廣宇派下)	潮州府饒平縣上饒坑邊鄉【饒平客】	潮州市饒平縣上饒鎮上善坑前管理區坑邊村	乾隆年間渡臺,定居本地。	1.曾慶國主編,《埔心鄉志》,頁 134。2.賴閔聰,〈員林的福佬客〉。3.陳利成,《經口之春》(彰化:彰化縣文化局,2008 年),頁 220-221。	1.渡臺祖張廣宇為饒平邊坑 11 世。2.張氏家廟「長源堂」建於 1874 年(經口路 72 號),奉張巖泉為共

							祖。
經口厝(西邊厝)	2.張(剛直派下朴實房)	潮州府饒平縣三饒馬崗鄉【潮州閩】	潮州市饒平縣三饒鎮馬崗村→瓦北村→本地	遷居本地已逾200年。	1.牛山客,〈祖籍饒平三饒馬崗鄉張氏遷彰化埔心員林各派〉,《饒平客家網友交流基地》。2.牛山客。	渡臺祖張剛直為三饒馬崗9世祖,10世祖張朴實。	
	3.張(朴實派下)	潮州府饒平縣三饒馬崗鄉【潮州閩】	潮州市饒平縣三饒鎮馬崗村		牛山客。		
(劉厝)	4.劉(鎮派下)	潮州府饒平縣石井【饒平客】	潮州市饒平縣饒洋鎮石井		1.曾慶國主編,《埔心鄉志》,頁142。2.陳利成,2008年,頁27。	渡臺祖劉鎮為饒平10世祖。與永靖光雲村劉姓意善堂同祖。	
(高厝)	5.高林姓				陳利成,2008年,頁222。	林姓無嗣,高姓過嗣而成複姓。	
羅厝村	羅厝(庄頭)	1.邱(信義派下)	潮州府饒平縣烏石鄉【饒平客】	潮州市饒平縣上饒鎮西片管理區武石村→羅厝村→本地	推測約在康熙末年渡臺定居本地。	1.賴振興、賴銘鍵主編,頁系48。2.曾慶國主編,《埔心鄉志》,頁140。	渡臺祖邱信義(號美珍)為為丘然(ㄏㄠ□)派下21世祖。
		2.張(希格派下)	潮州府饒平縣上饒坑邊鄉【饒平客】	潮州市饒平縣上饒鎮上善坑邊村		1.賴閔聰,〈員林的福佬客〉。2.《員林鎮志》,2010年,頁663。	渡臺祖張希格屬饒平邊坑二房11世祖。
	羅厝(後壁厝)	3.黃(金水派下)	漳州府詔安縣二都二都隆(龍之誤)乾堡深邱(丘)裡【詔安客】	漳州府詔安縣霞葛鎮五通村深丘裡	嘉慶末年入墾本地。	賴志彰編,《彰化民居》,頁286。	1.渡臺祖黃金水為霞葛五通16世祖。2.祖堂:繼呈堂。
		4.羅姓	漳州府	漳州市		曾慶國主編,《埔心鄉志》,頁155。	渡臺祖為漳州21世祖。
南舘村		1.蔡(葉派下純善房)	潮州府潮陽縣【潮州閩】	汕頭市潮陽區或潮南區→鹿港登陸→埔鹽廍子村→舊館村→本地	約1730年初渡臺,約乾隆中葉入墾本地。	曾慶國主編,《埔心鄉志》,頁149。	渡臺祖蔡葉為潮陽9世祖,本地開基祖蔡純善為11世祖。
		2.邱姓	潮州府饒平縣烏石角【饒平客】	潮州市饒平縣上饒鎮二善村烏石崗		蔡涵卉,〈彰化縣潮州人聚集的音樂團體調查研究〉,頁2-5。	祖堂:河南堂。
新舘村	新舘	1.羅(岡(疑「剛」)	潮州府大埔縣【大埔客】	梅州市大埔縣→田尾鄉打廉村→本地	約1760-1790年之間渡	1.曾慶國主編,《埔心鄉志》,頁155。2.蔡涵卉,〈彰化縣潮州	渡臺祖羅剛直為大埔12世祖,本地開

		之誤) 直派下)			臺。	人聚集的音樂團體調查研究〉，頁2-5。	基祖爲13世祖。
		2. 涂(義直派下長德房)【潮州閩】	泉州府→漳州府漳浦縣→詔安縣→(明朝初年)潮州府饒平縣黑(烏)嶺鄉小榮庄	潮州市饒平縣東山鎮湖嶺村→二林鎮萬興華崙里→本地	約乾隆中葉渡臺，1838年遷居本地。	1.曾慶國主編,《埔心鄉志》,頁151。2.蔡涵卉,〈彰化縣潮州人聚集的音樂團體調查研究〉,頁2-5。	1.渡臺祖涂義直/性直爲饒平12世祖,本地開基祖涂長德爲義直派下14世祖。2.祖堂：南昌堂。
		3.林姓【漳州閩】	漳州府平和縣白鶴/hoh/(應爲葉/hioh/之誤)鄉	漳州府平和縣國強鄉白葉村		1.曾慶國主編,《埔心鄉志》,頁147。2.林汀州主編,《林氏大族譜》,頁漳91。	渡臺祖兄弟3人爲平和11世祖,分居本地與田尾打廉村、永靖同安村。
		4. 楊(志武派下)【漳州閩】	漳州府平和縣小溪鄉和尙林	漳州市平和縣小溪鎮和尙林→鹿港登陸→員林大饒里→本地	明崇禎6年(1633)渡臺,不久入墾本地。	曾慶國主編,《埔心鄉志》,頁148。	渡臺祖楊志武爲平和小溪和尙林8世祖。渡臺早於鄭成功入臺20餘年,具有區域開發的指標意義。
		5.吳姓【漳州閩】	漳州府龍溪縣29都蔡墩社	漳州市龍海市角美鎮蔡店村→臺南市中西區忠義路147巷內→本地	明永曆16年(1662)隨鄭軍渡臺。道光年間遷入本地。	1.謝英從,《臺南吳郡山家族發展史—以彰化平原的開發爲中心》,頁91。2.曾慶國主編,《埔心鄉志》,頁139。	吳錫泰爲渡臺1世祖,家族世居今臺南市。吳文清在水漆林(今新館村)設立吳郡山租館。
大華村(大溝尾)	巫厝	1. 巫(樂、勤實兄弟派下)【潮州閩】	潮州府饒平縣元高(歌之誤)都大榕社五節嶺	潮州市饒平縣浮濱鎮五祉管區大榕村→鹿港登陸→溪湖巫厝→槭門退居本地	乾隆年間渡臺,嘉慶年間定居本地。	1.巫永福主編,《平陽之光：臺灣巫氏宗親總會十週年紀念會刊》,頁102。2.曾慶國主編,《埔心鄉志》,頁153。3.張瑞和,《永靖鄉土資料研究集》,頁284。	1.渡臺祖巫樂及勤實(似爲諡號)兄弟爲饒平12世祖。2.祖堂：永源堂。
	吳厝	吳(春滿派下)【漳州閩】	漳州府平和縣(閩南話區)	漳州市平和縣	乾隆年間渡臺定居本地。	曾慶國主編,《埔心鄉志》,頁139。	渡臺祖吳春滿爲平和10世祖。公廳：延陵堂(大明路267號)。

仁里村	涂厝	1. 涂(隆生派下)	1.潮州府饒平縣黑嶺鄉 2.潮州府饒平縣能高(元歌之誤)都」烏嶺小榮庄【潮州閩】	1.潮州市饒平縣東山鎮湖嶺村(較為可靠) 2.潮州市饒平縣浮山鎮東洋村	雍正年間入本地。	1.曾慶國主編，《埔心鄉志》，頁139。 2.施縈潔 2012/01/20 訪談。 3.蔡涵卉，〈彰化縣潮州人聚集的音樂團體調查研究〉，頁2-5。	1.渡臺祖涂隆生為饒平 12 世祖。祖堂：豫章堂。 2.東山鎮位於閩、客話交界地帶，閩南話「湖」/oo²⁴/ 的發音與烏 /oo⁴⁴/ 十分相似，客話唸成 /fu/。將「烏」以字意而改寫為「黑」(客話「黑」唸成 /het/，「烏」唸成 /vu/。從地名的字意及發音研判為閩南話。浮山鎮東洋村屬閩南話區。
		2.詹姓	潮州府饒平縣西門社烏石山鄉 暫歸【潮州—饒平客】	潮州市饒平縣新塘鎮烏石山村		1.詹春光、廖德福主編，《詹氏族譜》，頁系54。 2.蔡涵卉，〈彰化縣潮州人聚集的音樂團體調查研究〉，頁2-5。	
		3. 徐(協光派下)	莆田(明萬曆年間)→潮州府饒平縣海山石頭鄉【潮州閩】	潮州市饒平縣海山鎮石頭村→銅鑼鄉→本地	乾隆年間渡臺。	1.曾慶國主編，《埔心鄉志》，頁141。 2.蔡涵卉，〈彰化縣潮州人聚集的音樂團體調查研究〉，頁2-5。	渡臺祖徐協光為饒平 12 世祖，14 世祖遷居本地。
	大溝尾	1. 曾(娘興派下)	潮州府饒平縣彭(坪之誤)洋祖下撓(或記溪)秧【潮州閩】	潮州市饒平縣浮山鎮坪洋村	約1775-1800年間渡臺定居本地。	1.著者未詳(年份未詳)：《曾氏族譜》，頁人152。 2.曾慶國主編，《埔心鄉志》，頁152。 3.曾水詔、林金山主編，(2001)：《曾氏族譜》，臺中，臺灣省各姓淵源研究學會，頁系206。 4.鄭國勝主編，《饒平鄉民移居臺灣紀略》，頁184-185。	渡臺祖曾娘與為饒平 14 世祖。
		2.涂(隆生派	1.潮州府饒平縣黑嶺鄉 2.潮州府饒	1.潮州市饒平縣東山鎮湖嶺村(較為可靠)	雍正年間入墾仁里	曾慶國主編，《埔心鄉志》，頁151。	渡臺祖涂隆生為饒平 12 世祖。

		下)	縣能高(元歌之誤)都」烏嶺小榮庄【潮州閩】	2.潮州市饒平縣浮山鎮東洋村	村。	
太平村	鳥巢	1. 邱(信義派下)	潮州府饒平縣烏石鄉【潮州－饒平客】	潮州市饒平縣上饒鎮上善坑邊村→羅厝村→本地	推測約在康熙末年渡臺。	1.賴振興、賴銘鍵主編,《河南堂丘邱大族譜》,頁系48。2.曾慶國主編,《埔心鄉志》,頁140。	渡臺祖邱信義(號美珍)爲爲丘烋(ㄏㄠ□)派下21世祖。
		2. 張(廣宇派下)	潮州府饒平縣上饒坑邊鄉【潮州－饒平客】	潮州市饒平縣上饒鎮上善坑邊村		1.賴閔聰,〈員林的福佬客〉。2.《員林鎮志》,2010年,頁663。	渡臺祖張廣宇屬饒平邊坑12世祖。
		3. 涂(隆生派下)	1.潮州府饒平縣黑嶺鄉2.潮州府饒平縣能高(元歌之誤)都」烏嶺小榮庄【潮州閩】	1.潮州市饒平縣東山鎮湖嶺村(較爲可靠)2.潮州市饒平縣浮山鎮東洋村→仁里村→本地	雍正年間入墾仁里村。	1.曾慶國主編,《埔心鄉志》,頁151。2.施縈潔 2012/01/20 訪談。	渡臺祖涂隆生爲饒平 12 世祖。
		4. 劉(一玉派下)	漳州府南靖縣施洋墟枋頭鄉【漳州閩】	漳州市南靖縣書洋鎮鎮區→永靖永興村→本地	乾隆年間渡臺,約清末移居本地。	1.莊吳玉圖,1992年,頁系85。2.曾慶國主編,《埔心鄉志》,頁142。3.張瑞和,《永靖鄉土資料研究集》,頁277。	渡臺祖劉一玉爲南靖書洋芳山派 12 世祖,父爲劉天聘。17 世祖遷居本地。
		5.劉姓	潮州府饒平縣石井【潮州－饒平客】	潮州市饒平縣饒洋鎮石井		曾慶國主編,《埔心鄉志》,頁143。	渡臺祖劉鎭爲饒平 12 世祖。。
	太平店子角	徐(協光派下)	莆田(明萬曆年間)→潮州府饒平縣海山石頭鄉【潮州閩】	潮州市饒平縣海山鎮石頭村→銅鑼鄉→本地	乾隆年間渡臺。	1.曾慶國主編,《埔心鄉志》,頁141。2.蔡涵卉,〈彰化縣潮州人聚集的音樂團體調查研究〉,頁2-5。	渡臺祖徐協光爲饒平 12 世祖,14 世祖遷居本地。

國家圖書館出版品預行編目資料

韋煙灶臺灣史研究名家論集/韋煙灶　著者.-- 初版. -
臺北市：蘭臺, 2016.8
面；　公分
ISBN 978-986-5633-43-1 (精裝)
1.臺灣史　2.文集

733.2107　　　　　　　　　　　　　　　　105010489

韋煙灶臺灣史研究名家論集

著　　　者：韋煙灶
主　　　編：卓克華
編　　　輯：高雅婷
封面設計：塗宇樵
出　版　者：蘭臺出版社
發　　　行：蘭臺出版社
地　　　址：台北市中正區重慶南路 1 段 121 號 8 樓之 14
電　　　話：(02)2331-1675 或(02)2331-1691
傳　　　真：(02)2382-6225
E—MAIL：books5w@gmail.com 或 books5w@yahoo.com.tw
網路書店：http://bookstv.com.tw/、http://store.pchome.com.tw/yesbooks/、
　　　　　　http://www.5w.com.tw、華文網路書店、三民書局
經　　　銷：成信文化事業有限公司
電　　　話：(02)2219-2080　　　　傳　真：(02)2219-2180
地　　　址：台北市中正區重慶南路 1 段 121 號 5 樓之 11 室
劃撥戶名：蘭臺出版社　帳號：18995335
網路書店：博客來網路書店 http://www.books.com.tw
香港代理：香港聯合零售有限公司
地　　　址：香港新界大蒲汀麗路 36 號中華商務印刷大樓
　　　　　　　C&C Building, 36,Ting, Lai, Road, Tai,Po, New,Territories
電　　　話：(852)2150-2100　　　傳真：(852)2356-0735
總 經 銷：廈門外圖集團有限公司
地　　　址：廈門市湖裡區悅華路 8 號 4 樓
電　　　話：(592)2230177　　　　傳　真：(592)-5365089
出版日期：2016 年 8 月初版
定　　　價：新臺幣 2000 元整　　（全套新台幣 28000 元正，不零售）
ISBN：978-986-5633-43-1